普通高等教育基础课系列教材

复变函数与积分变换

主　编　陈丽娟　张　蕾
副主编　王　欣　王丽莎　刘　静
参　编　陈素玲　李明珠　徐　伟

机械工业出版社

本书介绍复变函数与积分变换的基本概念、理论和方法，主要内容包括：复数与复变函数、解析函数、复变函数的积分、解析函数的级数表示、留数、共形映射、傅里叶变换、拉普拉斯变换，以及解析函数在平面向量场的应用. 此外，每章均配备比较丰富的习题，以便帮助学生加深对概念的理解，提高其分析和解决问题的能力. 书后给出了习题参考答案或提示. 附录中附有傅里叶变换简表和拉普拉斯变换简表，可供学习时查阅.

本书适合普通高等院校工科各专业，尤其是自动化、通信工程、电子信息、测控、机械工程、材料成型等专业作为教材，也可供工程技术人员参考.

图书在版编目（CIP）数据

复变函数与积分变换/陈丽娟，张蕾主编. -- 北京：机械工业出版社，2025.7. --（普通高等教育基础课系列教材）. -- ISBN 978-7-111-78294-0

Ⅰ. O17

中国国家版本馆 CIP 数据核字第 2025YA5804 号

机械工业出版社（北京市百万庄大街 22 号 邮政编码 100037）
策划编辑：汤 嘉 责任编辑：汤 嘉 李 乐
责任校对：贾海霞 王 延 封面设计：张 静
责任印制：单爱军
北京华宇信诺印刷有限公司印刷
2025 年 7 月第 1 版第 1 次印刷
184mm×260mm · 9.75 印张 · 251 千字
标准书号：ISBN 978-7-111-78294-0
定价：35.00 元

电话服务 网络服务
客服电话：010-88361066 机 工 官 网：www.cmpbook.com
010-88379833 机 工 官 博：weibo.com/cmp1952
010-68326294 金 书 网：www.golden-book.com
封底无防伪标均为盗版 机工教育服务网：www.cmpedu.com

前 言

"复变函数与积分变换"是理工科院校（非数学专业）给本科生开设的一门基础理论课. 复变函数课程的主要内容是讨论复数之间的相互依赖关系，其主要研究对象是解析函数. 积分变换是通过积分运算，把一个函数变成另一个函数的变换，它与复变函数有着密切的联系. 在科学技术日新月异的今天，该课程重要性不言而喻. 它不仅是学生学习后续专业课程、进行科学研究及实践的必要基础，更在培养符合现代社会发展的高素质应用型人才方面发挥着重要作用.

党的二十大报告明确指出，必须坚持科技是第一生产力、人才是第一资源、创新是第一动力，深入实施科教兴国战略、人才强国战略、创新驱动发展战略. 因此，本书的编写以培养学生创新能力为核心目标，编者结合多年一线教学的实践经验，精心策划，力求在内容、方法和形式上都有所创新.

本书中的复变函数内容包括复数与复变函数、解析函数、积分、级数、留数、共形映射以及解析函数在平面向量场的应用，其中解析函数在平面向量场的应用（第9章）可根据各专业的不同需要选用. 复变函数作为一种有力的工具，广泛地应用于自然科学的众多领域，如理论物理、空气动力学、流体力学等. 复变函数是实变函数与微积分的推广与发展. 因此，它不仅在内容上与实变函数和微积分有很多相似之处，而且在研究问题的方法与逻辑结构方面也类似. 当然，复变函数也有其自身的特点以及专门的研究工具和方法，在学习过程中，应注意和微积分理论的比较，同时注意复变函数本身的特点，并掌握它自身所固有的理论和方法.

本书中的积分变换主要指傅里叶变换与拉普拉斯变换，它也是在实变函数和微积分的基础上发展起来的. 积分变换的理论和方法不仅在数学的许多分支中，而且在其他工程技术领域中均有着广泛的应用，它已经成为不可缺少的运算工具.

本书重视对学生理论知识的讲授和数学素质的培养，通过直观形象的方法讲解数学概念的形成过程，并结合工程技术上的实例理解数学概念的本质内容. 为了适应现代教学技术的发展，本书还加入了 MATLAB 在复变函数与积分变换中的应用，帮助学生更好地掌握利用计算机实现函数运算和积分变换的方法. 同时，本书还注重培养学生的自主学习能力，每章均配有相应的教学短视频. 这些视频资源可以帮助学生更好地理解和掌握课程内容，提高学习效率. 此外，本书各章都配有适当的例题和类型齐全的习题，书后给出了习题的参考答案和提示，以供读者练习时参考.

本书由陈丽娟主编. 其中第1章和第9章由陈丽娟执笔，第2章和第3章由王丽莎执笔，第4章和第5章由张蕾执笔，第7章和第8章由王欣执笔、第6章由徐伟执笔，Matlab 程序由李明珠执笔，习题及其答案由刘静和陈素玲执笔，最后由陈丽娟统一整理定稿. 在本书的编写过程中，得到了青岛理工大学理学院领导和同事以及老师的关心和帮助. 感谢机械工业出版社给予的大力支持. 在此表示衷心的谢意.

由于编者的水平有限，书中难免有不足之处，敬请读者发送建议至 chenlijuan @ qut. edu. cn，编者不胜感激.

编 者

目　录

第 1 章
复数与复变函数

复变函数所讨论的内容都是在复数范围内，要求我们对复数及其相关内容有一定的了解. 本章先对复数的有关知识进行简要的复习和补充，然后再介绍复平面上的区域以及复变函数的极限与连续性等概念，为进一步研究解析函数理论和方法奠定必要的基础.

1.1 复数

1.1.1 复数的基本概念

在学习中学代数时，已经知道在实数范围内，方程 $x^2 = -1$ 是无解的，因为没有一个实数的平方等于 -1. 由于解方程的需要，人们引进一个新数 i，称为虚数单位，并规定 $i^2 = -1$，从而 i 是方程 $x^2 = -1$ 的一个根.

设 x 与 y 是任意实数，则称 $z = x + iy$ 为复数，其中 x 与 y 依次称为 z 的实部（real part）与虚部（imaginary part），分别表示为

$$\text{Re } z = x, \quad \text{Im } z = y,$$

称 $\bar{z} = x - iy$ 为 $z = x + iy$ 的共轭复数. 例如 $z = 2 + i$ 的共轭复数为 $\bar{z} = 2 - i$.

当 $y = 0$ 时，$z = x + 0i$，我们把它看作实数 x. 当 $x = 0$，$y \neq 0$ 时，$z = iy$ 称为纯虚数；一个复数 z 等于 0，必须且只需它的实部和虚部同时等于 0. 两个复数相等必须且只需它们的实部和虚部分别相等. 与实数不同，一般来说，任意两个复数不能比较大小.

1.1.2 复数的四则运算

设 $z_1 = x_1 + iy_1$，$z_2 = x_2 + iy_2$ 为任意两个复数，它们的加法与减法定义为

$$z_1 + z_2 = (x_1 + x_2) + i(y_1 + y_2),$$
$$z_1 - z_2 = (x_1 - x_2) + i(y_1 - y_2).$$

复数 z_1, z_2 的乘法和除法定义为

$$z_1 z_2 = (x_1 x_2 - y_1 y_2) + i(x_1 y_2 + x_2 y_1),$$
$$\frac{z_1}{z_2} = \frac{x_1 x_2 + y_1 y_2}{x_2^2 + y_2^2} + i \frac{y_1 x_2 - x_1 y_2}{x_2^2 + y_2^2} \quad (z_2 \neq 0).$$

全体复数集合按照上述运算法则构成一个数域，称为复数域.

不难证明，与实数的情形一样，复数的运算也满足交换律、结合律和分配律.

$$z_1 + z_2 = z_2 + z_1, \quad z_1 z_2 = z_2 z_1,$$
$$z_1 + (z_2 + z_3) = (z_1 + z_2) + z_3, \quad z_1(z_2 z_3) = (z_1 z_2) z_3,$$
$$z_1(z_2 + z_3) = z_1 z_2 + z_1 z_3.$$

共轭复数有以下性质.

(1) $\overline{z_1 + z_2} = \overline{z_1} + \overline{z_2}$,　　$\overline{z_1 z_2} = \overline{z_1}\,\overline{z_2}$,　　$\overline{\left(\dfrac{z_1}{z_2}\right)} = \dfrac{\overline{z_1}}{\overline{z_2}}\ (z_2 \neq 0)$.

(2) $\overline{\overline{z}} = z$.

(3) $z\overline{z} = x^2 + y^2 = (\operatorname{Re} z)^2 + (\operatorname{Im} z)^2$.

(4) $\operatorname{Re} z = \dfrac{1}{2}(z + \overline{z})$, $\operatorname{Im} z = \dfrac{1}{2i}(z - \overline{z})$.

(5) $\overline{Q(z)} = Q(\overline{z})$, 其中, $Q(z)$ 为实系数有理函数.

这些性质作为练习, 由读者自己去证明.

例 1.1　设 $z = -\dfrac{1}{i} - \dfrac{3i}{1-i}$, 求 $\operatorname{Re}(z)$, $\operatorname{Im}(z)$ 与 $z \cdot \overline{z}$.

解　$z = -\dfrac{1}{i} - \dfrac{3i}{1-i} = -\dfrac{i}{i \cdot i} - \dfrac{3i(1+i)}{(1-i)(1+i)} = \dfrac{3}{2} - \dfrac{1}{2}i$,

则 $\operatorname{Re}(z) = \dfrac{3}{2}$, $\operatorname{Im}(z) = -\dfrac{1}{2}$, $z \cdot \overline{z} = [\operatorname{Re}(z)]^2 + [\operatorname{Im}(z)]^2 = \left(\dfrac{3}{2}\right)^2 + \left(-\dfrac{1}{2}\right)^2 = \dfrac{5}{2}$.

例 1.2　设 z_1, z_2 是两个复数, 求证: $|z_1 - z_2|^2 = |z_1|^2 + |z_2|^2 - 2\operatorname{Re}(z_1 \overline{z_2})$.

证明　设 $z_1 = x_1 + iy_1$, $z_2 = x_2 + iy_2$, x_1, x_2, y_1, y_2 为实数, 则

$$z_1 - z_2 = (x_1 - x_2) + i(y_1 - y_2),$$
$$z_1 \overline{z_2} = (x_1 + iy_1)(x_2 - iy_2) = (x_1 x_2 + y_1 y_2) + i(y_1 x_2 - x_1 y_2).$$

于是 $|z_1 - z_2|^2 = (x_1 - x_2)^2 + (y_1 - y_2)^2$, 而 $\operatorname{Re}(z_1 \overline{z_2}) = x_1 x_2 + y_1 y_2$, 所以

$$|z_1|^2 + |z_2|^2 - 2\operatorname{Re}(z_1 \overline{z_2}) = (x_1^2 + y_1^2) + (x_2^2 + y_2^2) - 2(x_1 x_2 + y_1 y_2)$$
$$= (x_1 - x_2)^2 + (y_1 - y_2)^2.$$

所以 $|z_1 - z_2|^2 = |z_1|^2 + |z_2|^2 - 2\operatorname{Re}(z_1 \overline{z_2})$.

1.2　复数的几何表示、模与辐角

1.2.1　复平面

在直角坐标系下, 复数 $z = x + iy$ 可用平面上的点 (x, y) 来表示. x 轴称为实轴, 它上面的点对应实数, y 轴称为虚轴, 它上面的点对应纯虚数. 这种表示复数的平面称为复平面或 z 平面(见图 1.1). 当 $y \neq 0$ 时, 点 z 和 $\overline{z}$ 关于实轴对称.

在复平面上, 复数 z 还与从原点指向点 $x + iy$ 的平面向量一一对应, 因此复数 z 也能用向量 $\overrightarrow{oz}$ 来表示(见图 1.1). 引入复平面后, 可以把"点 z"和"数 z"作为同义词, "点集"和"复数集"作为同义词, 从而便于用几何知识来研究复数.

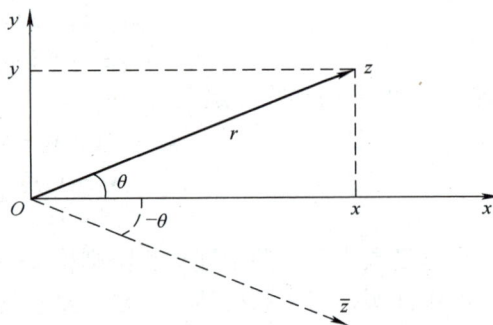

图 1.1　复平面

在复平面上，向量的长度称为 z 的模或绝对值，记作

$$r = |z| = \sqrt{x^2 + y^2} \geqslant 0. \tag{1.1}$$

由复数的矢量表示可知，复数加减法满足平行四边形法则（或三角形法则），与矢量的加减法则相同（见图 1.2）.

显然，对于任意复数 $z = x + iy$ 均有 $|x| \leqslant |z|$，$|y| \leqslant |z|$，$|z| \leqslant |x| + |y|$.

另外，根据三角形两边之和不小于第三边，两边之差不大于第三边的结论（见图 1.2），可以有如下两个重要的不等式.

图 1.2 复数的加减

$$|z_1 + z_2| \leqslant |z_1| + |z_2|, \tag{1.2}$$
$$|z_1 - z_2| \geqslant |z_1| - |z_2|. \tag{1.3}$$

式（1.2）与式（1.3）中等号成立的几何意义是：复数 z_1, z_2 分别与 $z_1 + z_2$ 及 $z_1 - z_2$ 所表示的三个向量共线且同向.

式（1.2）可以推广到多个复数的情况，利用数学归纳法，可以证明

$$|z_1 + z_2 + \cdots + z_n| \leqslant |z_1| + |z_2| + \cdots + |z_n|.$$

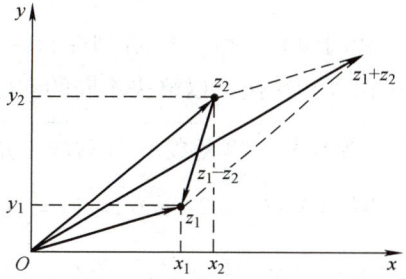

1.2.2 复数的表示法

向量 $\overrightarrow{oz}$ 与实轴正向间的夹角 θ 满足的 $\tan \theta = \dfrac{y}{x}$，$\theta$ 称为复数 z 的辐角（Argument），记为 $\theta = \text{Arg } z$. 由于任一非零复数 z 均有无穷多个辐角，规定符合条件 $-\pi < \arg z \leqslant \pi$ 的那一个辐角值为 $\text{Arg } z$ 的主值，或 z 的主辐角，主辐角也常记为 $\arg z$，有

$$\text{Arg } z = \arg z + 2k\pi, \quad k = 0, \pm 1, \pm 2, \cdots$$

注意，当 $z = 0$ 时，其模为 0，辐角无定义. 当 $z = x + iy \neq 0$ 时，$\arg z$ 与 $\arctan \dfrac{y}{x}$ 有如下关系.

$$\begin{array}{l} \arg z = \\ (z \neq 0) \end{array} \begin{cases} \arctan \dfrac{y}{x}, & \text{当 } z \text{ 在第一象限时,} \\ \arctan \dfrac{y}{x} + \pi, & \text{当 } z \text{ 在第二象限时,} \\ \arctan \dfrac{y}{x} - \pi, & \text{当 } z \text{ 在第三象限时,} \\ \arctan \dfrac{y}{x}, & \text{当 } z \text{ 在第四象限时} \end{cases}$$

式中，$-\dfrac{\pi}{2} < \arctan \dfrac{y}{x} < \dfrac{\pi}{2}$.

一对共轭复数 z 和 $\bar{z}$ 在复平面的位置是关于实轴对称的，所以若 z 不在原点和负实轴上，还有 $\arg(z) = -\arg(\bar{z})$.

利用直角坐标与极坐标之间的关系，还可以用复数的模与辐角来表示非零复数 z，即有

$$z = r(\cos \theta + i\sin \theta), \tag{1.4}$$

利用欧拉(Euler)公式 $e^{i\theta} = \cos\theta + i\sin\theta$, 则得到

$$z = re^{i\theta}. \tag{1.5}$$

式(1.4)与式(1.5)分别称为非零复数 z 的三角表示式和指数表示式. 复数的各种表示形式可以互相转换, 以解决不同的问题.

例 1.3 将复数 $1-i$ 写成三角表示式与指数表示式.

解 $|1-i| = \sqrt{2}$, $\arg(1-i) = -\dfrac{\pi}{4}$. 所以三角表示式为 $1+i = \sqrt{2}\left(\cos\left(-\dfrac{\pi}{4}\right) + i\sin\left(-\dfrac{\pi}{4}\right)\right)$.

指数表示式为 $1+i = \sqrt{2}e^{i\left(-\frac{\pi}{4}\right)}$.

例 1.4 将 $z = \sin\dfrac{2\pi}{5} + i\cos\dfrac{2\pi}{5}$ 化成三角表示式与指数表示式.

解 $r = |z| = 1$, 又

$$\sin\frac{2\pi}{5} = \cos\left(\frac{\pi}{2} - \frac{2\pi}{5}\right) = \cos\frac{\pi}{10}, \quad \cos\frac{2\pi}{5} = \sin\left(\frac{\pi}{2} - \frac{2\pi}{5}\right) = \sin\frac{\pi}{10},$$

故 z 的三角表示式为 $z = \cos\dfrac{\pi}{10} + i\sin\dfrac{\pi}{10}$, 指数表示式为 $z = e^{\frac{1}{10}\pi i}$.

例 1.5 设 $z, w \in \mathbb{C}$, 证明:

(1) $|z+w| \leqslant |z| + |w|$.

(2) $|z+w|^2 = |z|^2 + 2\mathrm{Re}(z \cdot \overline{w}) + |w|^2$.

(3) $|z-w|^2 = |z|^2 - 2\mathrm{Re}(z \cdot \overline{w}) + |w|^2$.

(4) $|z+w|^2 + |z-w|^2 = 2(|z|^2 + |w|^2)$, 并解释几何意义.

证明 (1) 由于
$$\begin{aligned}
|z+w|^2 &= (z+w) \cdot \overline{(z+w)} = (z+w)(\bar{z}+\overline{w}) \\
&= z \cdot \bar{z} + z \cdot \overline{w} + w \cdot \bar{z} + w \cdot \overline{w} \\
&= |z|^2 + z\,\overline{w} + \overline{(z \cdot \overline{w})} + |w|^2 \\
&= |z|^2 + |w|^2 + 2\mathrm{Re}(z \cdot \overline{w}) \\
&\leqslant |z|^2 + |w|^2 + 2|z| \cdot |\overline{w}| \\
&= |z|^2 + |w|^2 + 2|z| \cdot |w| \\
&= (|z| + |w|)^2
\end{aligned}$$

故 $|z+w| \leqslant |z| + |w|$.

(2) $|z+w|^2 = |z|^2 + 2\mathrm{Re}(z \cdot \overline{w}) + |w|^2$ 在第(1)问已经证明.

(3) $|z-w|^2 = (z-w) \cdot \overline{(z-w)} = (z-w)(\bar{z}-\overline{w})$
$$\begin{aligned}
&= |z|^2 - z \cdot \overline{w} - w \cdot \bar{z} + |w|^2 \\
&= |z|^2 - 2\mathrm{Re}(z \cdot \overline{w}) + |w|^2.
\end{aligned}$$

从而得证.

(4) 由第(2)问和第(3)问知 $|z+w|^2 + |z-w|^2 = 2(|z|^2 + |w|^2)$. 其几何意义: 平行四边形两对角线平方的和等于各边的平方的和.

1.2.3 复球面

除了用平面内的点或向量来表示复数外, 还可以用球面上的点来表示复数. 现在我们介绍这种表示方法.

取一个在原点 O 与 z 平面相切的球面，通过点 O 作一垂直于 z 平面的直线与球面交于 N 点，称为北极，O 称为南极. 用直线段将 N 与 z 平面上一点 z 相连，此线段交球面于一点 $P(z)$，这样就建立起球面上的点(不包括北极点 N)与复平面上的点间的一一对应关系. 此外，点 N 可以看成与在复平面上引进的一个模为无穷大的假想的点相对应，这个假想点称为无穷远点，并记为∞. 复平面加上点∞后称为扩充复平面，与它对应的就是整个球面 C，这样的整个球面 C 称为复球面. 简单地说，扩充复平面的另一个几何模型就是复球面(见图 1.3).

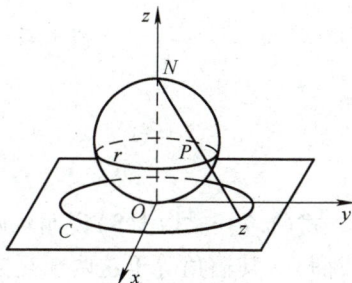

图 1.3 复球面

为区别起见，我们把不含无穷远点的复平面又称为开平面，把扩充复平面又称为闭平面. 以后，凡涉及闭平面时，一定强调指出这个"闭"字或"扩充"二字；凡没有指明的地方，均默认指开平面.

具体地，利用解析几何知识，我们可以推出在重合的直角坐标系下，扩充复平面上点的坐标与复球面 C 上对应点的坐标的关系式.

关于∞有如下规定.

(1) ∞的实部、虚部及辐角(辐角的定义见 1.2.2 节)都无意义，$|\infty| = +\infty$；

(2) 运算∞ ± ∞，$0 \cdot \infty$，$\dfrac{\infty}{\infty}$，$\dfrac{0}{0}$ 都无意义；(特别注意，∞ + ∞ 也无意义，这不同于实分析.)

(3) $a \neq \infty$ 时，$a \pm \infty = \infty \pm a = \infty$，$\dfrac{\infty}{a} = \infty$，$\dfrac{a}{\infty} = 0$；

(4) $a \neq 0$(但可为∞)时，$a \cdot \infty = \infty \cdot a = \infty$，$\dfrac{a}{0} = \infty$.

(5) 在扩充复平面上，任一直线都是通过无穷远点的. 同时，没有一个半平面包含点∞.

1.3 复数的乘幂与方根

1.2.1 节指出复数的加、减法则与向量的加、减法则相一致，但复数的乘法与向量的数量积或向量积都不相同. 不过可利用复数的指数表示或三角表示给复数的乘法和除法以新的解释.

1.3.1 乘积与商

设 $z_1 = r_1 \mathrm{e}^{\mathrm{i}\theta_1}$，$z_2 = r_2 \mathrm{e}^{\mathrm{i}\theta_2}$，由指数性质即可推得复数的乘法和除法有

$$\begin{cases} z_1 z_2 = r_1 \mathrm{e}^{\mathrm{i}\theta_1} r_2 \mathrm{e}^{\mathrm{i}\theta_2} = r_1 r_2 \mathrm{e}^{\mathrm{i}(\theta_1 + \theta_2)}, \\ \dfrac{z_1}{z_2} = \dfrac{r_1 \mathrm{e}^{\mathrm{i}\theta_1}}{r_2 \mathrm{e}^{\mathrm{i}\theta_2}} = \dfrac{r_1}{r_2} \mathrm{e}^{\mathrm{i}(\theta_1 - \theta_2)}, \end{cases} \tag{1.6}$$

因此

$$|z_1 z_2| = |z_1||z_2|, \quad \left|\frac{z_1}{z_2}\right| = \frac{|z_1|}{|z_2|} \quad (z_2 \neq 0) \tag{1.7}$$

$$\begin{cases} \operatorname{Arg}(z_1 z_2) = \operatorname{Arg} z_1 + \operatorname{Arg} z_2, \\ \operatorname{Arg}\left(\dfrac{z_1}{z_2}\right) = \operatorname{Arg} z_1 - \operatorname{Arg} z_2. \end{cases} \tag{1.8}$$

式(1.7)与式(1.8)说明:两个复数 z_1, z_2 的乘积(或商),其模等于这两个复数模的乘积(或商),其辐角等于这两个复数辐角的和(或差). 复数乘法的几何意义为,当利用向量来表示复数时,可以说表示乘积 $z_1 z_2$ 的向量是 z_1 表示的向量旋转一个角度 $\operatorname{Arg} z_2$,并伸长(缩短)到 $|z_2|$ 倍得到的. 特别当 $|z_2| = 1$ 时可得

$$z_1 z_2 = r_1 \mathrm{e}^{\mathrm{i}(\theta_1 + \theta_2)}.$$

此式说明单位复数($|z_2| = 1$)乘任何数,几何上相当于将此数所对应的向量旋转一个角度.

另外,也可把式(1.8)中的 $\operatorname{Arg} z$ 换成 $\arg z$(某个特定值),若 $\arg z$ 为主值时,则公式两端允许相差 2π 的整数倍,即有

$$\begin{cases} \arg(z_1 z_2) = \arg z_1 + \arg z_2 + 2k\pi \\ \arg\left(\dfrac{z_1}{z_2}\right) = \arg z_1 - \arg z_2 + 2k\pi, \text{ 其中 } k_1, k_2 \text{ 各表示某个适当的整数} \end{cases}$$

1.3.1 复数乘法的几何意义

例 1.6 用三角表示计算 $(1 + \mathrm{i})/(-\sqrt{3} - \mathrm{i})$.

解 因为 $1 + \mathrm{i} = \sqrt{2}\left(\cos\dfrac{\pi}{4} + \mathrm{i}\sin\dfrac{\pi}{4}\right)$, $-\sqrt{3} - \mathrm{i} = 2\left[\cos\left(-\dfrac{5\pi}{6}\right) + \mathrm{i}\sin\left(-\dfrac{5\pi}{6}\right)\right]$,

所以

$$(1 + \mathrm{i})/(-\sqrt{3} - \mathrm{i}) = \frac{\sqrt{2}}{2}\left[\cos\left(\frac{13\pi}{12}\right) + \mathrm{i}\sin\left(\frac{13\pi}{12}\right)\right].$$

1.3.2 幂与根

设 $z \neq 0$ 是一复数,n 是一正整数,z^n 即是 n 个 z 相乘的积. 设 $z = r\mathrm{e}^{\mathrm{i}\theta}$,则

$$z^n = r^n \mathrm{e}^{\mathrm{i}n\theta} = r^n(\cos n\theta + \mathrm{i}\sin n\theta),$$

当 $r = 1$ 时,有

$$(\cos\theta + \mathrm{i}\sin\theta)^n = (\cos n\theta + \mathrm{i}\sin n\theta),$$

这就是著名的棣莫弗(De Moivre)公式. 特别地,当 $n = 2$ 时,有

$$(\cos\theta + \mathrm{i}\sin\theta)^2 = (\cos 2\theta + \mathrm{i}\sin 2\theta), \tag{1.9}$$

将式(1.9)整理得 $\cos^2\theta - \sin^2\theta + \mathrm{i}2\sin\theta\cos\theta = \cos 2\theta + \mathrm{i}\sin 2\theta$,分别比较等式两边的实部与虚部得到

$$\cos^2\theta - \sin^2\theta = \cos 2\theta, \quad 2\sin\theta\cos\theta = \sin 2\theta.$$

此两式就是中学数学中学过的二倍角公式.

求复数 z 的 n 次方根,相当于在方程 $w^n = z$ 中,求解 w.

设 $z \neq 0$($z = 0$ 时,显然有唯一解 0)且 $z = r\mathrm{e}^{\mathrm{i}\theta}$,$w = \rho\mathrm{e}^{\mathrm{i}\varphi}$,代入方程 $w^n = z$,得

$$\rho^n \mathrm{e}^{\mathrm{i}n\varphi} = r\mathrm{e}^{\mathrm{i}\theta},$$

从而得到两个方程

1.3.2 复数的 n 次方根及其求法

$$\rho^n = r, \ n\varphi = \theta + 2k\pi,$$

解得

$$\rho = \sqrt[n]{r}, \ \varphi = \frac{\theta + 2k\pi}{n},$$

因此，复数 z 的 n 次方根（$n \geq 2$）为

$$w_k = (\sqrt[n]{z})_k = \sqrt[n]{r}\, \mathrm{e}^{\mathrm{i}\frac{\theta + 2k\pi}{n}}.$$

这里的 k 表面上可以取 $0, \pm 1, \pm 2, \cdots$，但容易验证，实际上只要取 $k = 0, 1, 2, \cdots, n-1$ 就可得到 w 的 n 个不同的根；当 k 取其他整数时，将重复出现上述这 n 个根．在几何上，不难看出，$\sqrt[n]{z}$ 的 n 个值就是以原点为中心，$r^{\frac{1}{n}}$ 为半径的圆的内接正 n 边形的 n 个顶点．

例 1.7 求下列问题．

（1）$(-1)^{\frac{1}{3}}$；

（2）求 $z^2 - 2\mathrm{i} = 0$ 的全部根．

解 （1）$-1 = \cos \pi + \mathrm{i}\sin \pi$，故

$$(-1)^{\frac{1}{3}} = \cos \frac{2k+1}{3}\pi + \mathrm{i}\sin \frac{2k+1}{3}\pi \quad k = 0, 1, 2, \ \text{于是有}$$

$$w_0 = \cos \frac{\pi}{3} + \mathrm{i}\sin \frac{\pi}{3} = \frac{1}{2} + \mathrm{i}\frac{\sqrt{3}}{2}, \ w_1 = \cos \pi + \mathrm{i}\sin \pi = -1,$$

$$w_2 = \cos \frac{5\pi}{3} + \mathrm{i}\sin \frac{5\pi}{3} = \frac{1}{2} - \mathrm{i}\frac{\sqrt{3}}{2}.$$

（2）$z^2 = 2\mathrm{i} \Rightarrow z = (2\mathrm{i})^{\frac{1}{2}} = (2\mathrm{e}^{\frac{\pi}{2}\mathrm{i}})^{\frac{1}{2}} = \sqrt{2}\mathrm{e}^{\frac{\frac{\pi}{2} + 2k\pi}{2}\mathrm{i}} = \sqrt{2}\mathrm{e}^{(\frac{1}{4}+k)\pi\mathrm{i}}$ （$k = 0, 1$）．

从而两个根为 $\sqrt{2}\mathrm{e}^{\frac{\pi}{4}\mathrm{i}}$，$\sqrt{2}\mathrm{e}^{\frac{5\pi}{4}\mathrm{i}}$．

例 1.8 设 $z = \mathrm{e}^{\mathrm{i}\frac{2\pi}{n}}$，$n \geq 2$．证明：$1 + z + \cdots + z^{n-1} = 0$．

证明 由于 $z = \mathrm{e}^{\mathrm{i}\frac{2\pi}{n}}$，则 $z^n = 1$，即 $z^n - 1 = 0$．所以 $(z-1)(1 + z + \cdots + z^{n-1}) = 0$，又因为 $n \geq 2$，故 $z \neq 1$，从而 $1 + z + z^2 + \cdots + z^{n-1} = 0$．

1.4 复平面上的曲线和区域

1.4.1 平面点集的概念

1. 邻域

设 $P_0(x_0, y_0)$ 是 xOy 平面上的一个点，δ 是某一正数，与点 $P_0(x_0, y_0)$ 距离小于 δ 的点 $P(x, y)$ 的全体，称为点 P_0 的 δ 邻域，记为 $U(P_0, \delta)$，即 $U(P_0, \delta) = \{P \mid |PP_0| < \delta\}$ 或 $U(P_0, \delta) = \{(x, y) \mid \sqrt{(x - x_0)^2 + (y - y_0)^2} < \delta\}$（见图 1.4）．

$U(P_0, \delta)$ 的几何意义是，以 P_0 为圆心，以 δ 为半径的圆内的全体点所组成的集合．

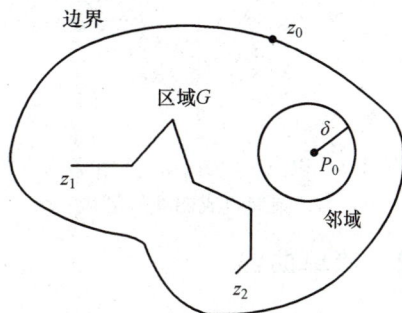

图 1.4 区域、邻域定义

称 $U°(P_0,\delta) = \{(x,y)\,|\,0 < \sqrt{(x-x_0)^2+(y-y_0)^2} < \delta\}$ 为 P_0 的去心 δ 邻域，简称为点 P_0 的去心邻域.

$U°(P_0,\delta)$ 的几何意义是，以 P_0 为圆心，以 δ 为半径的圆内的全体点挖掉 P_0 所组成的集合.

2. 内点、外点、边界点

任意一点 $z_0 \in \mathbf{R}^2$ 与任意一个点集 $G \subset \mathbf{R}^2$ 之间必有以下三种关系中的一种：内点、外点和边界点. 具体定义如下.

（1）如果存在 z_0 的一个邻域，该邻域内的所有点都属于 G，则称 z_0 为 G 的内点.

（2）若点 z_0 的某一个邻域内的点都不属于 G，则称点 z_0 为 G 的外点.

（3）若在点 z_0 的任意一个邻域内，既有属于 G 的点，也有不属于 G 的点，则称点 z_0 为 G 的边界点，点集 G 的全部边界点称为 G 的边界.

3. 开集

如果点集 G 内的点都是内点，则称 G 为开集.

4. 连通性

如果点集 G 内任何两点，都可用折线连接起来，且该折线上的点都属于 G，则称 G 为连通集.

5. 区域

连通的开集称为区域或开区域（见图 1.4）.

开区域连同它的边界一起所构成的点集称为闭区域.

若存在一个正数 M，使得 G 内的任意一点 z_0 都满足 $|z_0| < M$，则称 G 为有界集，否则，称 G 为无界集.

表示 z 平面上以点 z_0 为中心，R 为半径的圆周及其内部（即圆形闭区域）的方程为 $|z-z_0| \le R$.

方程 $1 < |z+i| < 2$ 表示以 $-i$ 为圆心，以 1 和 2 为半径的圆周所组成的环形区域，为开区域（见图 1.5）.

图 1.6 中带形区域的方程为 $y_1 < \mathrm{Im}\,z < y_2$，其边界为 $y = y_1$ 与 $y = y_2$，为无界区域.

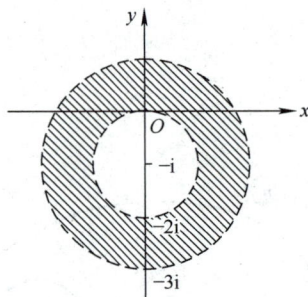

图 1.5 以点 $-i$ 为圆心，1 和 2 为半径的圆周组成的环形区域

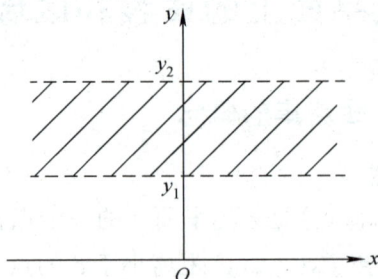

图 1.6 带形区域 $y_1 < \mathrm{Im}\,z < y_2$

1.4.2 简单曲线

定义 1.1 设 $x(t)$ 及 $y(t)$ 是两个关于实数 t 在闭区间 $[\alpha,\beta]$ 上的连续函数，则由方程

8

$$z = z(t) = x(t) + \mathrm{i}y(t) \qquad (\alpha \leqslant t \leqslant \beta) \tag{1.10}$$

所确定的点集 G 称为 z 平面上的一条**连续曲线**，式(1.10)称为 G 的**参数方程**，$z(\alpha)$ 及 $z(\beta)$ 分别称为 G 的**起点**和**终点**，对任意满足 $\alpha < t_1 < \beta$ 及 $\alpha < t_2 < \beta$ 的 t_1 与 t_2，当 $t_1 \neq t_2$ 时，有 $z(t_1) = z(t_2)$，则点 $z(t_1)$ 称为 G 的**重点**；无重点的连续曲线，称为**简单曲线（若尔当曲线）**；$z(\alpha) = z(\beta)$ 的简单曲线称为**简单闭曲线**. 若在 $\alpha \leqslant t \leqslant \beta$ 上时，$x'(t)$ 及 $y'(t)$ 存在且不全为零，则称 G 为**光滑（闭）曲线**.

若尔当定理：任意一条若尔当闭曲线把整个复平面分成两个没有公共点的区域，一个有界的称为该区域的**内部**，一个无界的称为该区域的**外部**. 它们都是以该闭曲线为**边界**.

光滑曲线：如果 $x(t) = \operatorname{Re} z(t)$ 和 $y(t) = \operatorname{Im} z(t)$ 都在闭区间 $[a,b]$ 上连续，且有连续的导函数，在 $[a,b]$ 上，$z'(t) = x'(t) + \mathrm{i}y'(t) \neq 0$，则称集合 $\{z(t) \mid t \in [a,b]\}$ 为一条光滑曲线；类似地，可以定义分段光滑曲线.

定义 1.2 由有限条光滑曲线连接而成的连续曲线称为**逐段光滑曲线**.

对于简单闭曲线的方向，通常我们是这样来规定的：当观察者沿 G 绕行一周时，G 的内部（或外部）始终在 G 的左方，则称为 G 的**正方向（或负方向）**.

例 1.9 下列方程表示复平面上的什么曲线？

(1) $|z - 1 + 4\mathrm{i}| = 2$；

(2) $|z - 1| + |z + 5| = 8$；

(3) $\operatorname{Im}(4\mathrm{i} + \bar{z}) = 2$.

解 (1) 在几何上不难看出，方程 $|z - 1 + 4\mathrm{i}| = 2$ 代表以点 $z_0 = 1 - 4\mathrm{i}$ 为圆心、半径为 2 的圆周. 下面用代数方法求解该圆的直角坐标方程.

1.4.2 简单曲线

设 $z = x + \mathrm{i}y$，方程变为

$$|x - 1 + (y + 4)\mathrm{i}| = 2,$$

即 $(x - 1)^2 + (y + 4)^2 = 4$.

(2) 从几何上看，方程 $|z - 1| + |z + 5| = 8$ 代表以点 $z_1 = 1$，$z_2 = -5$ 为焦点、长轴为 8 的椭圆；用代数方法求解该圆的直角坐标方程.

设 $z = x + \mathrm{i}y$，方程变为

$$|x - 1 + y\mathrm{i}| + |x + 5 + y\mathrm{i}| = 8.$$

即 $\sqrt{(x - 1)^2 + y^2} + \sqrt{(x + 5)^2 + y^2} = 8$.

(3) 设 $z = x + \mathrm{i}y$，方程 $\operatorname{Im}(4\mathrm{i} + \bar{z}) = 2$ 变为

$$\operatorname{Im}(4\mathrm{i} + \bar{z}) = \operatorname{Im}(x + (4 - y)\mathrm{i}) = 4 - y = 2.$$

即 $y = 2$，这就是一条平行于 x 轴的直线.

1.4.3 单连通区域与多连通区域

定义 1.3 设 D 为复平面上的区域，若在 D 内无论怎样画简单闭曲线，其内部仍全含于 D，则称 D 为单连通区域. 否则，称为多连通区域（见图 1.7）.

单连通区域和多连通区域从几何上可以看出，两者的本质区别是，单连通区域内任一闭曲线可连续收缩为一点，简而言之，区域内没有"空洞和缝隙". 多连通区域内至少有一闭曲线不能连续收缩为一点，简而言之，区域内有"空洞".

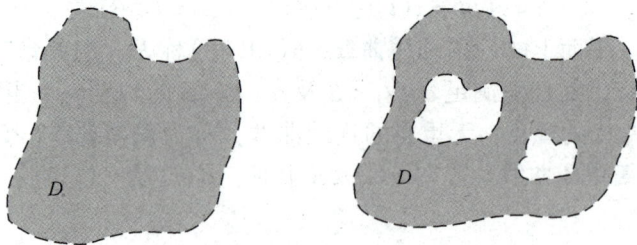

图 1.7   单连通区域和多连通区域

1.5   复变函数

1.5.1   复变函数的概念

复变函数的定义在形式上与一元实函数一样,只是其自变量和函数的取值推广到了复数.

定义 1.4   设 E 为一非空复数集,若 E 内每一复数 z,按照某一确定的对应法则 f,均有唯一(或多个)确定的复数 w 与之对应,则称复变函数 f 是复变数 z 的单值(或多值)函数,简称复变函数,记作

$$w = f(z)(z \in E).$$

式中,E 称为函数 $w = f(z)$ 的定义域,w 值的全体组成的集合称为函数 $w = f(z)$ 的值域. 若 z 与 w 是一一对应的,则称 $f(z)$ 为单值函数. 若对于一个 z 有几个 w 的值与之对应,则称 $f(z)$ 为多值函数.

例如,$w = z^3$、$w = \bar{z}$ 及 $w = \dfrac{z-1}{z+1}(z \neq -1)$ 均为单值函数,$w = \sqrt[n]{z}$ 及 $w = \text{Arg } z(z \neq 0)$ 均为多值函数.

今后如无特殊声明,所讨论的复变函数均为单值函数.

设 $w = f(z)$ 是定义在点集 E 上的函数,若令 $z = x + \mathrm{i}y$,$w = u + \mathrm{i}v$,则 $w = f(z)$ 可写成

$$w = f(z) = f(x + \mathrm{i}y) = u(x,y) + \mathrm{i}v(x,y),$$

式中,$u(x,y)$ 与 $v(x,y)$ 为实值函数,分开上式的实部与虚部,得到

$$u = u(x,y), v = v(x,y),$$

这样,一个复变函数 $w = f(z)$ 就相当于一对二元实变函数,$w = f(z)$ 的性质就取决于 $u = u(x,y)$ 和 $v = v(x,y)$ 的性质.

在高等数学中,常将实变函数用几何图形来表示,通过图形可以直观地理解和研究函数的性质. 对于复变函数 $w = f(z)$,它反映了两对变量 u,v 和 x,y 之间的对应关系,因而无法用同一个平面内的几何图形表示出来,必须把它看成两个复平面上的点集之间的对应关系.这种"对应",我们常又说成"函数""变换""映射".

在变换 $w = f(z)$ 下,点 $w_0 = f(z_0)$ 及值域点集 $M = f(E)$ 分别称为点 z_0 及定义域点集 E 的像,而点 z_0 及定义域点集 E 则分别称为点 w_0 及值域点集 M 的原像.

由此说明,我们可以把复变函数理解为复平面 z 上的点集和复平面 w 上的点集之间的一个对应关系(映射或变换),这是由于在复平面上我们不再区分"点"(点集)和"数"(数集).

故今后我们也不再区分函数、映射和变换.

例 **1.10** 把函数 $w = f(z) = z^2 + z$ 写成 $w = u(x,y) + \mathrm{i}v(x,y)$ 的形式.

解 设 $z = x + \mathrm{i}y$,则

$$w = f(z) = (x + \mathrm{i}y)^2 + (x + \mathrm{i}y) = x^2 - y^2 + \mathrm{i}2xy + x + \mathrm{i}y,$$

因此

$$u(x,y) = x^2 + x - y^2, \quad v(x,y) = 2xy + y,$$

即

$$w = f(z) = (x^2 + x - y^2) + \mathrm{i}(2xy + y).$$

例 **1.11** 将定义在全平面除去坐标原点的区域上的一对二元实变函数

$$u = \frac{2x}{x^2 + y^2}, \quad v = \frac{3y}{x^2 + y^2} \quad (x^2 + y^2 \neq 0)$$

化为一个复变函数.

解 记 $z = x + \mathrm{i}y$,$w = u + \mathrm{i}v$,则

$$w = u + \mathrm{i}v = \frac{2x + \mathrm{i}3y}{x^2 + y^2},$$

将 $x = \dfrac{1}{2}(z + \bar{z})$,$y = \dfrac{1}{2\mathrm{i}}(z - \bar{z})$ 以及 $x^2 + y^2 = z\bar{z}$ 代入上式,经整理后得

$$w = u + \mathrm{i}v = \frac{2 \cdot \dfrac{1}{2}(z + \bar{z}) + \mathrm{i}3 \cdot \dfrac{1}{2\mathrm{i}}(z - \bar{z})}{z\bar{z}} = \frac{\dfrac{5}{2}z - \dfrac{1}{2}\bar{z}}{z\bar{z}} = \frac{5}{2\bar{z}} - \frac{1}{2z}.$$

如果复数 z 和 w 分别用 Z 平面和 W 平面上的点表示,则复变函数 $w = f(z)$ 在几何上,可以看成将 Z 平面上的定义域变换到 W 平面上的函数值域的一个变换或映射,它将 D 内的一点 z 变换为 G 内的一点 w(见图 1.8).

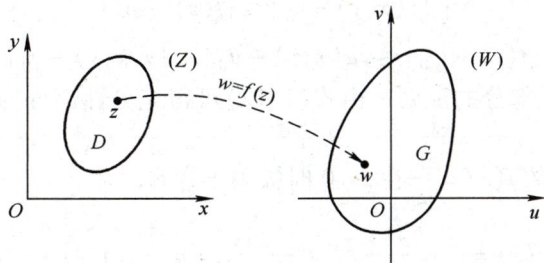

图 1.8 复变函数 $w = f(z)$

例 **1.12** 求曲线 $3(x^2 + y^2) + 2x - 5y + 2 = 0$ 在映射 $w = \dfrac{1}{z}$ 下的像.

解 由于 $x + \mathrm{i}y = z = \dfrac{1}{w} = \dfrac{1}{u + \mathrm{i}v} = \dfrac{u - \mathrm{i}v}{u^2 + v^2}$,因此

$$x = \frac{u}{u^2 + v^2}, \quad y = \frac{-v}{u^2 + v^2},$$

代入所给曲线方程,得

$$\frac{3}{u^2+v^2}+2\,\frac{u}{u^2+v^2}-5\,\frac{-v}{u^2+v^2}+2=0,$$

化简可得所求像曲线为

$$2u^2+2v^2+2u+5v+3=0.$$

1.5.2　复变函数的极限

复变函数极限的定义在叙述形式上与一元实函数的极限一致，即

定义 1.5　设 w_0 为复常数，z_0 为 E 的聚点，函数 $w=f(z)$ 于点集 E 上有定义，如果对于任意给定的正数 ε，总可找到相应的正数 δ，使得当 $0<|z-z_0|<\delta$ 时，恒有

$$|f(z)-w_0|<\varepsilon,$$

则称 $f(z)$ 当 $z\to z_0$ 时有极限 w_0，记为 $\lim\limits_{z\to z_0}f(z)=w_0$.

其几何意义是当点 z 落入 z_0 的充分小的去心 δ 邻域时，它的像点 $f(z)$ 就落入 w_0 的预先给定的 ε- 邻域. 这与一元实函数极限的几何意义相比十分类似，只是这里用圆域代替了邻域.

这就意味着不管 z 在复平面上从哪个方向趋于 z_0，$f(z)$ 都趋近于同一个复常数 w_0，而在高等数学中，$\lim\limits_{x\to x_0}f(x)$ 中 x 只能在 x 轴上沿着 x_0 的左、右两个方向趋于 x_0. 显然，一元复变函数的极限比一元实函数极限定义的要求苛刻得多.

另外，对于复变函数的极限与其实部和虚部的极限的关系问题，我们有下述定理.

定理 1.1　设函数 $f(z)=u(x,y)+iv(x,y)$ 于点集 E 上有定义，$z_0=x_0+iy_0$ 为 E 的聚点，则 $\lim\limits_{z\to z_0}f(z)=\omega_0=u_0+iv_0$ 的充要条件 $\lim\limits_{\substack{x\to x_0\\y\to y_0}}u(x,y)=u_0$ 及 $\lim\limits_{\substack{x\to x_0\\y\to y_0}}v(x,y)=v_0$.

证明　因为 $f(z)-\omega_0=[u(x,y)-u_0]+i[v(x,y)-v_0]$，可得

$$\begin{cases}|u(x,y)-u_0|\leqslant|f(z)-\omega_0|\\|v(x,y)-v_0|\leqslant|f(z)-\omega_0|\end{cases} \tag{1.11}$$

$$|f(z)-\omega_0|\leqslant|u(x,y)-u_0|+|v(x,y)-v_0| \tag{1.12}$$

故由式(1.11)可得必要性部分的证明. 由式(1.12)可得充分性部分的证明.

例 1.13　证明：函数 $f(z)=\dfrac{\bar z}{z}$ 在 $z\to 0$ 时极限不存在.

证明　设 $z=x+iy$，$f(z)=\dfrac{\bar z}{z}=\dfrac{x^2-y^2}{x^2+y^2}+\dfrac{-2xy}{x^2+y^2}i=u(x,y)+iv(x,y)$，而

$u(x,y)=\dfrac{x^2-y^2}{x^2+y^2}$，$v(x,y)=\dfrac{-2xy}{x^2+y^2}$. 考虑二元实函数 $u(x,y)$ 当 (x,y) 沿着 $y=kx$（k 为任意实数）趋向于 0，即

$$\lim_{(x,y)\to(0,0)}u(x,y)=\lim_{\substack{x\to 0\\(y=kx)}}u(x,y)=\frac{1-k^2}{1+k^2}.$$

显然，极限值随 k 值的不同而不同，所以根据二元实变函数极限的定义知，$u(x,y)$ 在 (x,y) 趋向于 $(0,0)$ 时的极限不存在，即得证.

类似于高等数学中的极限性质，容易验证复变函数的极限具有以下性质.

（1）若极限存在，则极限是唯一的.

(2) 若 $\lim\limits_{z \to z_0} f(z) = A$，$\lim\limits_{z \to z_0} g(z) = B$，那么

$$\lim_{z \to z_0}\left[f(z) \pm g(z)\right] = A \pm B = \lim_{z \to z_0} f(z) \pm \lim_{z \to z_0} g(z),$$

$$\lim_{z \to z_0}\left[f(z) g(z)\right] = AB = \lim_{z \to z_0} f(z) \lim_{z \to z_0} g(z),$$

$$\lim_{z \to z_0}\left[f(z)/g(z)\right] = A/B = \lim_{z \to z_0} f(z)/\lim_{z \to z_0} g(z) \ (B \neq 0).$$

1.5.3 复变函数的连续性

定义 1.6　若 $\lim\limits_{z \to z_0} f(z) = f(z_0)$，则称 $f(z)$ 在 z_0 处连续. 若函数 $f(z)$ 在点集 E 上每一点都连续，则称 $f(z)$ 在 E 上连续，或称 $f(z)$ 为点集 E 上的连续函数.

根据该定义，$f(z)$ 在点 z_0 处连续就意味着：$\forall \varepsilon > 0$，$\exists \delta > 0$，当 $|z - z_0| < \delta$ 时，有 $|f(z) - f(z_0)| < \varepsilon$.

复变函数的连续性有如下性质.

(1) 若 $f(z)$，$g(z)$ 在 z_0 处连续，则其和、差、积、商（商的情形，要求分母在 z_0 不为零）在 z_0 处连续.

(2) 若函数 $h = f(z)$ 在 z_0 处连续，函数 $w = g(h)$ 在 $h_0 = f(z_0)$ 处连续，则复合函数 $w = g[f(z)]$ 在 z_0 处连续.

其次还有以下定理.

定理 1.2　函数 $f(z) = u(x, y) + iv(x, y)$ 在点 $z_0 = x_0 + iy_0$ 连续的充要条件是 $u(x, y)$，$v(x, y)$ 在点 (x_0, y_0) 均连续.

例如，函数 $f(z) = 2\ln(x^2 + y^2) + i(3x^2 - y^2)$ 在复平面内除原点外处处连续，因为 $u = 2\ln(x^2 + y^2)$ 除原点外是处处连续的，而 $v = 3x^2 - y^2$ 是处处连续的.

另外，在有界闭集 C 上连续的复变函数具有以下性质.

(1) 若函数 $f(z)$ 在有界闭区域 C 上连续，则 $f(z)$ 在 C 上达到它的最大模和最小模.

(2) 若函数 $f(z)$ 在有界闭区域 C 上连续，则 $|f(z)|$ 在 C 上有界.

1.6　MATLAB 程序

本节介绍复数及其运算在 MATLAB 中的应用. 高等数学中的很多函数也可以直接用于复数和复变函数的运算.

1. 定义复数

```
z = 2 - 3i   %i 表示虚数单位，3 和 i 之间不能有空格
```

输出：

```
z =
```


```
    2.0000 - 3.0000i
```

2. 复数加法、乘法和共轭

```
z1 = 1 + 2i;
z2 = 2 - 3i;
```

```
z_add = z1 + z2 % 加法
z_mul = z1 * z2 % 乘法
z_conj = conj(z1)% 共轭
```

输出：

z_add =

     3. 0000 – 1. 0000i

z_mul =

     8. 0000 + 1. 0000i

z_conj =

     1. 0000 – 2. 0000i

3. 复数的实部、虚部、模长和辐角

```
z = 2 – 3i;
z_real = real(z)% 实部
z_imag = imag(z)% 虚部
z_mod = abs(z)  % 模长
z_ang = angle(z)% 辐角
```

输出：

z_real =

   2

z_imag =

   –3

z_mod =

   3. 6056

z_ang =

 –0. 9828

4. 复变函数的极限

例 1.14 计算复变函数 $f(z) = \dfrac{\sin z}{z}$ 在 $z = 0$ 处的极限.

```
syms z;
f = sin(z) / z;
limit_result = limit(f, z, 0)
```

输出：

limit_result =

1

习题 1

1. 求下列各复数的实部、虚部、模与辐角.

(1) $\dfrac{1-2i}{3-4i} - \dfrac{2-i}{5i}$；

(2) $\left(\dfrac{1+\sqrt{3}i}{2}\right)^3$.

2. 设 $z = \dfrac{1-2i}{3-4i} - \overline{\left(\dfrac{2+i}{-5i}\right)}$，求 $z\bar{z}$.

3. 求复数的三角式和指数式.

（1）$-\sqrt{3} - i$；　（2）$\dfrac{1}{3+2i}$；

（3）$i^{10} + 4i^{25} - i$.

4. 求 $(1+i)^8$.

5. 设 z_1，z_2，z_3 三点适合条件 $z_1 + z_2 + z_3 = 0$，$|z_1| = |z_2| = |z_3| = 1$，证明：$z_1$，$z_2$，$z_3$ 是内接于单位圆 $|z| = 1$ 的一个正三角形的顶点.

6. 设 $z = 1 + i$，求 $\sqrt[4]{z}$.

7. 描出下列不等式所确定的区域与闭区域，并指明它是有界的还是无界的？是单连通区域还是多连通区域？

（1）$|z| < 1$，$\mathrm{Re}\, z \leqslant \dfrac{1}{2}$；

（2）$\mathrm{Re}\, z^2 < 1$.

8. 指出满足下列各式的 z 点的轨迹是什么曲线？

（1）$\arg(z - i) = \dfrac{\pi}{4}$；

（2）$z\bar{z} + a\bar{z} + \bar{a}z + b = 0$，其中 a 为复数，b 为实常数.

9. 函数 $w = 1/z$ 将 z 平面上的下列曲线变成 w 平面上的何种曲线？

（1）$x^2 + y^2 = 9$；（2）$x = 2$.

10. 求下列极限.

（1）$\lim\limits_{z \to \infty} \dfrac{1}{1+z^2}$；（2）$\lim\limits_{z \to 0} \dfrac{\mathrm{Re}(z)}{z}$.

第 2 章

解 析 函 数

本章研究复变函数的导数与微分. 解析函数是复变函数课程讨论的主要对象，在理论和实践中都有着广泛的应用. 首先引入复变函数导数和微分的概念；然后讨论解析函数的概念和判别方法，并给出函数解析的一个充分必要条件；最后将实数域上熟知的初等函数推广到复数域，并说明其解析性.

2.1 解析函数的概念

2.1.1 复变函数的导数与微分

复变函数的导数定义，形式上和高等数学中一元函数的导数定义一致. 因此微分学中几乎所有的求导基本公式，都可不加更改地推广到复变函数上来.

定义 2.1 设函数 $w = f(z)$ 在点 z_0 的邻域内或包含 z_0 的区域 D 内有定义，若

$$\lim_{\Delta z \to 0} \frac{\Delta w}{\Delta z} = \lim_{z \to z_0} \frac{f(z) - f(z_0)}{z - z_0} = \lim_{\Delta z \to 0} \frac{f(z_0 + \Delta z) - f(z_0)}{\Delta z}$$

存在，那么就称 $f(z)$ 在 z_0 处**可导**，这个极限值称为 $f(z)$ 在 z_0 处的**导数**，记为

2.1.1　导数与微分的定义

$$f'(z_0) = \frac{\mathrm{d}w}{\mathrm{d}z}\Big|_{z=z_0} = \lim_{\Delta z \to 0} \frac{f(z_0 + \Delta z) - f(z_0)}{\Delta z}, \tag{2.1}$$

或

$$\Delta w = f'(z_0)\Delta z + o(|\Delta z|) \quad (\Delta z \to 0), \tag{2.2}$$

也称 $\mathrm{d}f(z_0) = f'(z_0)\Delta z$ 或 $f'(z_0)\mathrm{d}z$ 为 $f(z)$ 在 z_0 处的微分，故也称 $f(z)$ 在 z_0 处可微. 即 $\mathrm{d}w = f'(z_0)\mathrm{d}z$. 由此可见，$f(z)$ 在点 z_0 可导与 $f(z)$ 在点 z_0 可微是等价的.

也就是说，对任意给定的 $\varepsilon > 0$，相应地，有一个 $\delta(\varepsilon) > 0$，使得当 $0 < |\Delta z| < \delta$ 时，总有

$$\left| \frac{f(z_0 + \Delta z) - f(z_0)}{\Delta z} - f'(z_0) \right| < \varepsilon.$$

应当注意，式 (2.1) 和式 (2.2) 中 $z_0 + \Delta z \to z_0$（即 $\Delta z \to 0$）的方式是任意的，定义中极限值存在的要求与 $z_0 + \Delta z \to z_0$ 的方式无关. 对导数的这一限制比对一元实变函数的类似限制要严格得多，从而使复变可导函数具有许多独特的性质和应用.

如果 $f(z)$ 在区域 D 处处可导，则称 $f(z)$ 在 D 内可导. 同样，如果 $f(z)$ 在区域 D 处处可微，则称 $f(z)$ 在 D 内可微.

例 2.1 求 $f(z) = z^2$ 的导数.

解 因为

$$\lim_{\Delta z \to 0} \frac{f(z + \Delta z) - f(z)}{\Delta z} = \lim_{\Delta z \to 0} \frac{(z + \Delta z)^2 - z^2}{\Delta z} = \lim_{\Delta z \to 0} (2z + \Delta z) = 2z,$$

所以 $f'(z) = 2z$，即函数 $f(z) = z^2$ 在全平面均可导.

类似地，函数 $f(z) = z^n$（n 为正整数）在 z 平面上处处可微，且 $\dfrac{\mathrm{d}}{\mathrm{d}z} z^n = n z^{n-1}$.

例 2.2 问 $f(z) = 2x + \mathrm{i}y$ 是否可导？

解 由于

$$\lim_{\Delta z \to 0} \frac{f(z + \Delta z) - f(z)}{\Delta z} = \lim_{\Delta z \to 0} \frac{2(x + \Delta x) + (y + \Delta y)\mathrm{i} - 2x - y\mathrm{i}}{\Delta z} = \lim_{\Delta z \to 0} \frac{2\Delta x + \Delta y\mathrm{i}}{\Delta x + \Delta y\mathrm{i}}.$$

① 设 Δz 沿着平行于 x 轴的方向趋于 0，因为 $\Delta y = 0$，$\Delta z = \Delta x$，这时有

$$\lim_{\Delta z \to 0} \frac{2\Delta x + \Delta y\mathrm{i}}{\Delta x + \Delta y\mathrm{i}} = \lim_{\Delta x \to 0} \frac{2\Delta x}{\Delta x} = 2,$$

② 设 Δz 沿着平行于 y 轴的方向趋于 0，因为 $\Delta x = 0$，这时 $\Delta z = \mathrm{i}\Delta y$，于是有

$$\lim_{\Delta z \to 0} \frac{2\Delta x + \Delta y\mathrm{i}}{\Delta x + \Delta y\mathrm{i}} = \lim_{\Delta y \to 0} \frac{\Delta y\mathrm{i}}{\Delta y\mathrm{i}} = 1,$$

所以函数 $f(z) = 2x + \mathrm{i}y$ 不可导.

从例 2.2 可以看出，函数 $f(z) = 2x + \mathrm{i}y$ 处处连续却处处不可导. 然而，反过来我们容易证明可导必定连续.

根据函数 $f(z)$ 在 z_0 可导的定义，对于任给 $\varepsilon > 0$，相应地，存在一个 $\delta > 0$，使得当 $0 < |\Delta z| < \delta$ 时，有

$$\left| \frac{f(z_0 + \Delta z) - f(z_0)}{\Delta z} - f'(z_0) \right| < \varepsilon,$$

令

$$\rho(\Delta z) = \frac{f(z_0 + \Delta z) - f(z_0)}{\Delta z} - f'(z_0),$$

则 $\lim\limits_{\Delta z \to 0} \rho(\Delta z) = 0$，由此可得 $f(z_0 + \Delta z) - f(z_0) = f'(z_0)\Delta z + \rho(\Delta z)\Delta z$，所以 $\lim\limits_{\Delta z \to 0} f(z_0 + \Delta z) = f(z_0)$，即 $f(z)$ 在 z_0 连续.

函数 $f(z)$ 在点 z_0 可微，显然 $f(z)$ 在点 z_0 连续. 但 $f(z)$ 在点 z_0 连续却不一定在点 z_0 可微，并且在复变函数中，处处连续又处处不可微的函数几乎随处可见，比如 $f(z) = \bar{z}$，$\mathrm{Re}\, z$，$\mathrm{Im}\, z$，$|z|$ 等，而在实变函数中，要找到这种函数不是一件容易的事.

由于复变函数中导数的定义与一元实变函数中导数的定义在形式上完全相同，因而复变函数中的求导法则和实变函数求导法则一致. 具体的求导法则为：

（1）常数的导数 $c' = (a + \mathrm{i}b)' = 0$.

（2）$(z^n)' = n z^{n-1}$，n 为自然数.

（3）设函数 $f(z)$ 和 $g(z)$ 均可导，则

$$[f(z) \pm g(z)]' = f'(z) \pm g'(z),$$

$$[f(z)g(z)]' = f'(z)g(z) + f(z)g'(z),$$

$$\left[\frac{f(z)}{g(z)}\right]' = \frac{f'(z)g(z) - f(z)g'(z)}{g^2(z)} \quad (g(z) \neq 0).$$

（4）复合函数的导数 $(f[g(z)])' = f'(w)g'(z)$，其中 $w = g(z)$.

（5）反函数的导数

$$f'(z) = \frac{1}{\varphi'(w)},$$

式中，$w = f(z)$ 与 $z = \varphi(w)$ 互为单值的反函数，且 $\varphi'(w) \neq 0$.

2.1.2 解析函数及其简单性质

首先给出解析函数的定义.

定义 2.2　如果函数 $f(z)$ 在 z_0 及 z_0 的邻域内处处可导，那么称 $f(z)$ 在 z_0 点解析. z_0 称为 $f(z)$ 的**解析点**. 如果 $f(z)$ 在区域 D 内每一点解析，则称 $f(z)$ 是 D 内的一个**解析函数**.

若函数 $f(z)$ 在 z_0 点不解析，则称 z_0 为函数 $f(z)$ 的**奇点**.

例如，函数 $f(z) = \dfrac{1}{2 - z}$，在复平面上除 $z = 2$ 外都是解析的，

2.1.2　解析函数的定义

$z = 2$ 为它的奇点. 从函数解析的定义可以看出，函数在一点解析与在一点可导的概念是不同的. 函数在一点可导，不一定在该点处解析，函数在一点处解析比在该点处可导的要求要高得多. 但在区域内解析与在区域内可导的概念是等价的.

有些文献把在区域 D 内的解析函数也称为 D 内的**全纯函数**或**正则函数**.

例 2.3　讨论 $f(z) = |z|^2$ 的解析性.

解　由于

$$\lim_{\Delta z \to 0} \frac{f(z_0 + \Delta z) - f(z_0)}{\Delta z} = \lim_{\Delta z \to 0} \frac{|z_0 + \Delta z|^2 - |z_0|^2}{\Delta z}$$

$$= \lim_{\Delta z \to 0} \frac{(z_0 + \Delta z)(\bar{z}_0 + \overline{\Delta z}) - z_0\bar{z}_0}{\Delta z} = \lim_{\Delta z \to 0}\left(\bar{z}_0 + \overline{\Delta z} + z_0\frac{\overline{\Delta z}}{\Delta z}\right),$$

当 $z_0 = 0$ 时，这个极限是 0；当 $z_0 \neq 0$ 时，令 $z_0 + \Delta z$ 沿直线 $y - y_0 = k(x - x_0)$ 趋于 z_0，由于 k 的任意性，可知

$$\frac{\overline{\Delta z}}{\Delta z} = \frac{\Delta x - i\Delta y}{\Delta x + i\Delta y} = \frac{1 - i\dfrac{\Delta y}{\Delta x}}{1 + i\dfrac{\Delta y}{\Delta x}} = \frac{1 - ki}{1 + ki}$$

不趋于一个确定的值，所以极限 $\lim\limits_{\Delta z \to 0}\dfrac{f(z_0 + \Delta z) - f(z_0)}{\Delta z}$ 不存在. 因此，$f(z) = |z|^2$ 在 $z = 0$ 处可导，而在其他点处都不可导. 因此在 z 平面上处处不解析.

根据求导法则，不难得到如下定理.

定理 2.1　函数 $f(z)$ 和 $g(z)$ 在区域 D 内解析，则其和、差、积、商（除去分母为零的点）仍在区域 D 内解析；设函数 $h = g(z)$ 在 z 平面上的区域 D 内解析，函数 $\omega = f(h)$ 在 h 平面上的区域 G 内解析，如果对 D 内的每一点 z，函数 $g(z)$ 的对应值 h 都属于 G，那么复合函数 $\omega = f[g(z)]$ 在 D 内解析.

从这个定理可以推知，所有多项式函数 $P(z) = a_0 z^n + a_1 z^{n-1} + \cdots + a_n(a_0 \neq 0)$，在复平面

内是处处解析的，且

$$P'(z) = na_0 z^{n-1} + (n-1)a_1 z^{n-2} + \cdots + 2a_{n-2}z + a_{n-1},$$

任何一个有理分式函数

$$\frac{P(z)}{Q(z)} = \frac{a_0 z^n + a_1 z^{n-1} + \cdots + a_n}{b_0 z^m + b_1 z^{m-1} + \cdots + b_m} \qquad (a_0 \neq 0, b_0 \neq 0),$$

在复平面上除使分母 $Q(z) = 0$ 的各点外解析，而使 $Q(z) = 0$ 的各点就是此有理分式函数的奇点.

2.2 函数解析的充要条件

由于函数在某点解析与其导数有关，因此判别一个函数是否解析，首先要看这个函数在这一点及其邻域内，或者在这个区域内其导数是否存在. 然而，若只根据解析函数的定义进行判断，往往是困难的，因此需要寻找判别函数是否解析的简便且实用的方法.

根据复变函数与二元实变函数的联系，自然会问：解析函数的实部与虚部这两个二元实变函数有什么特点？下面定理回答了这个问题.

定理 2.2 设函数 $f(z) = u(x,y) + iv(x,y)$ 在区域 D 内有定义，$z = x + iy$ 是 D 内任意一点. 若 $f(z)$ 在点 z 处可导，则 $u(x,y)$ 与 $v(x,y)$ 满足**柯西-黎曼(Cauchy-Riemann)条件**：

$$\frac{\partial u}{\partial x} = \frac{\partial v}{\partial y}, \quad \frac{\partial u}{\partial y} = -\frac{\partial v}{\partial x}$$

且 $f(z)$ 的导数为

2.2 定理2.2 讲解

$$f'(z) = \frac{\partial u}{\partial x} + i\frac{\partial v}{\partial x} = \frac{\partial v}{\partial y} - i\frac{\partial u}{\partial y}.$$

证明 因为 $f(z)$ 在点 z 处可导，所以由导数定义，有

$$f'(z) = \lim_{\Delta z \to 0} \frac{f(z + \Delta z) - f(z)}{\Delta z} = \lim_{\Delta z \to 0} \frac{\Delta w}{\Delta z}$$

式中，$\Delta w = \Delta u + i\Delta v$，$\Delta z = \Delta x + i\Delta y$，则原式改为

$$f'(z) = \lim_{\substack{\Delta x \to 0 \\ \Delta y \to 0}} \frac{[u(x+\Delta x, y+\Delta y) + iv(x+\Delta x, y+\Delta y)] - [u(x,y) + iv(x,y)]}{\Delta x + i\Delta y}$$

$$= \lim_{\substack{\Delta x \to 0 \\ \Delta y \to 0}} \frac{[u(x+\Delta x, y+\Delta y) - u(x,y)] + i[v(x+\Delta x, y+\Delta y) - v(x,y)]}{\Delta x + i\Delta y}$$

$$= \lim_{\substack{\Delta x \to 0 \\ \Delta y \to 0}} \frac{\Delta u + i\Delta v}{\Delta x + i\Delta y}.$$

式中，Δz 以任意方式趋于 0，因此可以选取两条特殊路线使 $\Delta z \to 0$，即

① 当 Δz 沿平行于实轴的直线趋于零，即 $\Delta z = \Delta x$，$\Delta y \equiv 0$ 时，有

$$f'(z) = \lim_{\Delta x \to 0} \frac{\Delta u + i\Delta v}{\Delta x} = \lim_{\Delta x \to 0} \left(\frac{\Delta u}{\Delta x} + i\frac{\Delta v}{\Delta x} \right) = \frac{\partial u}{\partial x} + i\frac{\partial v}{\partial x},$$

② 当 Δz 沿平行于虚轴的直线趋于零，即 $\Delta z = i\Delta y$，$\Delta x \equiv 0$ 时，有

$$f'(z) = \lim_{\Delta y \to 0} \frac{\Delta u + i\Delta v}{i\Delta y} = \lim_{\Delta y \to 0} \left(\frac{\Delta v}{\Delta y} - i\frac{\Delta u}{\Delta y} \right) = \frac{\partial v}{\partial y} - i\frac{\partial u}{\partial y},$$

于是

$$\frac{\partial u}{\partial x} + \mathrm{i}\,\frac{\partial v}{\partial x} = \frac{\partial v}{\partial y} - \mathrm{i}\,\frac{\partial u}{\partial y},$$

比较上式两端，即得

$$\frac{\partial u}{\partial x} = \frac{\partial v}{\partial y}, \ \frac{\partial v}{\partial x} = -\frac{\partial u}{\partial y}. \tag{2.3}$$

式(2.3)是关于 u 和 v 的偏微分方程组，称为**柯西-黎曼条件**，或称**柯西-黎曼方程**，简记为 **C-R 条件**. 它是函数 $f(z) = u(x,y) + \mathrm{i}v(x,y)$ 在一点可导的必要条件. 事实上，这个条件也是充分条件.

定理 2.3   设函数 $f(z) = u(x,y) + \mathrm{i}v(x,y)$ 在其定义域 D 内解析的充分必要条件是：$u(x,y)$ 与 $v(x,y)$ 在 D 内任意一点 $z = x + \mathrm{i}y$ 可微，且满足柯西-黎曼条件.

证明   必要性已由前面定理 2.2 给出证明，现在来证明充分性.

设 $f(z)$ 在 D 内一点 z 解析，则 $f(z + \Delta z) - f(z) = \Delta w = \Delta u + \mathrm{i}\Delta v$，由于 $u(x,y)$，$v(x,y)$ 在 D 内任一点可微，可知

$$\Delta u = \frac{\partial u}{\partial x}\Delta x + \frac{\partial u}{\partial y}\Delta y + \varepsilon_1 \Delta x + \varepsilon_2 \Delta y, \ \Delta v = \frac{\partial v}{\partial x}\Delta x + \frac{\partial v}{\partial y}\Delta y + \varepsilon_3 \Delta x + \varepsilon_4 \Delta y$$

这里 $\lim\limits_{\substack{\Delta x \to 0 \\ \Delta y \to 0}} \varepsilon_k = 0$（$k = 1,2,3,4$）. 所以

$$f(z + \Delta z) - f(z) = \Delta u + \mathrm{i}\Delta v$$

$$= \frac{\partial u}{\partial x}\Delta x + \frac{\partial u}{\partial y}\Delta y + \varepsilon_1 \Delta x + \varepsilon_2 \Delta y + \mathrm{i}\left(\frac{\partial v}{\partial x}\Delta x + \frac{\partial v}{\partial y}\Delta y + \varepsilon_3 \Delta x + \varepsilon_4 \Delta y\right)$$

$$= \left(\frac{\partial u}{\partial x} + \mathrm{i}\,\frac{\partial v}{\partial x}\right)\Delta x + \left(\frac{\partial u}{\partial y} + \mathrm{i}\,\frac{\partial v}{\partial y}\right)\Delta y + (\varepsilon_1 + \mathrm{i}\varepsilon_3)\Delta x + (\varepsilon_2 + \mathrm{i}\varepsilon_4)\Delta y.$$

根据 C-R 条件，$\dfrac{\partial u}{\partial y} = -\dfrac{\partial v}{\partial x} = \mathrm{i}^2 \dfrac{\partial v}{\partial x}$，$\dfrac{\partial v}{\partial y} = \dfrac{\partial u}{\partial x}$，所以有

$$f(z + \Delta z) - f(z) = \left(\frac{\partial u}{\partial x} + \mathrm{i}\,\frac{\partial v}{\partial x}\right)(\Delta x + \mathrm{i}\Delta y) + (\varepsilon_1 + \mathrm{i}\varepsilon_3)\Delta x + (\varepsilon_2 + \mathrm{i}\varepsilon_4)\Delta y,$$

$$\frac{f(z + \Delta z) - f(z)}{\Delta z} = \frac{\partial u}{\partial x} + \mathrm{i}\,\frac{\partial v}{\partial x} + (\varepsilon_1 + \mathrm{i}\varepsilon_3)\frac{\Delta x}{\Delta z} + (\varepsilon_2 + \mathrm{i}\varepsilon_4)\frac{\Delta y}{\Delta z}.$$

因为 $\left|\dfrac{\Delta x}{\Delta z}\right| \leqslant 1$，$\left|\dfrac{\Delta y}{\Delta z}\right| \leqslant 1$，当 $\Delta z \to 0$ 时，上述等式取极限，利用 $\lim\limits_{\substack{\Delta x \to 0 \\ \Delta y \to 0}} \varepsilon_k = 0$，（$k = 1,2,3,4$），因此，$f'(z) = \dfrac{\partial u}{\partial x} + \mathrm{i}\,\dfrac{\partial v}{\partial x} = \dfrac{\partial v}{\partial y} - \mathrm{i}\,\dfrac{\partial u}{\partial y}$.

定理 2.2 和定理 2.3 是本章的主要定理，它们不仅提供了判断函数 $f(z)$ 在某点是否可导、在区域内是否解析的常用方法，而且给出了一个简洁的求导公式 [见式(2.3)]. 是否满足柯西-黎曼方程是定理中的主要判定条件. 如果 $f(z)$ 在区域 D 内不满足柯西-黎曼方程，那么 $f(z)$ 在 D 内不解析；如果在 D 内满足柯西-黎曼方程，并且 u 和 v 具有一阶连续偏导数（因而 u 和 v 在 D 内可微），那么 $f(z)$ 在 D 内解析. 对于 $f(z)$ 在一点 $z = x + \mathrm{i}y$ 的可导性，也有类似的结论.

例 2.4 判别下列函数是否解析.

（1）$w = \bar{z}$.

（2）$f(z) = \mathrm{e}^x(\cos y + \mathrm{i}\sin y)$.

（3）$w = z\mathrm{Re}(z)$.

解 （1）因为 $u = x$，$v = -y$，则

$$\frac{\partial u}{\partial x} = 1，\frac{\partial u}{\partial y} = 0，\frac{\partial v}{\partial x} = 0，\frac{\partial v}{\partial y} = -1.$$

可知不满足柯西-黎曼方程，所以 $w = \bar{z}$ 在全平面处处不解析.

（2）因为 $u = \mathrm{e}^x\cos y$，$v = \mathrm{e}^x\sin y$，则

$$\frac{\partial u}{\partial x} = \mathrm{e}^x\cos y，\frac{\partial u}{\partial y} = -\mathrm{e}^x\sin y，\frac{\partial v}{\partial x} = \mathrm{e}^x\sin y，\frac{\partial v}{\partial y} = \mathrm{e}^x\cos y，$$

因为 $\dfrac{\partial u}{\partial x} = \dfrac{\partial v}{\partial y}$，$\dfrac{\partial u}{\partial y} = -\dfrac{\partial v}{\partial x}$，所以函数 $f(z) = \mathrm{e}^x(\cos y + \mathrm{i}\sin y)$ 在全平面处处解析.

（3）$w = (x + \mathrm{i}y)x = x^2 + \mathrm{i}xy \Rightarrow u = x^2$，$v = xy$，则

$$\frac{\partial u}{\partial x} = 2x，\frac{\partial u}{\partial y} = 0，\frac{\partial v}{\partial x} = y，\frac{\partial v}{\partial y} = x.$$

显然，这四个偏导数处处连续. 但是，只有当 $x = y = 0$ 时，它们才满足柯西-黎曼条件，因而，函数仅在 $z = 0$ 可导，但在复平面内处处不解析.

例 2.5 设函数 $f(z) = x^2 + axy + by^2 + \mathrm{i}(cx^2 + dxy + y^2)$，问常数 a，b，c，d 取何值时，$f(z)$ 在复平面内处处解析？

解 由于

$$\frac{\partial u}{\partial x} = 2x + ay，\qquad \frac{\partial u}{\partial y} = ax + 2by，$$

$$\frac{\partial v}{\partial x} = 2cx + dy，\qquad \frac{\partial v}{\partial y} = dx + 2y，$$

从而要使

2.2 例 2.5 讲解

$$\frac{\partial u}{\partial x} = \frac{\partial v}{\partial y}，\qquad \frac{\partial u}{\partial y} = -\frac{\partial v}{\partial x}，$$

只需 $2x + ay = dx + 2y$，$2cx + dy = -ax - 2by$. 因此，当 $a = 2$，$b = -1$，$c = -1$，$d = 2$ 时，此函数在复平面内处处解析.

推论 2.1 若 $f'(z)$ 在区域 D 内处处为零，那么 $f(z)$ 在 D 内为一常数.

证明 因为 $f'(z) = 0$，所以有 $u = $ 常数，$v = $ 常数，因而 $f(z)$ 为常数.

2.3 复初等函数

复变函数中的初等函数是实变函数中相应初等函数在复数域中的自然推广，所以，它们之间有相同之处，又有不同的地方. 本节讨论复初等函数的性质，并说明它们的解析性.

2.3.1　指数函数

由例 2.4(2)，我们知道 $f(z) = e^x(\cos y + i\sin y)$ 在 z 平面上解析，且 $f'(z) = f(z)$. 进一步，还易验证

$$f(z_1 + z_2) = f(z_1)f(z_2)$$

因此，有理由给出如下定义.

定义 2.3　设复数 $z = x + iy$，称指数函数 $e^z = e^{x+iy} = e^x(\cos y + i\sin y)$ 为**复指数函数**，e^z 也记作 $\exp z$.

显然，当 $x = 0$ 时，$z = iy$，$e^z = e^{iy} = \cos y + i\sin y$，这个式子即为**欧拉**(Euler)公式；当 $y = 0$ 时，$e^z = e^x$ 为实指数函数. 因此，e^z 可以看作实指数函数的推广.

复指数函数具有如下一些性质.

（1）e^z 在整个复平面都有定义，且 $|e^z| = e^x$，$e^z \neq 0$.

事实上，对于任意 z，e^x，$\cos y$，$\sin y$ 都有定义，所以 e^z 在整个 z 平面上也有定义，又因为 $|e^z| = e^x > 0$，所以它处处不为零.

（2）e^z 在全平面都解析，且 $(e^z)' = e^z$.

（3）其运算法则类似于实指数函数，即对任意的 z_1，z_2，有 $e^{z_1+z_2} = e^{z_1}e^{z_2}$.

事实上，设 $z_1 = x_1 + iy_1$，$z_2 = x_2 + iy_2$，则

$$e^{z_1+z_2} = e^{x_1+iy_1+x_2+iy_2} = e^{x_1+x_2+i(y_1+y_2)}$$

$$= e^{x_1+x_2}\left[\cos(y_1+y_2) + i\sin(y_1+y_2)\right]$$

$$= e^{x_1}(\cos y_1 + i\sin y_1)e^{x_2}(\cos y_2 + i\sin y_2)$$

$$= e^{x_1+iy_1}e^{x_2+iy_2} = e^{z_1}e^{z_2}$$

（4）e^z 是以 $2\pi i$ 为周期的周期函数，即 $e^{z+2\pi i} = e^z$.

容易验证，对于任何复数 z，都有

$$e^{z+2\pi i} = e^z e^{2\pi i} = e^z(\cos 2\pi + i\sin 2\pi) = e^z,$$

即 $2\pi i$ 是 e^z 的周期，还可以推出，对于任意的整数 k，$2k\pi i$ 也是它的周期.

（5）极限 $\lim\limits_{z\to\infty} e^z$ 不存在，即 e^∞ 无意义.

因当 z 沿实轴趋于 $+\infty$ 时，$e^z \to \infty$；当 z 沿实轴趋于 $-\infty$ 时，$e^z \to 0$.

2.3.2　对数函数

复变量的对数函数也定义为指数函数的反函数.

定义 2.4　满足指数方程 $z = e^w(z \neq 0)$ 的函数 $w = f(z)$ 称为**对数函数**，记作 $w = \mathrm{Ln}\, z$.

令 $z = re^{i\theta}$，$w = u + iv$，则有 $re^{i\theta} = e^{u+iv}$，于是

$$e^u = r \Rightarrow u = \ln r = \ln|z|$$

式中，$\ln|z|$ 是正数 $|z|$ 的自然对数，又 $e^{i\theta} = e^{iv} \Rightarrow v = \theta + 2k\pi$（$k = 0$，$\pm 1$，$\pm 2$，$\cdots$），即

2.3.2　对数函数的概念

$$w = \ln|z| + i\mathrm{Arg}\, z \text{ 或 } w = \ln|z| + i\arg z + 2k\pi i \quad (k = 0, \pm 1, \pm 2, \cdots)$$

我们称

$$\ln z = \ln|z| + i\arg z \quad (-\pi < \arg z \leqslant \pi) \tag{2.4}$$

为对数 $\mathrm{Ln}\,z$ 的主值，即 $\mathrm{Ln}\,z = \ln z + 2k\pi\mathrm{i}$，$k$ 为任意整数. 对数函数为一无穷多值函数，并且每两个值之间相差 $2\pi\mathrm{i}$ 的整数倍.

在式（2.4）中，取 $z = x > 0$，$\ln|z| = \ln x$，$\arg z = 0$，从而 $\ln z = \ln x$，这就是在实变函数中的对数函数. 因此，对数函数 $\ln z$ 是实变函数 $\ln x$ 在复数域上的推广.

若 $z = 0$，则方程 $z = \mathrm{e}^w$ 无解，因此在对数函数的定义中 $z = 0$ 应该去掉，即 0 没有对数.

例 2.6 求 $\mathrm{Ln}(-1)$，$\mathrm{Ln}(3 + 4\mathrm{i})$ 及其主值.

解
$$\mathrm{Ln}(-1) = \ln 1 + \pi\mathrm{i} + 2k\pi\mathrm{i} = (2k+1)\pi\mathrm{i},\ \ln(-1) = \pi\mathrm{i}$$

$$\ln(3 + 4\mathrm{i}) = \ln|3 + 4\mathrm{i}| + \mathrm{i}\arctan\frac{4}{3} = \ln 5 + \mathrm{i}\arctan\frac{4}{3}$$

$$\mathrm{Ln}(3 + 4\mathrm{i}) = \ln 5 + \mathrm{i}\arctan\frac{4}{3} + 2k\pi\mathrm{i} \qquad (k\ \text{为整数})$$

至此，讨论了三种对数函数：第一种是实变量的对数函数 $\ln z = \ln x$，它对一切正数 x 有定义，且是单值的；第二种是复变量的对数函数 $\mathrm{Ln}\,z$，它对一切不为 0 的复数 z 有定义，且每个 z 对应无穷多个值；第三种是复变量对数函数的主值 $\ln z$，它对一切不为 0 的复数 z 有定义，且为单值，即取 $\mathrm{Ln}\,z$ 的无穷多值中的一个，这个复数的虚部等于 z 的主辐角. 特别地，当 z 为正实数时，主值 $\ln z$ 恰与实数的对数相一致. 不过读者在初学时需要留意正确的书写，不要发生混乱. 下面讨论对数函数的基本性质.

（1）解析性. 就对数函数主值而言，$\ln|z|$ 除原点外处处连续，由于 $\arg z$ 的定义为 $-\pi < \arg z \leq \pi$，若设 $z = x + \mathrm{i}y$，则当 $x < 0$ 时，有 $\lim\limits_{y \to 0^-} \arg z = -\pi$，$\lim\limits_{y \to 0^+} \arg z = \pi$，所以，对数函数在除去原点及负实半轴外，在复平面上解析. 且 $\dfrac{\mathrm{d}}{\mathrm{d}z}(\ln z) = \dfrac{1}{z}$. $\ln z$ 为单值函数，而 $\mathrm{Ln}\,z$ 为多值函数.

（2）其运算法则类似于实函数.

设 $z_1 \neq 0$，$z_2 \neq 0$，则 $\mathrm{Ln}(z_1 z_2) = \mathrm{Ln}\,z_1 + \mathrm{Ln}\,z_2$，$\mathrm{Ln}\dfrac{z_1}{z_2} = \mathrm{Ln}\,z_1 - \mathrm{Ln}\,z_2$.

事实上，
$$\begin{aligned}
\mathrm{Ln}(z_1 z_2) &= \ln|z_1 z_2| + \mathrm{i}\mathrm{Arg}(z_1 z_2) \\
&= \ln|z_1| + \mathrm{i}\mathrm{Arg}\,z_1 + \ln|z_2| + \mathrm{i}\mathrm{Arg}\,z_2 \\
&= \mathrm{Ln}\,z_1 + \mathrm{Ln}\,z_2,
\end{aligned}$$

$$\begin{aligned}
\mathrm{Ln}\frac{z_1}{z_2} &= \mathrm{Ln}\left|\frac{z_1}{z_2}\right| + \mathrm{i}\mathrm{Arg}\left(\frac{z_1}{z_2}\right) \\
&= \mathrm{Ln}|z_1| + \mathrm{i}\mathrm{Arg}(z_1) - \mathrm{Ln}|z_2| - \mathrm{i}\mathrm{Arg}(z_2) \\
&= \mathrm{Ln}\,z_1 - \mathrm{Ln}\,z_2.
\end{aligned}$$

以上两个等式可以理解为，当以上两个等式中每一式右端的对数取其一个分支所确定的值后，左端也一定有一个分支的值与之相等. 因此，$\mathrm{Ln}\,z^n = n\mathrm{Ln}\,z$ 一般不成立，这是因为有限个无穷集合相加不一定是对应部分相加. 当 $z_1 = z_2 = z$ 时，$\mathrm{Ln}\dfrac{z_1}{z_2} = \mathrm{Ln}\,z - \mathrm{Ln}\,z \neq 0$. 这是因为两个无穷集合相减，不一定是对应部分相减.

2.3.3 幂函数

定义 2.5 函数 $w = z^\alpha$ 规定为

$$z^\alpha = \mathrm{e}^{\alpha \mathrm{Ln}\, z} \qquad (z \neq 0)$$

称为复变量 z 的**幂函数**，其中 α 是复常数. **规定**：当 α 为正实数且 $z=0$ 时，$z^\alpha = 0$.

由于 $\mathrm{Ln}\, z$ 是多值函数，因此幂函数一般也为多值函数，即

$$z^\alpha = \mathrm{e}^{\alpha(\ln|z| + \mathrm{i}\mathrm{Arg}\, z)} = \mathrm{e}^{\alpha \ln|z| + \mathrm{i}\alpha\arg z + 2k\pi\alpha\mathrm{i}} = |z|^\alpha \mathrm{e}^{\mathrm{i}\alpha\arg z + 2k\pi\alpha\mathrm{i}} \quad (k = 0, \pm 1, \pm 2, \cdots)$$

同时，由于幂函数是指数函数与对数函数的复合函数，因此具有它们的性质. 但需要掌握幂函数的以下几种情况.

（1）当 α 为正整数 n 时，$w = z^\alpha = z^n = \mathrm{e}^{n\mathrm{Ln}\, z} = |z|^n \mathrm{e}^{\mathrm{i}n\arg z + 2k\pi n\mathrm{i}} = |z|^n \mathrm{e}^{\mathrm{i}n\arg z}$ 为复平面上的一个单值函数.

（2）当 $\alpha = \dfrac{1}{n}(n > 1$ 为正整数$)$时，

$$w = z^\alpha = z^{\frac{1}{n}} = \sqrt[n]{z} = \mathrm{e}^{\frac{1}{n}\mathrm{Ln}\, z} = |z|^{\frac{1}{n}} \mathrm{e}^{\mathrm{i}\frac{\arg z + 2k\pi}{n}}$$

上式只有在 $k = 0, 1, 2, \cdots, n-1$ 时才取不同的值，是一个 n 值函数. 由于对数函数 $\mathrm{Ln}\, z$ 的各分支在复平面上除去 $z = 0$ 及负实轴的区域内解析，从而 $\mathrm{e}^{\frac{1}{n}\mathrm{Ln}\, z}$ 在复平面上除去 $z = 0$ 及负实轴的区域内解析，并且

$$(z^{\frac{1}{n}})' = (\sqrt[n]{z})' = (\mathrm{e}^{\frac{1}{n}\mathrm{Ln}\, z})' = \frac{1}{n} z^{\frac{1}{n} - 1}.$$

（3）当 $\alpha = \dfrac{m}{n}$ 为有理数$($其中 $\dfrac{m}{n}$ 为既约分数$)$时，

$$z^\alpha = \mathrm{e}^{\frac{m}{n}\mathrm{Ln}\, z} = |z|^{\frac{m}{n}} \mathrm{e}^{\mathrm{i}\frac{m}{n}\arg z + \mathrm{i}\frac{m}{n}2k\pi} \quad (k = 0, 1, \cdots, n-1)$$

上式是一个 n 值函数，记为 $\sqrt[n]{z^m}$. 它的各分支在复平面上除去 $z = 0$ 及负实轴的区域内解析，且 $(z^{\frac{m}{n}})' = \dfrac{m}{n} z^{\frac{m}{n} - 1}$.

（4）当 α 为无理数或任意复数$($以上三种情况除外$)$时，有

$$z^\alpha = \mathrm{e}^{\alpha \mathrm{Ln}\, z} = |z|^\alpha \mathrm{e}^{\mathrm{i}\alpha(\arg z + 2k\pi)} \quad (k\ \text{为整数})$$

而 $2\alpha k\pi$ 对于不同的 k 不可能关于 2π 是同余的$($否则 α 就是有理数了$)$，z^α 是无穷多值函数，并且它的各个分支在复平面上除去 $z = 0$ 及负实轴上的点外的区域内解析，且 $(z^\alpha)' = \alpha z^{\alpha - 1}$.

例 2.7 求 i^{i} 和 $2^{1-\mathrm{i}}$ 的值.

解 $\mathrm{i}^{\mathrm{i}} = \mathrm{e}^{\mathrm{i}\mathrm{Ln}\, \mathrm{i}} = \mathrm{e}^{\mathrm{i}(2k + \frac{1}{2})\pi\mathrm{i}} = \mathrm{e}^{-(2k + \frac{1}{2})\pi}, \ (k = 0, \pm 1, \pm 2, \cdots)$，其主值为 $\mathrm{e}^{-\frac{\pi}{2}}$.

$$2^{1-\mathrm{i}} = \mathrm{e}^{(1-\mathrm{i})\mathrm{Ln}\, 2} = \mathrm{e}^{(1-\mathrm{i})[\ln 2 + \mathrm{i}(\arg 2 + 2k\pi)]} = \mathrm{e}^{\ln 2 + \mathrm{i}2k\pi - \mathrm{i}\ln 2 + 2k\pi}$$

$$= \mathrm{e}^{\ln 2 + 2k\pi + \mathrm{i}(2k\pi - \ln 2)} = 2\mathrm{e}^{2k\pi}(\cos\ln 2 - \mathrm{i}\sin\ln 2) \quad (k = 0, \pm 1, \pm 2, \cdots)$$

2.3.4 三角函数与双曲函数

怎样定义复变量的三角函数呢？回忆欧拉公式，其把三角函数与指数函数联系起来，即

$$\mathrm{e}^{\mathrm{i}x} = \cos x + \mathrm{i}\sin x, \ \mathrm{e}^{-\mathrm{i}x} = \cos x - \mathrm{i}\sin x$$

将两式相加或相减，可解得

$$\sin x = \frac{\mathrm{e}^{\mathrm{i}x} - \mathrm{e}^{-\mathrm{i}x}}{2\mathrm{i}}, \ \cos x = \frac{\mathrm{e}^{\mathrm{i}x} + \mathrm{e}^{-\mathrm{i}x}}{2}.$$

这两个式子表明：正弦函数和余弦函数可以用指数函数来表示. 若将这两个等式右端的实数 x 改为复数 z，它们仍有意义. 由此可以利用它们来作为复变量三角函数的定义.

定义 2.6 对于任意复数 $z = x + \mathrm{i}y$，$\sin z = \dfrac{\mathrm{e}^{\mathrm{i}z} - \mathrm{e}^{-\mathrm{i}z}}{2\mathrm{i}}$，$\cos z = \dfrac{\mathrm{e}^{\mathrm{i}z} + \mathrm{e}^{-\mathrm{i}z}}{2}$ 所规定的函数，分别称为 z 的 **正弦函数** 和 **余弦函数**.

下面讨论正弦函数和余弦函数的性质.

（1）$\sin z$，$\cos z$ 均为单值函数.

（2）对任意的复数 z，$\cos z + \mathrm{i}\sin z = \mathrm{e}^{\mathrm{i}z}$ 成立.

（3）$\sin z$，$\cos z$ 都以 2π 为基本周期.

因为 $\mathrm{e}^{\mathrm{i}z}$，$\mathrm{e}^{-\mathrm{i}z}$ 都以 2π 为基本周期，所以根据正弦函数和余弦函数的定义，$\sin z$，$\cos z$ 都以 2π 为基本周期.

（4）$\sin z$ 是奇函数，$\cos z$ 是偶函数. 因为

$$\sin(-z) = \frac{\mathrm{e}^{-\mathrm{i}z} - \mathrm{e}^{\mathrm{i}z}}{2\mathrm{i}} = -\frac{\mathrm{e}^{\mathrm{i}z} - \mathrm{e}^{-\mathrm{i}z}}{2\mathrm{i}} = -\sin z,$$

同理有 $\cos(-z) = \cos z$.

（5）类似于实变函数的各种三角恒等式仍然成立.

例如，

$$\sin(z_1 \pm z_2) = \sin z_1 \cos z_2 \pm \cos z_1 \sin z_2,$$

$$\cos(z_1 \pm z_2) = \cos z_1 \cos z_2 \mp \sin z_1 \sin z_2,$$

$$\cos^2 z + \sin^2 z = 1.$$

（6）$|\sin z|$，$|\cos z|$ 都是无界函数.

因为

$$|\cos z| = \left| \frac{\mathrm{e}^{\mathrm{i}z} + \mathrm{e}^{-\mathrm{i}z}}{2} \right| = \left| \frac{\mathrm{e}^{\mathrm{i}(x+\mathrm{i}y)} + \mathrm{e}^{-\mathrm{i}(x+\mathrm{i}y)}}{2} \right| = \frac{1}{2}\left| \mathrm{e}^{-y}\mathrm{e}^{\mathrm{i}x} + \mathrm{e}^{y}\mathrm{e}^{-\mathrm{i}x} \right| \geqslant \frac{1}{2}\left| \mathrm{e}^{y} - \mathrm{e}^{-y} \right| \xrightarrow{|y| \to \infty} \infty$$

所以 $|\cos z|$ 是无界的，同样，$|\sin z|$ 也是无界的.

注意，在复数范围内，$|\sin z| \leqslant 1$，$|\cos z| \leqslant 1$ 不再成立，例如，

$$|\cos 2\mathrm{i}| = \left| \frac{\mathrm{e}^{-2} + \mathrm{e}^{2}}{2} \right| > 1, \quad |\sin 2\mathrm{i}| = \left| \frac{\mathrm{e}^{-2} - \mathrm{e}^{2}}{2\mathrm{i}} \right| > 1.$$

（7）解析性：$(\sin z)' = \cos z$，$(\cos z)' = -\sin z$，所以 $\sin z$，$\cos z$ 在全平面解析.

事实上，因为指数函数在整个 z 平面上解析，所以 $\sin z$，$\cos z$ 在整个 z 平面上解析，且有

$$(\sin z)' = \left(\frac{\mathrm{e}^{\mathrm{i}z} - \mathrm{e}^{\mathrm{i}z}}{2\mathrm{i}} \right)' = \frac{(\mathrm{e}^{\mathrm{i}z})' - (\mathrm{e}^{-\mathrm{i}z})'}{2\mathrm{i}} = \frac{\mathrm{e}^{\mathrm{i}z} + \mathrm{e}^{-\mathrm{i}z}}{2} = \cos z,$$

$$(\cos z)' = \left(\frac{\mathrm{e}^{\mathrm{i}z} + \mathrm{e}^{\mathrm{i}z}}{2} \right)' = \frac{(\mathrm{e}^{\mathrm{i}z})' + (\mathrm{e}^{-\mathrm{i}z})'}{2}$$

$$= \mathrm{i}\frac{\mathrm{e}^{\mathrm{i}z} - \mathrm{e}^{-\mathrm{i}z}}{2} = -\frac{\mathrm{e}^{\mathrm{i}z} - \mathrm{e}^{-\mathrm{i}z}}{2\mathrm{i}} = -\sin z.$$

其他复变量三角函数的定义为

$$\tan z = \frac{\sin z}{\cos z}, \ \cot z = \frac{\cos z}{\sin z}, \ \sec z = \frac{1}{\cos z}, \ \csc z = \frac{1}{\sin z},$$

与三角函数联系密切的是双曲函数.

定义 2.7 由关系式

$$\sinh z = \frac{\mathrm{e}^{z} - \mathrm{e}^{-z}}{2}, \ \cosh z = \frac{\mathrm{e}^{z} + \mathrm{e}^{-z}}{2}, \ \tanh z = \frac{\mathrm{e}^{z} - \mathrm{e}^{-z}}{\mathrm{e}^{z} + \mathrm{e}^{-z}}, \ \coth z = \frac{\mathrm{e}^{z} + \mathrm{e}^{-z}}{\mathrm{e}^{z} - \mathrm{e}^{-z}}$$

定义的函数为**双曲正弦函数**、**双曲余弦函数**、**双曲正切函数**及**双曲余切函数**.

由定义 2.7 不难得到双曲函数与三角函数之间的关系，为

$$\sin i\, z = i\sinh z, \quad \cos i\, z = \cosh z, \quad \tan i\, z = i\tanh z, \quad \cot i\, z = -i\coth z,$$

与三角函数的性质类似可得双曲正弦函数和双曲余弦函数的性质.

（1）$\sinh z$，$\cosh z$ 在全平面解析且有

$$(\sinh z)' = \cosh z, (\cosh z)' = \sinh z.$$

（2）$\sinh z$，$\cosh z$ 都以 $2\pi i$ 为基本周期.

（3）$\sinh z$ 是奇函数，$\cosh z$ 是偶函数.

（4）在复平面上有如下关系：

$$\sinh(z_1 + z_2) = \sinh z_1 \cosh z_2 + \cosh z_1 \sinh z_2,$$
$$\cosh(z_1 + z_2) = \cosh z_1 \cosh z_2 + \sinh z_1 \sinh z_2,$$
$$\cosh^2 z - \sinh^2 z = 1.$$

例 2.8 计算 $\sin(1 + 3i)$ 的值.

解

$$\sin(1 + 3i) = \sin 1\cos 3i + \cos 1\sin 3i = \sin 1\cosh 3 + i\cos 1\sinh 3$$
$$= \frac{1}{2}\big[(e^3 + e^{-3})\sin 1 + i(e^3 - e^{-3})\cos 1\big].$$

例 2.9 试求方程 $\sin z + \cos z = 0$ 的全部解.

解 由 $\sin z + \cos z = 0$ 得

$$\frac{\sqrt{2}}{2}\sin z + \frac{\sqrt{2}}{2}\cos z = 0 \Rightarrow \sin\left(z + \frac{\pi}{4}\right) = 0,$$

因此有 $z + \dfrac{\pi}{4} = k\pi \Rightarrow z_k = k\pi - \dfrac{\pi}{4}$ $(k = 0, \pm 1, \pm 2, \cdots)$.

2.3.5 反三角函数与反双曲函数

三角函数是由指数函数来表达的，反三角函数作为三角函数的反函数则与对数函数有关. 其定义如下.

定义 2.8 设 $z = \cos w$，则称 w 为 z 的**反余弦函数**，记为 $w = \text{Arc}\cos z$.

由 $z = \cos w = \dfrac{1}{2}(e^{iw} + e^{-iw})$，得 e^{iw} 的二次方程 $e^{2iw} - 2ze^{iw} + 1 = 0$，它的根为

$$e^{iw} = z + \sqrt{z^2 - 1},$$

式中，$\sqrt{z^2 - 1}$ 应理解为双值函数，因此两端取对数，得

$$w = \text{Arc}\cos z = -i\text{Ln}\left(z + \sqrt{z^2 - 1}\right)$$

显然 $\text{Arc}\cos z$ 是多值函数，用同样方法可以定义反正弦函数 $\text{Arc}\sin z$ 和反正切函数 $\text{Arc}\tan z$.

$$\text{Arc}\sin z = -i\text{Ln}\left(iz + \sqrt{1 - z^2}\right),$$
$$\text{Arc}\tan z = -\frac{i}{2}\text{Ln}\frac{1 + iz}{1 - iz},$$

它们均为多值函数.

类似地，由于双曲函数的周期性决定了它们的反函数的多值性，现将相应的反双曲函数的表达式定义如下.

定义 2.9

反双曲正弦函数为 $\quad \mathrm{Ar}\ \mathrm{sinh}\ z = \mathrm{Ln}\left(z + \sqrt{z^2 + 1}\right)$.

反双曲余弦函数为 $\quad \mathrm{Ar}\ \mathrm{cosh}\ z = \mathrm{Ln}\left(z + \sqrt{z^2 - 1}\right)$.

反双曲正切函数为 $\quad \mathrm{Ar}\ \mathrm{tanh}\ z = \dfrac{1}{2}\mathrm{Ln}\dfrac{1 + z}{1 - z}$.

反双曲余切函数为 $\quad \mathrm{Ar}\ \mathrm{coth}\ z = \dfrac{1}{2}\mathrm{Ln}\dfrac{z + 1}{z - 1}$.

由以上反双曲函数的表达式可知，它们都是无穷多值函数.

2.4　MATLAB 程序

本节主要介绍初等复变函数的计算，对各种初等复变函数的计算可以直接将函数的输入参数用复数代入即可.

1. 复变函数的导数

　　例 2.10　计算复变函数 $f(z) = z^2 + 2z + 1$ 的导数.

```
syms z; % 定义符号变量 z
f = z^2 + 2*z + 1; % 定义复变函数 f(z)
df = diff(f, z);% 计算 f 关于 z 的导数
disp(['f(z)的导数 = ', char(df)]);
```

输出：

f(z)的导数 = 2 * z + 2

2. 复指数函数、复对数函数、复正弦函数、复余弦函数

```
z = 1 + i; % 定义复变函数 f(z)
exp_z = exp(z)%复指数函数
log_z = log(z) %复对数函数
sin_z = sin(z) % 复正弦函数
cos_z = cos(z)   %复余弦函数
```

输出：

exp_z =

　　　　1.4687 + 2.2874i

log_z =

　　　　0.3466 + 0.7854i

sin_z =

　　　　1.2985 + 0.6350i

cos_z =

　　　　0.8337 − 0.9889i

3. 幂函数

例2.11 计算复变函数 $(1+i)^i$ 的值.

A = (1 + i)^i

输出：

    A =

    0.4288 + 0.1549i

习题 2

1. $f(z) = e^x(x\cos y - y\sin y) + ie^x(y\cos y + x\sin y)$ 是否在 z 平面上解析？如果是，求其导函数.

2. 判断下列函数在何处可导，在何处解析？

(1) $f(z) = 2x^3 + 3y^3 i$.

(2) $f(z) = (x-y)^2 + 2(x+y)i$.

(3) $f(z) = xy^2 + x^2 yi$.

3. 讨论函数 $f(z) = \dfrac{1}{z}$ 在 z 平面的解析性.

4. 判断下列命题的真假.

(1) 如果 $f(z)$ 在 z_0 连续，那么 $f'(z_0)$ 存在；

(2) 若 $f'(z)$ 在区域 D 内处处为零，则 $f(z)$ 在 D 内必恒为常数；

(3) 若 $f(z)$ 在 z_0 点不解析，则 $f(z)$ 在 z_0 点必不可导；

(4) 函数 $f(z) = u(x,y) + iv(x,y)$ 在点 $z_0 = x_0 + iy_0$ 可微等价于 $u(x,y)$ 和 $v(x,y)$ 在点 (x_0, y_0) 可微；

(5) $|\sin z| \leqslant 1$；

(6) 对于任意的复数 z 和整数 n，等式 $\text{Ln } z^n = n\text{Ln } z$ 不再成立.

5. 设 $my^3 + 3x^2 y + i(px^3 + qxy^2)$ 为解析函数，试确定 m, p, q.

6. 求 e^{z^2} 的模与辐角.

7. 设 $z = re^{i\theta}$，求 $\text{Re}[\text{Ln}(z-1)]$.

8. 解下列方程.

(1) $e^z = 1 + \sqrt{3}i$；　　　(2) $\ln z = \dfrac{\pi}{2}i$；

(3) $\sinh z = i$.

9. 证明洛必达法则：若 $f(z)$ 及 $g(z)$ 在 z_0 点解析，且 $f(z_0) = g(z_0) = 0$，$g'(z_0) \neq 0$，则 $\lim\limits_{z\to z_0} \dfrac{f(z)}{g(z)} = \dfrac{f'(z_0)}{g'(z_0)}$，并由此求极限 $\lim\limits_{z\to 0} \dfrac{\sin z}{z}$，$\lim\limits_{z\to 0} \dfrac{e^z - 1}{z}$.

10. 求下列各值和它们的主值.

(1) $\text{Ln}(-i)$；　　　(2) $\text{Ln}(1+i)$.

11. 求 $(-3)^{\sqrt{5}}$，$e^{1-\frac{\pi}{2}i}$，$(1+i)^{1-i}$ 的一切值.

12. 说明下列等式是否正确.

(1) $\text{Ln } z^2 = 2\text{Ln } z$；　　　(2) $\text{Ln } \sqrt{z} = \dfrac{1}{2}\text{Ln } z$.

13. 计算下列各值.

(1) $\cos(\pi + 5i)$；　　　(2) $\tan(3 - i)$；

(3) $\sinh(2i)$；　　　(4) $\text{Arc} \cos\left(\dfrac{1}{2}\right)$.

14. 证明：若 $f(z)$ 解析，则有 $\left(\dfrac{\partial}{\partial x} |f(z)|\right)^2 + \left(\dfrac{\partial}{\partial y} |f(z)|\right)^2 = |f'(z)|^2$.

第 **3** 章

复变函数的积分

    复变函数的积分(简称复积分)是研究解析函数的重要工具. 解析函数的许多重要性质都是通过复积分证明得到的.

    本章重点介绍解析函数积分的柯西-古萨(Cauchy-Goursat)基本定理和柯西积分公式,它们是研究解析函数性质的重要理论基础. 在此基础上,得到解析函数的导数仍是解析函数,从而得到高阶导数公式. 最后讨论解析函数和调和函数的关系. 这些内容是经典复变函数论的主要组成部分.

    本章内容与实变量二元函数有紧密联系,特别是二元函数的第二类曲线积分的概念、性质和计算方法、全微分、积分与路径无关、格林公式等. 希望读者能结合本章的学习复习微积分的相关知识,进一步加深对它们的理解和应用.

3.1 复积分的概念及其简单性质

3.1.1 复积分的概念

    设

$$C:\begin{cases} x = x(t) \\ y = y(t) \end{cases} (\alpha \leqslant t \leqslant \beta), x'(t), y'(t) \in C[\alpha,\beta]$$

式中, $[x'(t)]^2 + [y'(t)]^2 \neq 0$, 则 $C:z(t) = x(t) + iy(t)(\alpha \leqslant t \leqslant \beta)$ 为平面上给定的一条光滑(或分段光滑)曲线,如果选定 C 的两个可能方向中的一个作为正方向,那么我们就把 C 理解为带有方向的曲线,称为有向曲线. 设曲线 C 的两个端点分别为 A 与 B,如果把从 A 到 B 的方向作为 C 的正方向,那么从 B 到 A 的方向就是 C 的负方向,并记作 C^-. 今后我们所提到的曲线(除特别声明外),一律是指光滑的或逐段光滑的.

    关于简单闭曲线的正方向是指当曲线上的 P 点顺此方向沿该曲线前进时,邻近 P 点的曲线内部始终位于 P 点的左方,与之相反的方向则定义为曲线的负方向. 逐段光滑的简单闭曲线简称周线.

    定义 3.1 设函数 $w = f(z)$ 定义在区域 D 上, C 为区域 D 内起点为 A, 终点为 B 的一条光滑的有向曲线. 把曲线 C 任意分成 n 个弧段,设分点为

$$A = z_0, z_1, z_2, \cdots, z_{k-1}, z_k, \cdots, z_n = B$$

在从 z_{k-1} 到 $z_k(k=1,2,\cdots,n)$ 的每一个弧段上任意取一点 ζ_k(见图 3.1),并做出和式

$$S_n = \sum_{k=1}^{n} f(\zeta_k)(z_k - z_{k-1}) = \sum_{k=1}^{n} f(\zeta_k)\Delta z_k$$

式中，$\Delta z_k = z_k - z_{k-1}$. 记 Δs_k 表示从 z_{k-1} 到 z_k 的弧段长度，$\delta = \max\limits_{1 \leqslant k \leqslant n} \{\Delta s_k\}$. 当 n 无限增加，且 δ 趋于零时，如果不论对 C 的分法及 ζ_k 的取法如何，S_n 有唯一极限，那么称这极限值为函数 $f(z)$ 沿曲线 C 的积分. 记作

$$\int_C f(z)\,\mathrm{d}z = \lim_{\delta \to 0} \sum_{k=1}^{n} f(\zeta_k)\Delta z_k. \tag{3.1}$$

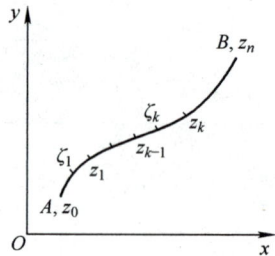

如果 C 为闭曲线，那么沿此闭曲线的积分记作 $\oint_C f(z)\,\mathrm{d}z$.

图 3.1 曲线分划

3.1.2　复积分存在的条件和计算方法

设 $z = z(t) = x(t) + \mathrm{i}y(t)$，$\alpha \leqslant t \leqslant \beta$. 如果 $f(z) = u(x,y) + \mathrm{i}v(x,y)$ 在 D 上处处连续，那么 $u(x,y)$ 及 $v(x,y)$ 均为 D 上的连续函数.

设 $\zeta_k = \xi_k + \mathrm{i}\eta_k$，由于

$$\begin{aligned}
\Delta z_k &= z_k - z_{k-1} = x_k + \mathrm{i}y_k - (x_{k-1} + \mathrm{i}y_{k-1}) \\
&= (x_k - x_{k-1}) + \mathrm{i}(y_k - y_{k-1}) = \Delta x_k + \mathrm{i}\Delta y_k,
\end{aligned}$$

所以

$$\begin{aligned}
\sum_{k=1}^{n} f(\zeta_k)\Delta z_k &= \sum_{k=1}^{n} [u(\xi_k,\eta_k) + \mathrm{i}v(\xi_k,\eta_k)](\Delta x_k + \mathrm{i}\Delta y_k) \\
&= \sum_{k=1}^{n} [u(\xi_k,\eta_k)\Delta x_k - v(\xi_k,\eta_k)\Delta y_k] + \mathrm{i}\sum_{k=1}^{n} [v(\xi_k,\eta_k)\Delta x_k + u(\xi_k,\eta_k)\Delta y_k],
\end{aligned}$$

上式两边取极限可得

$$\lim_{\delta \to 0} \sum_{k=1}^{n} f(\zeta_k)\Delta z_k = \int_C f(z)\,\mathrm{d}z = \int_C u\,\mathrm{d}x - v\,\mathrm{d}y + \mathrm{i}\int_C v\,\mathrm{d}x + u\,\mathrm{d}y. \tag{3.2}$$

定理 3.1（复变函数积分存在定理）　若函数 $f(z)$ 连续而 C 是光滑曲线，则复积分 $\int_C f(z)\,\mathrm{d}z$ 必存在.

复变函数积分的计算公式 [见式(3.2)] 说明，复变函数积分计算问题可以化为其实部、虚部两个二元实变函数的曲线积分的计算问题. 为了便于记忆，式(3.2)可以在形式上看成函数 $f(z) = u + \mathrm{i}v$ 与微分 $\mathrm{d}z = \mathrm{d}x + \mathrm{i}\mathrm{d}y$ 相乘后所得到的.

由线积分的计算方法，我们可以选取参数 $\begin{cases} x = x(t), \\ y = y(t) \end{cases}$ $(\alpha \leqslant t \leqslant \beta)$，代入积分公式(3.2)，可得

$$\begin{aligned}
\int_C f(z)\,\mathrm{d}z &= \int_\alpha^\beta \{u[x(t),y(t)]x'(t) - v[x(t),y(t)]y'(t)\}\,\mathrm{d}t + \\
&\quad \mathrm{i}\int_\alpha^\beta \{v[x(t),y(t)]x'(t) + u[x(t),y(t)]y'(t)\}\,\mathrm{d}t \\
&= \int_\alpha^\beta \{u[x(t),y(t)] + \mathrm{i}v[x(t),y(t)]\}\{x'(t) + \mathrm{i}y'(t)\}\,\mathrm{d}t = \int_\alpha^\beta f[z(t)]z'(t)\,\mathrm{d}t.
\end{aligned} \tag{3.3}$$

所以有

$$\int_C f(z)\,\mathrm{d}z = \int_\alpha^\beta f[z(t)]z'(t)\,\mathrm{d}t$$

此式从另一角度提供了计算复积分的方法，称为**参数方程法**.

例 3.1 计算 $\int_C z\mathrm{d}z$，其中 C 为从原点到 $3-4\mathrm{i}$ 的直线段.

解 将直线方程写为

$$\begin{cases} x = 3t, \\ y = -4t, \end{cases} 0 \le t \le 1$$

$z = 3t - \mathrm{i}4t = (3-4\mathrm{i})t$，$\mathrm{d}z = (3-4\mathrm{i})\mathrm{d}t$，于是

$$\int_C z\mathrm{d}z = \int_0^1 (3-4\mathrm{i})^2 t\mathrm{d}t = (3-4\mathrm{i})^2 \int_0^1 t\mathrm{d}t = \frac{1}{2}(3-4\mathrm{i})^2.$$

如果考虑积分路径是由原点到点 $(3,0)$，记为 C_1 再到点 $(3,-4)$，记为 C_2，即 $\int_C z\mathrm{d}z = \int_{C_1} z\mathrm{d}z + \int_{C_2} z\mathrm{d}z$，则计算出的积分值也等于 $\frac{1}{2}(3-4\mathrm{i})^2$.

例 3.2 计算 $\int_C \bar{z}\mathrm{d}z$ 的值，其中 C 是

（1）沿从 $(0,0)$ 到 $(1,1)$ 的线段（见图 3.2a）.

（2）沿从 $(0,0)$ 到 $(1,0)$ 再到 $(1,1)$ 的折线（见图 3.2b）.

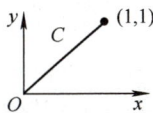 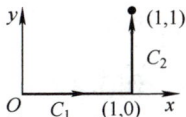

图 3.2　路径示意图

解 选取参数 $\begin{cases} x = t, \\ y = t \end{cases} 0 \le t \le 1$，

（1）$\int_C \bar{z}\mathrm{d}z = \int_0^1 (t - \mathrm{i}t)(1+\mathrm{i})\mathrm{d}t = \int_0^1 2t\mathrm{d}t = 1.$

（2）积分曲线 C 是由 C_1 和 C_2 组成，选取参数 $C_1: \begin{cases} x = t, \\ y = 0 \end{cases} 0 \le t \le 1$，选取参数 $C_2: \begin{cases} x = 1, \\ y = t \end{cases}$

$0 \le t \le 1$，则

$$\int_C \bar{z}\mathrm{d}z = \int_{C_1} \bar{z}\mathrm{d}z + \int_{C_2} \bar{z}\mathrm{d}z = \int_0^1 t\mathrm{d}t + \int_0^1 (1-\mathrm{i}t)\mathrm{i}\mathrm{d}t$$

$$= \frac{1}{2} + \left(\frac{1}{2} + \mathrm{i}\right) = 1 + \mathrm{i}.$$

由以上两个例子可以看出，复变函数的积分，尽管积分的起点和终点相同，但沿着不同的曲线积分，所得到的积分值可以相同（见例 3.1），也可以不同（见例 3.2）.

3.1.3 复积分的基本性质

设函数 $f(z), g(z)$ 沿曲线 C 连续，则复积分有如下和高等数学中的曲线积分类似的性质.

（1）$\int_C f(z)\,\mathrm{d}z = -\int_{C^-} f(z)\,\mathrm{d}z.$

（2）$\int_C kf(z)\,\mathrm{d}z = k\int_C f(z)\,\mathrm{d}z$（$k$ 为常数）.

（3）若 C 是由分段光滑曲线 $c_1, c_2, \cdots, c_n$ 组成，则有

3.1.3　复积分的基本性质

$$\int_C f(z)\,\mathrm{d}z = \int_{C_1} f(z)\,\mathrm{d}z + \int_{C_2} f(z)\,\mathrm{d}z + \cdots + \int_{C_n} f(z)\,\mathrm{d}z$$

(4) $\int_C [f(z) \pm g(z)]\,\mathrm{d}z = \int_C f(z)\,\mathrm{d}z \pm \int_C g(z)\,\mathrm{d}z$.

(5) 设曲线 C 的长度为 L，函数 $f(z)$ 在 C 上满足 $|f(z)| \leqslant M$，那么

$$\left| \int_C f(z)\,\mathrm{d}z \right| \leqslant \int_C |f(z)|\,\mathrm{d}s \leqslant ML \qquad \text{（积分估计值式）}$$

证明 因为 $\left| \sum_{k=1}^n f(\zeta_k)\Delta z_k \right| \leqslant \sum_{k=1}^n |f(\zeta_k)\Delta z_k| \leqslant \sum_{k=1}^n |f(\zeta_k)|\Delta s_k$，两边同时取极限，可得

$$\left| \int_C f(z)\,\mathrm{d}z \right| \leqslant \int_C |f(z)|\,\mathrm{d}s \leqslant M \int_C \mathrm{d}s = ML$$

例 3.3 证明：$\left| \int_C (x^2 + \mathrm{i}y^2)\,\mathrm{d}z \right| \leqslant \pi$，$C$ 为连接点 $-\mathrm{i}$ 到 i 的右半圆周.

证明 因为 $x^2 + y^2 = 1$ 也在 C 上，而 $|x^2 + \mathrm{i}y^2| = \sqrt{x^4 + y^4} \leqslant x^2 + y^2$，故在 C 上，$|x^2 + \mathrm{i}y^2| \leqslant 1$，而 C 的长度为 π，由性质（5）可知 $\left| \int_C f(z)\,\mathrm{d}z \right| \leqslant \int_C |f(z)|\,\mathrm{d}s \leqslant ML$（在 C 上有 $|f(z)| \leqslant M$，L 为 C 的长度），所以有 $\left| \int_C (x^2 + \mathrm{i}y^2)\,\mathrm{d}z \right| \leqslant \int_C |x^2 + \mathrm{i}y^2|\,\mathrm{d}s \leqslant \int_C 1 \cdot \mathrm{d}s = \pi$，即原结论成立.

例 3.4 计算 $\oint_C \dfrac{\mathrm{d}z}{(z-a)^n}$，其中 C 是以 a 为圆心，r 为半径的正向圆周，n 为整数.

解 取 $z = a + r\mathrm{e}^{\mathrm{i}\theta}$，$0 \leqslant \theta \leqslant 2\pi$，则

$$\oint_C \frac{\mathrm{d}z}{(z-a)^n} = \int_0^{2\pi} \frac{\mathrm{i}r\mathrm{e}^{\mathrm{i}\theta}}{r^n \mathrm{e}^{\mathrm{i}n\theta}}\,\mathrm{d}\theta = \int_0^{2\pi} \frac{\mathrm{i}}{r^{n-1}\mathrm{e}^{\mathrm{i}(n-1)\theta}}\,\mathrm{d}\theta = \frac{\mathrm{i}}{r^{n-1}} \int_0^{2\pi} \mathrm{e}^{-\mathrm{i}(n-1)\theta}\,\mathrm{d}\theta$$

当 $n = 1$ 时，上式为 $\mathrm{i}\int_0^{2\pi} \mathrm{d}\theta = 2\pi\mathrm{i}$；当 $n \neq 1$ 时，上式为

$$\frac{\mathrm{i}}{r^{n-1}} \int_0^{2\pi} (\cos(n-1)\theta - \mathrm{i}\sin(n-1)\theta)\,\mathrm{d}\theta = 0.$$

所以

$$\oint_{|z-a|=r} \frac{\mathrm{d}z}{(z-a)^n} = \begin{cases} 2\pi\mathrm{i}, & n = 1, \\ 0, & n \neq 1. \end{cases}$$

3.1.3 例 3.4 讲解

这是一个重要的常用的例子，其结果以后经常要用到，它的特点是积分值与积分路线圆周的中心和半径均无关，应牢记.

3.2 柯西积分定理

从 3.1 节的例子可见，有的复积分与路径有关，有的复积分与路径无关，我们自然会想到，在什么条件下，积分与路径无关呢？

例 3.1 的被积函数 $f(z) = z$ 在单连通区域 z 平面上处处解析，它沿连接起点 A 及终点 B 的任何路径 C 的积分值都相同，即积分与路径无关，或者说沿 z 平面上任何闭曲线的积分都为零；在例 3.4 中，当 $n = 1$ 时，被积函数

$$f(z) = \frac{1}{z-a}$$

只以 $z=a$ 为奇点，即在"z 平面除去一点 a"的非单连通区域内处处解析，但是积分

$$\oint_C \frac{\mathrm{d}z}{z-a} = 2\pi\mathrm{i} \neq 0$$

式中，C 表示圆周 $|z-a| = r > 0$，即在此区域内积分与路径有关. 此外，复变函数积分可以转化为实变函数曲线积分. 并且，大家知道，实变函数的曲线积分 $\int_C P(x,y)\mathrm{d}x + Q(x,y)\mathrm{d}y$ 在单连通区域 D 内与路径 C 无关(只与起点终点有关)，它等价于沿 D 内任意一条闭曲线的积分值为零. 只要函数 $P(x,y), Q(x,y)$ 在 D 内具有连续的一阶偏导，且满足 $\frac{\partial P}{\partial y} = \frac{\partial Q}{\partial x}$，则积分与路径无关. 这个结论对复变函数也完全成立.

研究复积分与路径无关的条件也可以归结为研究沿任意简单闭曲线积分为零的条件. 法国数学家柯西于 1825 年解决了这个问题，之后古萨给出证明，因此人们称之为柯西-古萨(Cauchy-Goursat)定理，它是复变函数解析理论的基石.

3.2.1　柯西-古萨定理

定理 3.2(柯西-古萨定理)　如果函数 $f(z)$ 在单连通区域 D 内处处解析，则沿 D 内任意一条闭曲线的积分值为零：$\oint_C f(z)\mathrm{d}z = 0$，其中 C 为 D 内的任意一条简单闭曲线.

证明　不妨设 $f'(z) \neq 0$，且在 D 内连续，则

$$f'(z) = \frac{\partial u}{\partial x} + \mathrm{i}\frac{\partial v}{\partial x} = \frac{\partial v}{\partial y} - \mathrm{i}\frac{\partial u}{\partial y}$$

所以 u, v 及其偏导数连续，且满足 C-R 条件，又因为 $\oint_C f(z)\mathrm{d}z =$

3.2.1　定理 3.2 讲解

$\oint_C u\mathrm{d}x - v\mathrm{d}y + \mathrm{i}\oint_C v\mathrm{d}x + u\mathrm{d}y$，根据格林公式有

$$\oint_C u\mathrm{d}x - v\mathrm{d}y = \iint_G \left(-\frac{\partial v}{\partial x} - \frac{\partial u}{\partial y}\right)\mathrm{d}x\mathrm{d}y = \iint_G \left(\frac{\partial u}{\partial y} - \frac{\partial u}{\partial y}\right)\mathrm{d}x\mathrm{d}y = 0,$$

$$\oint_C v\mathrm{d}x + u\mathrm{d}y = \iint_G \left(\frac{\partial u}{\partial x} - \frac{\partial v}{\partial y}\right)\mathrm{d}x\mathrm{d}y = \iint_G \left(\frac{\partial v}{\partial y} - \frac{\partial v}{\partial y}\right)\mathrm{d}x\mathrm{d}y = 0,$$

式中，G 为曲线 C 围成的区域，且满足 $\partial G = C$. 所以有 $\oint_C f(z)\mathrm{d}z = 0$.

定理 3.2 中的曲线 C 可以不是简单曲线，这个定理又称为**柯西积分定理**，且有如下推论.

推论 3.1　设函数 $f(z)$ 在单连通区域 D 内解析，则积分 $\int_C f(z)\mathrm{d}z$ 仅与曲线 C 的起点和终点有关，而与积分的路径无关.

推论 3.2　设 C 是单连通区域 D 的边界，函数 $f(z)$ 在单连通区域 D 内解析，在 C 上连续，则 $\oint_C f(z)\mathrm{d}z = 0$.

3.2.2　原函数与不定积分

推论 3.1 已经回答了积分与路径无关的问题. 也就是说，如果在单连通区域 D 内函数 $f(z)$

解析，则沿 D 内任一曲线 C 的积分 $\int_C f(z)\mathrm{d}z$ 只与起点和终点有关，因此当起点 z_0 固定时，此积分就在 D 内定义了一个变上限 z 的单值函数，将其记为变上限积分

$$F(z) = \int_{z_0}^{z} f(\zeta)\mathrm{d}\zeta$$

式中，$z_0 \in D$ 固定，$z \in D$ 为动点. 关于这个积分有下述定理.

定理 3.3 设函数 $f(z)$ 在单连通区域 D 内解析，则 $F(z) = \int_{z_0}^{z} f(\zeta)\mathrm{d}\zeta$ 在 D 内解析，且 $F'(z) = f(z)$.

证明只需对 D 内任一点 z 证明 $F'(z) = f(z)$ 就行了. 以 z 为圆心作一个含 D 于内的小圆，在小圆内取动点，考虑 $(\Delta z \neq 0)$

$$\frac{F(z+\Delta z) - F(z)}{\Delta z} = \frac{1}{\Delta z}\left[\int_{z_0}^{z+\Delta z} f(\zeta)\mathrm{d}\zeta - \int_{z_0}^{z} f(\zeta)\mathrm{d}\zeta\right],$$

在 $\Delta z \to 0$ 时的极限.

由于积分与路径无关，$\int_{z_0}^{z+\Delta z} f(\zeta)\mathrm{d}\zeta$ 的积分路径，可以考虑为由 z_0 到 z，再从 z 沿直线段到 $z+\Delta z$，而由 z_0 到 z 的积分路径取得和 $\int_{z_0}^{z} f(\zeta)\mathrm{d}\zeta$ 的积分路径相同（见图 3.3）. 于是有

$$\frac{F(z+\Delta z) - F(z)}{\Delta z} = \frac{1}{\Delta z}\int_{z}^{z+\Delta z} f(\zeta)\mathrm{d}\zeta,$$

注意到 $f(z)$ 是与积分变量 ζ 无关的定值，所以有

$$\frac{1}{\Delta z}\int_{z}^{z+\Delta z} f(z)\mathrm{d}\zeta = f(z),$$

由以上两式可得

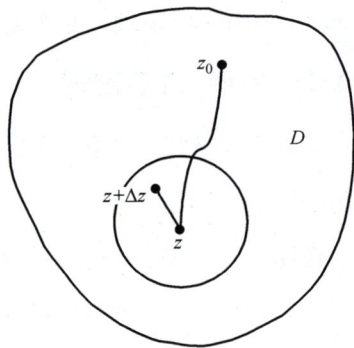

图 3.3 积分路径

$$\frac{F(z+\Delta z) - F(z)}{\Delta z} - f(z) = \frac{1}{\Delta z}\int_{z}^{z+\Delta z}(f(\zeta) - f(z))\mathrm{d}\zeta.$$

根据 $f(z)$ 在 D 内的连续性，对于任给的 $\varepsilon > 0$，只要开始取的那个小圆足够小，则小圆内一切点 ζ 均符合条件 $|f(\zeta) - f(z)| < \varepsilon$，这样由积分估计值式有，

$$\left|\frac{F(z+\Delta z) - F(z)}{\Delta z} - f(z)\right| = \left|\frac{1}{\Delta z}\int_{z}^{z+\Delta z}(f(\zeta) - f(z))\mathrm{d}\zeta\right|$$

$$\leq \varepsilon \left|\frac{\Delta z}{\Delta z}\right| = \varepsilon,$$

即得

$$\lim_{\Delta z \to 0}\frac{F(z+\Delta z) - F(z)}{\Delta z} = f(z),$$

也就是 $F'(z) = f(z)$.

由 z 在 D 内任意性，可知 $F(z)$ 在 D 内处处可导，从而 $F(z)$ 在 D 内解析.

定义 3.2 设函数 $f(z)$ 在区域 D 内连续. 若 D 内的一个函数 $\Phi(z) = \int_{z_0}^{z} f(\zeta)\mathrm{d}\zeta$，满足 $\Phi'(z) = f(z)$，则称 $\Phi(z)$ 为 $f(z)$ 的一个**原函数**，并称原函数的全体为**不定积分**.

容易证明，若函数 $f(z)$ 在区域 D 内解析，$\Phi(z)$ 是 $f(z)$ 在 D 内的一个原函数，则对任意常数 C，$\Phi(z) + C$ 都是 $f(z)$ 的原函数，而 $f(z)$ 的任一原函数必可表示为 $\Phi(z) + C$，其中 C 是某

一常数. 利用这个关系，可以推得与牛顿-莱布尼茨(Newton-Leibniz)公式类似的解析函数的积分计算公式为

$$\int_{z_1}^{z_2} f(z)\,\mathrm{d}z = \Phi(z_2) - \Phi(z_1). \tag{3.4}$$

有了式(3.4)，计算复积分就方便了，高等数学中求不定积分的一套方法可以移植过来.

例 3.5 计算 $\int_a^b z^n \mathrm{d}z\,(n = 0,1,2,\cdots)$，$a,b$ 均为有限复数.

解 z^n 在复平面内处处解析，所以

$$\int_a^b z^n \mathrm{d}z = \frac{1}{n+1} z^{n+1}\Big|_a^b = \frac{1}{n+1}(b^{n+1} - a^{n+1}).$$

3.3 柯西积分定理的推广——复合闭路原理

可以将柯西-古萨定理推广到多连通区域的情况. 设函数 $f(z)$ 在多连通区域 D 内解析，C 为 D 内的任意一条简单闭曲线，如果 C 的内部完全含于 D，从而在 C 上及其内部解析，因此有

$$\oint_C f(z)\,\mathrm{d}z = 0.$$

但是，当 C 的内部不完全含于 D，就不一定有上面的等式成立，例 3.4 正好说明这一点. 下面将柯西积分定理推广到多连通区域的情形.

定理 3.4 设 C 为多连通区域 D 内的一条简单闭曲线，$C_1,C_2,\cdots,C_n$ 是 C 内的 n 个简单闭曲线，它们的内部互不相交，互不包含，且以 $C,C_1,C_2,\cdots,C_n$ 为边界的区域全含于 D. 如果 $f(z)$ 在区域 D 内解析，则有：

(1) $\oint_\Gamma f(z)\,\mathrm{d}z = 0$，其中 Γ 为由 C 及 $C_k^-\,(k = 1,2,\cdots,n)$ 所组成的复合闭路(其方向是：C 取正向，C_k^- 取负向).

(2) $\oint_C f(z)\,\mathrm{d}z = \sum_{k=1}^n \oint_{C_k} f(z)\,\mathrm{d}z$，即沿外路 C 的积分等于内路 $C_1,C_2,\cdots,$ C_n 的积分之和，其中，C 及 C_k 均取正向.

3.3 定理 3.4 讲解

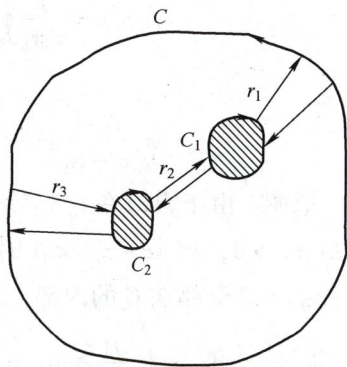

证明 取 $n = 2$(见图 3.4)，作三条辅助曲线 r_1,r_2,r_3，分别将 C,C_1,C_2 连接起来，则以曲线 $\Gamma = C + r_1 + r_1^- + C_1^- + r_2 + r_2^- + C_2^- + r_3 + r_3^-$ 为边界所围成的区域 D 为单连通区域，由柯西积分定理 3.2，有 $\oint_\Gamma f(z)\,\mathrm{d}z = 0$，即

$$\oint_{C+C_1^-+C_2^-} f(z)\,\mathrm{d}z = \oint_C f(z)\,\mathrm{d}z - \oint_{C_1} f(z)\,\mathrm{d}z - \oint_{C_2} f(z)\,\mathrm{d}z = 0$$

因而有 $\oint_C f(z)\,\mathrm{d}z = \oint_{C_1} f(z)\,\mathrm{d}z + \oint_{C_2} f(z)\,\mathrm{d}z$.

该定理说明，在区域内的一个解析函数沿闭曲线的积分，若闭曲线在区域内连续变形，只要在变形过程中曲线不经过函数的不解析的点，则此积分值保持不变. 这一重要事实，又称为闭路变形原理.

图 3.4 多连通区域

例 3.6 计算 $\oint_C \dfrac{1}{z^2 - 2z} dz$ 的值，其中 C 是包含圆周 $|z| = 2$ 的任何正向简单闭曲线.

解 C 内作两个互不包含、互不相交的正向圆周 C_1, C_2，分别将函数 $f(z) = \dfrac{1}{z^2 - 2z}$ 的两个奇点 $z = 2$，$z = 0$ 包含. 根据复合闭路原理，有

$$\oint_{C + C_1^- + C_2^-} \frac{1}{z^2 - 2z} dz = 0$$

则

$$\oint_C \frac{1}{z^2 - 2z} dz = \oint_{C_1} \frac{1}{z^2 - 2z} dz + \oint_{C_2} \frac{1}{z^2 - 2z} dz$$

而积分

$$\oint_{C_1} \frac{1}{z^2 - 2z} dz = \frac{1}{2}\left[\oint_{C_1} \frac{1}{z - 2} dz - \oint_{C_1} \frac{1}{z} dz\right] = \frac{1}{2}(2\pi i - 0) = \pi i,$$

$$\oint_{C_2} \frac{1}{z^2 - 2z} dz = \frac{1}{2}\left[\oint_{C_2} \frac{1}{z - 2} dz - \oint_{C_2} \frac{1}{z} dz\right] = 0 - \pi i,$$

所以原积分为

$$\oint_C \frac{1}{z^2 - 2z} dz = \pi i + 0 - \pi i = 0.$$

3.4 柯西积分公式

柯西积分公式的作用是将函数在 C 内部的值用它在边界上的值来表示.

设 B 为单连通区域，z_0 为 B 中的一点，如果 $f(z)$ 在 B 内解析，那么函数 $\oint_C \dfrac{f(z)}{z - z_0} dz$ 一般不为零.

定理 3.5(柯西积分公式) 如果 $f(z)$ 在区域 D 内处处解析，C 为 D 内的任何一条正向简单闭曲线，它的内部完全属于 D，z_0 为包含在 C 内的任一点(见图 3.5)，则

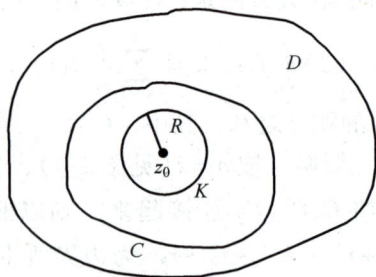

$$f(z_0) = \frac{1}{2\pi i} \oint_C \frac{f(z)}{z - z_0} dz, \tag{3.5}$$

或

$$\oint_C \frac{f(z)}{z - z_0} dz = 2\pi i f(z_0). \tag{3.6}$$

图 3.5 柯西积分公式示意图

证明 由于 $f(z)$ 在 z_0 连续，则任意给定 $\varepsilon > 0$，必有一个 $\delta(\varepsilon) > 0$，当 $|z - z_0| < \delta$ 时，$|f(z) - f(z_0)| < \varepsilon$. 设以 z_0 为中心，R 为半径的圆周 K：$|z - z_0| = R$ 全部在 C 的内部，且 $R < \delta$，那么

$$\oint_C \frac{f(z)}{z - z_0} dz = \oint_K \frac{f(z)}{z - z_0} dz = \oint_K \frac{f(z) - f(z_0) + f(z_0)}{z - z_0} dz = \oint_K \frac{f(z_0)}{z - z_0} dz + \oint_K \frac{f(z) - f(z_0)}{z - z_0} dz$$

$$= 2\pi i f(z_0) + \oint_K \frac{f(z) - f(z_0)}{z - z_0} dz$$

又有

$$\left| \oint_K \frac{f(z) - f(z_0)}{z - z_0} dz \right| \leq \oint_K \frac{|f(z) - f(z_0)|}{|z - z_0|} ds < \frac{\varepsilon}{R} \oint_K ds = 2\pi\varepsilon \xrightarrow{\varepsilon \to 0} 0$$

通过柯西积分公式，就可以把一个函数在 C 内部的值用它在边界上的值来表示.

如果 C 是圆周 $z = z_0 + Re^{i\theta}$，那么柯西积分公式可以写为

$$f(z_0) = \frac{1}{2\pi} \int_0^{2\pi} f(z_0 + Re^{i\theta}) d\theta$$

3.4　定理 3.5 解读

这个公式又称为平均值公式. 这就是说，一个解析函数在圆心处的值等于它在圆周上的值的平均.

例 3.7　求下列积分（沿圆周正向）的值.

(1) $\frac{1}{2\pi i} \int_{|z|=1} \frac{\sin z}{z} dz$；　　(2) $\oint_{|z|=4} \left(\frac{2}{z-1} + \frac{3}{z+3} \right) dz$.

解　由柯西积分公式得：

(1) $\frac{1}{2\pi i} \int_{|z|=1} \frac{\sin z}{z} dz = \sin z \big|_{z=0} = 0$.

(2) $\oint_{|z|=4} \left(\frac{2}{z-1} + \frac{3}{z+3} \right) dz = 2 \oint_{|z|=4} \frac{1}{z-1} dz + \oint_{|z|=4} \frac{3}{z+3} dz = 2 \cdot 2\pi i \cdot 1 + 2\pi i \cdot 3 = 10\pi i$.

3.5　解析函数的高阶导数

在微积分中，一个实函数在某一区间上可导，它的导数在这个区域上是否连续都不一定，更不要说它的高阶导数存在了. 但一个解析函数不仅有一阶导数、二阶导数，并且有 n 阶导数. 它的值也可以用函数在边界上的值通过积分来表示. 这点和实变函数完全不同.

定理 3.6　解析函数 $f(z)$ 的导数仍为解析函数，它的 n 阶导数为

$$f^{(n)}(z_0) = \frac{n!}{2\pi i} \oint_C \frac{f(z)}{(z-z_0)^{n+1}} dz \qquad (n = 1, 2, \cdots).$$

(3.7)

式中，C 为在函数 $f(z)$ 的解析域 D 内围绕 z_0 的任何一条正向简单闭曲线，而且它的内部全属于 D（见图 3.6）.

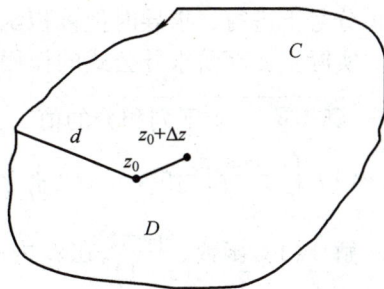

图 3.6　高阶导数示意图

证明　由式(3.5)得

$$f(z_0) = \frac{1}{2\pi i} \oint_C \frac{f(z)}{z - z_0} dz, \quad f(z_0 + \Delta z) = \frac{1}{2\pi i} \oint_C \frac{f(z)}{z - z_0 - \Delta z} dz.$$

从而有

$$\frac{f(z_0 + \Delta z) - f(z_0)}{\Delta z} = \frac{1}{\Delta z} \left[\frac{1}{2\pi i} \oint_C \frac{f(z)}{z - (z_0 + \Delta z)} dz - \frac{1}{2\pi i} \oint_C \frac{f(z)}{z - z_0} dz \right] =$$

$$\frac{1}{2\pi i \Delta z} \oint_C f(z) \left[\frac{1}{z - (z_0 + \Delta z)} - \frac{1}{z - z_0} \right] dz = \frac{1}{2\pi i} \oint_C \frac{f(z)}{(z - z_0)(z - z_0 - \Delta z)} dz,$$

因而
$$\frac{f(z_0+\Delta z)-f(z_0)}{\Delta z}-\frac{1}{2\pi i}\oint_C\frac{f(z)}{(z-z_0)^2}dz=\frac{1}{2\pi i}\oint_C\Big[\frac{f(z)}{(z-z_0-\Delta z)(z-z_0)}-\frac{f(z)}{(z-z_0)^2}\Big]dz=$$
$$\frac{1}{2\pi i}\oint_C\frac{\Delta z f(z)}{(z-z_0)^2(z-z_0-\Delta z)}dz=I$$

设后一个积分为 I，那么
$$|I|=\frac{1}{2\pi}\Big|\oint_C\frac{\Delta z f(z)dz}{(z-z_0)^2(z-z_0-\Delta z)}\Big|\leqslant\frac{1}{2\pi}\oint_C\frac{|\Delta z||f(z)|dz}{|z-z_0|^2|z-z_0-\Delta z|}$$

因为 $f(z)$ 在 C 上是解析的，所以在 C 上是有界的. 因此可知必存在一个正数 M，使得在 C 上有 $|f(z)|\leqslant M$. 设 d 为从 z_0 到曲线 C 上各点的最短距离，并取适当的 Δz，使其满足 $|\Delta z|<\frac{1}{2}d$，那么有
$$|z-z_0|^2\geqslant d^2,\quad |z-z_0-\Delta z|\geqslant|z-z_0|-|\Delta z|>\frac{1}{2}d,$$
所以 $|I|<|\Delta z|\frac{ML}{\pi d^3}$，这里 L 为 C 的长度. 如果 $\Delta z\to0$，那么 $I\to0$，从而得
$$f'(z_0)=\lim_{\Delta z\to0}\frac{f(z_0+\Delta z)-f(z_0)}{\Delta z}=\frac{1}{2\pi i}\oint_C\frac{f(z)}{(z-z_0)^2}dz.$$
同理，由 $\lim_{\Delta z\to0}\frac{f'(z_0+\Delta z)-f'(z_0)}{\Delta z}$，便可得到
$$f''(z_0)=\frac{2!}{2\pi i}\oint_C\frac{f(z)}{(z-z_0)^3}dz.$$
用数学归纳法可以证明：$f^{(n)}(z_0)=\frac{n!}{2\pi i}\oint_C\frac{f(z)}{(z-z_0)^{n+1}}dz.$

式(3.7)可以简单记忆：把柯西积分公式，即式(3.5)的两边对 z_0 求 n 阶导数，右边求导在积分号下进行，求导时把被积函数看作 z_0 的函数，而把 z 看作常数.

实际上，高阶求导公式的作用，不在于通过积分来求导，而在于通过求导来求积分.

例3.8 求下列积分的值，其中 C 为正向圆周：$|z|=r>1$（见图3.7）.

(1) $\oint_C\frac{\cos\pi z}{(z-1)^3}dz$； (2) $\oint_C\frac{e^z}{(z^2+1)^2}dz.$

解 (1) 函数 $\frac{\cos\pi z}{(z-1)^3}$ 在 C 内的 $z=1$ 处不解析，但 $\cos\pi z$ 在 C 内却是处处解析的. 根据定理3.6，有
$$\oint_C\frac{\cos\pi z}{(z-1)^3}dz=\frac{2\pi i}{(3-1)!}(\cos\pi z)^{(2)}|_{z=1}=\pi^3 i$$

(2) 函数 $\frac{e^z}{(z^2+1)^2}$ 在 C 内的 $z=\pm i$ 处不解析. 在 C 内以 i 为中心作一个正向圆周 C_1，以 $-i$ 为中心作一个正向圆周 C_2，那么函数 $\frac{e^z}{(z^2+1)^2}$ 在由 C,C_1 和 C_2 所围成的区域中是解析的. 根据复合闭路原理，有
$$\oint_C\frac{e^z}{(z^2+1)^2}dz=\oint_{C_1}\frac{e^z}{(z^2+1)^2}dz+\oint_{C_2}\frac{e^z}{(z^2+1)^2}dz$$

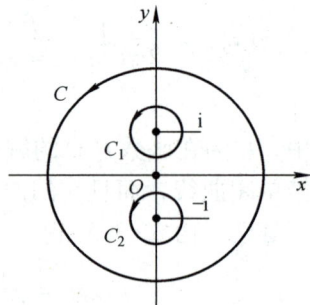

图3.7 曲线示意图

由定理 3.6，有

$$\oint_{C_1} \frac{e^z}{(z^2+1)^2} dz = \oint_{C_1} \frac{\frac{e^z}{(z+i)^2}}{(z-i)^2} dz = \frac{2\pi i}{(2-1)!} \left[\frac{e^z}{(z+i)^2} \right]' \bigg|_{z=i} = \frac{(1-i)e^i}{2} \pi,$$

同理可得 $\oint_{C_2} \dfrac{e^z}{(z^2+1)^2} dz = -\dfrac{(1+i)e^{-i}}{2}\pi.$

所以

$$\oint_C \frac{e^z dz}{(z^2+1)^2} = \frac{\pi}{2}(1-i)(e^i - ie^{-i}) = \frac{\pi}{2}(1-i)^2(\cos 1 - \sin 1)$$

$$= i\pi \sqrt{2} \sin\left(1 - \frac{\pi}{4}\right).$$

3.6 解析函数与调和函数的关系

前一节我们证明了在区域 D 内解析的函数，其导数仍为解析函数，因而具有任意阶的导数. 本节利用这个重要结论来研究它与调和函数之间的密切关系，这在理论和实际问题中都有着广泛的应用. 例如在流体力学、电磁学中常常遇到的调和函数，构成了解析函数的实部和虚部. 为此，我们先介绍调和函数和共轭调和函数的概念.

定义 3.3 设 $u(x,y)$ 为二元实变函数，并具有二阶连续偏导数，且满足拉普拉斯方程 $\dfrac{\partial^2 u}{\partial x^2} + \dfrac{\partial^2 u}{\partial y^2} = 0$，则称 $u(x,y)$ 为调和函数；若函数 $u(x,y)$ 和 $v(x,y)$ 都为调和函数，且满足 C-R 条件 $\dfrac{\partial u}{\partial x} = \dfrac{\partial v}{\partial y}, \dfrac{\partial u}{\partial y} = -\dfrac{\partial v}{\partial x}$，则称 $v(x,y)$ 为 $u(x,y)$ 的共轭调和函数.

定理 3.7 如果 $f(z) = u + iv$ 为一解析函数，且 $f'(z) \neq 0$，则曲线族 $u(x,y) = C_1$ 和曲线族 $v(x,y) = C_2$ 必相互正交，这里的 C_1 和 C_2 为任意常数.

证明 若 u_y, v_y 均不为零，因为曲线族 $u(x,y) = C_1$ 和曲线族 $v(x,y) = C_2$ 任一条曲线的斜率分别为 $-\dfrac{u_x}{u_y}$ 和 $-\dfrac{v_x}{v_y}$，利用 C-R 条件，即 $\dfrac{\partial u}{\partial x} = \dfrac{\partial v}{\partial y}, \dfrac{\partial u}{\partial y} = -\dfrac{\partial v}{\partial x}$ 或 $u_x = v_y, u_y = -v_x$，可得

$$\left(-\frac{u_x}{u_y} \right)\left(-\frac{v_x}{v_y} \right) = -\frac{v_y}{u_y}\frac{u_y}{v_y} = -1,$$

因此，曲线族 $u(x,y) = C_1$ 和曲线族 $v(x,y) = C_2$ 必相互正交. 当 u_y, v_y 其中一个为零时，请读者自行讨论，证毕!

下面定理说明了解析函数和调和函数的关系.

定理 3.8 解析函数的实部和虚部为调和函数，且虚部 $v(x,y)$ 是实部 $u(x,y)$ 的共轭调和函数.

证明 设 $f(z) = u + iv$ 为一解析函数，则必有

$$\frac{\partial u}{\partial x} = \frac{\partial v}{\partial y}, \quad \frac{\partial u}{\partial y} = -\frac{\partial v}{\partial x},$$

上面的等式两边同时对 x，y 求导，可得

$$\frac{\partial^2 u}{\partial x^2} = \frac{\partial^2 v}{\partial y \partial x}, \quad \frac{\partial^2 u}{\partial y^2} = -\frac{\partial^2 v}{\partial x \partial y},$$

然后将上面两个等式相加，得

$$\frac{\partial^2 u}{\partial x^2} + \frac{\partial^2 u}{\partial y^2} = \frac{\partial^2 v}{\partial y \partial x} - \frac{\partial^2 v}{\partial x \partial y},$$

因为 $u(x,y)$ 和 $v(x,y)$ 连续且可微，所以 $\frac{\partial^2 v}{\partial x \partial y} = \frac{\partial^2 v}{\partial y \partial x}$，因此有

3.6 定理 3.8 讲解

$\frac{\partial^2 u}{\partial x^2} + \frac{\partial^2 u}{\partial y^2} = 0$，即满足拉普拉斯方程，所以 $u(x,y)$ 为调和函数.

同理，也可证 $\frac{\partial^2 v}{\partial x^2} + \frac{\partial^2 v}{\partial y^2} = 0$，因而 $v(x,y)$ 也为调和函数. 而 $u(x,y)$，$v(x,y)$ 满足 C-R 条件，所以 $v(x,y)$ 是 $u(x,y)$ 的共轭调和函数.

若已知解析函数的实部和虚部为调和函数，且虚部是实部的共轭调和函数，如何在已知其中的一个调和函数时，求另一个共轭调和函数，以及对应的解析函数？

例3.9 已知 $u(x,y) = x^3 - 3xy^2$，证明：u 为调和函数，求共轭调和函数 $v(x,y)$ 及对应的解析函数 $f(z) = u(x,y) + iv(x,y)$.

解法一 因为 $f(z) = u(x,y) + iv(x,y)$ 解析，由 C-R 条件，有

$$\frac{\partial v}{\partial y} = \frac{\partial u}{\partial x} = 3x^2 - 3y^2, \quad \frac{\partial v}{\partial x} = -\frac{\partial u}{\partial y} = 6xy, \quad \frac{\partial^2 u}{\partial x^2} = 6x, \quad \frac{\partial^2 u}{\partial y^2} = -6x,$$

所以 $\frac{\partial^2 u}{\partial x^2} + \frac{\partial^2 u}{\partial y^2} = 6x - 6x = 0$，所以 $u(x,y)$ 为调和函数. 要求共轭调和函数 $v(x,y)$. 由全微分的定义，有

$$dv = 6xy dx + (3x^2 - 3y^2) dy,$$

因为

$$dv = v_x dx + v_y dy \rightarrow v(x,y) = \int_{(0,0)}^{(x,y)} v_x dx + v_y dy + C$$

式中，C 为常实数，于是

$$v(x,y) = \int_{(0,0)}^{(x,y)} 6xy dx + (3x^2 - 3y^2) dy + C = 3x^2 y - y^3 + C,$$

从而所求的解析函数为

$$f(z) = x^3 - 3xy^2 + i(3x^2 y - y^3 + C) = (x + iy)^3 + iC = z^3 + iC,$$

此方法称为**全微分法**.

解法二 因为 $f(z) = u(x,y) + iv(x,y)$ 解析，所以

$$f'(z) = \frac{\partial u}{\partial x} + i\frac{\partial v}{\partial x} = \frac{\partial v}{\partial y} - i\frac{\partial u}{\partial y} = 3x^2 - 3y^2 + i6xy = 3(x+iy)^2 = 3z^2,$$

于是 $f(z) = z^3 + C_1$. 因为 $f(z)$ 的实部 $u(x,y) = x^3 - 3xy^2$，所以 C_1 必为纯虚数，从而

$$f(z) = z^3 + iC$$

式中，$iC = C_1$.

必须指出，我们也可以类似地由解析函数的虚部来确定它的实部. 以上这种方法可以称为**不定积分法**.

解法三 由 $\frac{\partial v}{\partial y} = \frac{\partial u}{\partial x} = 3x^2 - 3y^3$，得

$$v(x,y) = \int \frac{\partial v}{\partial y} dy = \int (3x^2 - 3y^2) dy = 3x^2 y - y^3 + \varphi(x),$$

于是由 $\dfrac{\partial v}{\partial x} = 6xy + \varphi'(x) = 6xy = -\dfrac{\partial u}{\partial y}$, 得 $\varphi'(x) = 0, \varphi(x) = C$.

从而 $v(x,y) = 3x^2 y - y^3 + C$, 因此
$$f(z) = x^3 - 3xy^2 + \mathrm{i}(3x^2 y - y^3 + C) = (x + \mathrm{i}y)^3 + \mathrm{i}C = z^3 + \mathrm{i}C.$$

这种方法称为**偏积分法**.

习题 3

1. 沿下列路径计算积分 $\displaystyle\int_0^{1+\mathrm{i}} \left[(x-y) + \mathrm{i}x^2 \right] \mathrm{d}z$.

(1) 自原点至 $1+\mathrm{i}$ 的直线段(见图 3.8a);

(2) 自原点沿实轴至 1, 由 1 铅直向上至 $1+\mathrm{i}$ (见图 3.8b);

(3) 自原点沿虚轴至 i, 由 i 沿水平方向右至 $1+\mathrm{i}$ (见图 3.8c).

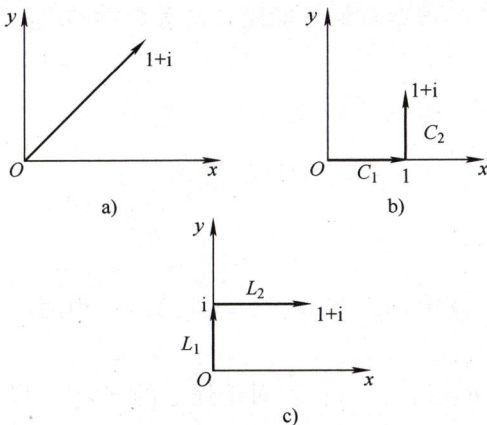

图 3.8 路径示意图

2. 计算 $\displaystyle\oint_C \dfrac{\bar{z}}{|z|} \mathrm{d}z$ 积分的值, 其中 C 为正向圆周.

(1) $|z| = 2$; (2) $|z| = 4$.

3. 计算下列积分值.

(1) $\displaystyle\int_0^{\pi \mathrm{i}} \sin z \mathrm{d}z$; (2) $\displaystyle\int_1^{1+\mathrm{i}} z \mathrm{e}^z \mathrm{d}z$;

(3) $\displaystyle\int_0^{\mathrm{i}} (3\mathrm{e}^z + 2z) \mathrm{d}z$.

4. 求积分 $\displaystyle\oint_C \dfrac{\mathrm{e}^z}{z} \mathrm{d}z$ 的值, 其中 C 由正向圆周 $|z| = 2$ 与负向圆周 $|z| = 1$ 所组成.

5. 求积分 $\displaystyle\oint_C \dfrac{1}{z^2 - z} \mathrm{d}z$, 其中 C 为正向圆周 $|z| = 2$.

6. 试用观察法确定下列积分的值, 并说明理

由, C 为正向的圆周 $|z| = 1$.

(1) $\displaystyle\oint_C \dfrac{1}{z^2 + 4z + 4} \mathrm{d}z$; (2) $\displaystyle\oint_C \dfrac{1}{\cos z} \mathrm{d}z$;

(3) $\displaystyle\oint_C \dfrac{1}{z - \dfrac{1}{2}} \mathrm{d}z$; (4) $\displaystyle\oint_C z\mathrm{e}^2 \mathrm{d}z$.

7. 计算 $\displaystyle\int_C \dfrac{1}{z^2} \mathrm{d}z$, 其中 C 为圆周 $|z + \mathrm{i}| = 2$ 的右半周, 走向为从 $-3\mathrm{i}$ 到 i.

8. 计算积分 $\displaystyle\oint_{|z|=2} \dfrac{1}{z^2 - 1} \sin \dfrac{\pi}{4} z \mathrm{d}z$.

9. 计算下列积分(沿正向圆周).

(1) $\displaystyle\oint_{|z|=1} \dfrac{\mathrm{e}^z}{z^{100}} \mathrm{d}z$;

(2) $\displaystyle\oint_{|z|=2} \dfrac{\sin z}{\left(z - \dfrac{\pi}{2}\right)^2} \mathrm{d}z$;

(3) $\displaystyle\oint_{C = C_1 + C_2} \dfrac{\cos z}{z^3} \mathrm{d}z$, 其中 $C_1: |z| = 2$, $C_2: |z| = 3$.

10. 计算积分 $\dfrac{1}{2\pi \mathrm{i}} \displaystyle\oint_C \dfrac{\mathrm{e}^z}{z(z-1)^3} \mathrm{d}z$, 其中 C 为

(1) $|z| = \dfrac{1}{2}$; (2) $|z - 1| = \dfrac{1}{2}$;

(3) $|z| = 2$.

11. 验证下列函数是否为调和函数.

(1) $u = xy$; (2) $v = -\sin x \sinh y$;

(3) $u = \mathrm{e}^x \cos y + 1$;

(4) $u = x^3 - 6x^2 y - 3xy^2 + 2y^2$.

12. 由下列各已知调和函数, 求解析函数 $f(z) = u + \mathrm{i}v$.

(1) $u = x^2 - y^2 + xy$;

(2) $v = \dfrac{y}{x^2 + y^2}$, $f(2) = 0$.

13. 设 u 为区域 D 内的调和函数及 $f = \dfrac{\partial u}{\partial x} - \mathrm{i}\dfrac{\partial u}{\partial y}$, 问 f 是不是 D 内的解析函数? 为什么?

14. 证明: $u(x,y) = y^3 - 3x^2 y$ 为解析函数, 再求其共轭调和函数 $v(x,y)$.

第 **4** 章

解析函数的级数表示

第 2 章和第 3 章用微分和积分的方法研究了解析函数的性质，本章将用级数的方法研究解析函数的性质．同研究实函数一样，复级数是研究和表示复变函数的重要工具，它的概念、理论与方法是实数域上的无穷级数在复数域内的推广和发展．本章的主要内容是：学习复数列、复数项级数、复变函数项级数的基本概念，以及复数列和幂级数的收敛和发散的判定；此外还将介绍复变函数项级数中的幂级数和洛朗级数，并围绕如何将解析函数展开成幂级数或洛朗级数这一重点内容进行学习和探讨．这两类级数在解决各种实际问题中有着广泛的应用，它是研究零点、奇点(特别是极点)的有力工具，学习本章最好能结合高等数学的级数部分，用对比的方式进行．

4.1 复数项级数

4.1.1 复数数列的极限

设 $\{\alpha_n\}(n=1,2,\cdots)$ 为一复数列，$\alpha_n = a_n + ib_n$，其中 $\{a_n\}$ 和 $\{b_n\}(n=1,2,\cdots)$ 为两个实数数列，即 $\alpha_1 = a_1 + ib_1$，$\alpha_2 = a_2 + ib_2,\cdots,\alpha_n = a_n + ib_n,\cdots$.

定义 4.1 设有复数列 $\{\alpha_n\}$，其中 $\alpha_n = a_n + ib_n(n=1,2,\cdots)$，若对于任意的 $\varepsilon > 0$，都存在正整数 N(与 ε 有关)，使得当 $n > N$ 时，都有

$$|\alpha_n - \alpha| < \varepsilon$$

成立，则称 α 为复数列 $\{\alpha_n\}$ 当 $n \to \infty$ 时的极限，也称为复数列 $\{\alpha_n\}$ 收敛于 α，记作

$$\lim_{n \to \infty} \alpha_n = \alpha.$$

若数列 $\{\alpha_n\}$ 不收敛，则称 $\{\alpha_n\}$ 发散，或者说它是发散数列.

复数列也可以理解为复平面上的点列，点列 $\{\alpha_n\}$ 收敛于 α，或者说有极限 α，用几何语言可以叙述为：任给 α 的一个 ε 邻域，都可以找到一个正整数 N，使得当 $n > N$ 时，α_n 点都落在这个邻域内；或者说在复平面上点 α 的一个 ε 邻域外，只有有限个点，至多 N 个点.

定理 4.1 复数列 $\{\alpha_n\}$ 收敛于 $\alpha = a + ib$ 的充要条件是

$$\lim_{n \to \infty} a_n = a, \quad \lim_{n \to \infty} b_n = b.$$

关于高等数学中所学的实数数列内容不难推广到复数数列：两个收敛复数数列的和、差、积、商也是收敛的，并且其极限是相应极限的和、差、积、商(除数不为 0).

4.1.2 复级数的概念

设 $\{\alpha_n\} = \{a_n + ib_n\}(n=1,2,\cdots)$ 为一复数列，将数列的每一项逐项相加得到

$$\sum_{n=1}^{\infty} \alpha_n = \alpha_1 + \alpha_2 + \cdots + \alpha_n + \cdots,$$

称为**复数项无穷级数**，而令前面 n 项的和为

$$s_n = \alpha_1 + \alpha_2 + \cdots + \alpha_n.$$

称 $\{s_n\}$ 为该级数的**部分和数列**.

定义 4.2 如果级数的部分和数列 $\{s_n\}$ 有极限，称级数 $\sum_{n=1}^{\infty} \alpha_n$ **收敛**. 若 $\lim_{n \to \infty} s_n = s$，则称 s 为级数的和，可以写成

$$s = \sum_{n=1}^{\infty} \alpha_n$$

反之，若 $\{s_n\}$ 无极限，称级数 $\sum_{n=1}^{\infty} \alpha_n$ 是**发散**的.

定理 4.2 设 $\{\alpha_n\} = \{a_n + ib_n\}(n = 1, 2, \cdots)$ 为一复数列，由该数列产生的级数 $\sum_{n=1}^{\infty} \alpha_n$ 收敛的充要条件是级数 $\sum_{n=1}^{\infty} a_n$ 和级数 $\sum_{n=1}^{\infty} b_n$ 都收敛.

定理 4.2 将复数项级数的收敛问题转化为两个实数项级数的收敛问题，因此在判定复数项级数收敛时可以直接利用实数项级数的收敛结论.

我们知道，实数项级数 $\sum_{n=1}^{\infty} a_n$ 和 $\sum_{n=1}^{\infty} b_n$ 收敛的必要条件是 $\lim_{n \to \infty} a_n = 0$，$\lim_{n \to \infty} b_n = 0$，根据此项结论可知 $\lim_{n \to \infty} \alpha_n = 0$，从而可以直接推出复数项级数 $\sum_{n=1}^{\infty} \alpha_n$ 收敛的必要条件是 $\lim_{n \to \infty} \alpha_n = 0$.

例 4.1 判定级数 $\sum_{n=1}^{\infty} \dfrac{2 + i^{2n+1}}{n}$ 是否收敛.

解 $$\sum_{n=1}^{\infty} \frac{2 + i^{2n+1}}{n} = \sum_{n=1}^{\infty} \frac{2 + (-1)^n i}{n} = \sum_{n=1}^{\infty} \left(\frac{2}{n} + i \frac{(-1)^n}{n} \right)$$

因为 $\sum_{n=1}^{\infty} \dfrac{2}{n}$ 是发散的，所以原级数发散.

对于复数项级数 $\sum_{n=1}^{\infty} \alpha_n$，还可以引入绝对收敛的概念：

定义 4.3 如果级数

$$\sum_{n=1}^{\infty} |\alpha_n| = |\alpha_1| + |\alpha_2| + \cdots + |\alpha_n| + \cdots$$

收敛，则称此复数项级数 $\sum_{n=1}^{\infty} \alpha_n$ **绝对收敛**；不是绝对收敛的收敛级数称为**条件收敛**.

$\sum_{n=1}^{\infty} |\alpha_n|$ 的各项为非负实数，也就是说该级数为正项级数，因此该级数是否收敛，可以利用正项级数的判定方法. 根据高等数学中绝对收敛的定理，可以直接得到下面的结论.

定理 4.3 若 $\sum_{n=1}^{\infty} |\alpha_n|$ 收敛，那么 $\sum_{n=1}^{\infty} \alpha_n$ 也收敛，即绝对收敛一定收敛，且不等式 $\sum_{n=1}^{\infty} \alpha_n \leqslant$

$$\sum_{n=1}^{\infty} |\alpha_n| \text{ 成立.}$$

定理 4.4 级数 $\sum_{n=1}^{\infty} \alpha_n$ 绝对收敛的充要条件是级数 $\sum_{n=1}^{\infty} a_n$ 以及 $\sum_{n=1}^{\infty} b_n$ 绝对收敛.

事实上，根据对正项级数的讨论，可知

$$\sum_{k=1}^{n} |a_k| \text{ 或 } \sum_{k=1}^{n} |b_k| \leqslant \sum_{k=1}^{n} |\alpha_k| = \sum_{k=1}^{n} \sqrt{a_k^2 + b_k^2} \leqslant \sum_{k=1}^{n} |a_k| + \sum_{k=1}^{n} |b_k|$$

例 4.2 判定级数 $\sum_{n=1}^{\infty} \dfrac{i^n}{n}$ 是否收敛，若收敛，是绝对收敛还是条件收敛?

解 先判定 $\sum_{n=1}^{\infty} \left| \dfrac{i^n}{n} \right| = \sum_{n=1}^{\infty} \dfrac{1}{n}$ ，所以该级数加绝对值后发散. 又因为

$$\sum_{n=1}^{\infty} \frac{i^n}{n} = -\left(\frac{1}{2} - \frac{1}{4} + \frac{1}{6} - \frac{1}{8} + \cdots \right) + i\left(1 - \frac{1}{3} + \frac{1}{5} - \frac{1}{7} + \cdots \right)$$

的实部和虚部都收敛，故 $\sum_{n=1}^{\infty} \dfrac{i^n}{n}$ 收敛，故原级数为条件收敛.

4.2 幂级数

4.2.1 复变函数项级数

定义 4.4 设 $\{f_n(z)\}(n=1,2,\cdots)$ 为一复变函数数列，且各项均在复平面区域 Ω 内有定义，则称

$$\sum_{n=1}^{\infty} f_n(z) = f_1(z) + f_2(z) + \cdots + f_n(z) + \cdots$$

为复变函数项级数(以下简称复函数项级数). 其中

$$s_n(z) = f_1(z) + f_2(z) + \cdots + f_n(z)$$

称为前 n 项和，也叫作复函数项级数的部分和.

对于区域 Ω 内的某一定点 z_0 ，若

$$\lim_{n \to \infty} s_n(z_0) = s(z_0)$$

存在，则称复函数项级数 $\sum_{n=1}^{\infty} f_n(z) = f_1(z) + f_2(z) + \cdots + f_n(z) + \cdots$ 在点 z_0 收敛，而 $s(z_0)$ 称为它的和；如果级数在区域 Ω 内处处收敛，那么它的和一定是 z 的一个函数 $s(z)$ ，即

$$s(z) = f_1(z) + f_2(z) + \cdots + f_n(z) + \cdots$$

$s(z)$ 称为复变函数项级数 $\sum_{n=1}^{\infty} f_n(z) = f_1(z) + f_2(z) + \cdots + f_n(z) + \cdots$ 的和函数.

常见的函数项级数有幂级数、三角级数和洛朗级数等，下面先讨论最简单的复变函数项级数——幂级数.

4.2.2 幂级数及其收敛性

当 $f_n(z) = c_n(z-a)^n$ 时，可以得到函数项级数的特殊情形，为

$$\sum_{n=0}^{\infty} c_n (z-a)^n = c_0 + c_1 (z-a) + c_2 (z-a)^2 + \cdots + c_n (z-a)^n + \cdots \qquad (4.1)$$

这种形式的复函数项级数称为复数域幂级数(以下简称幂级数),其中 $c_0, c_1, \cdots, c_n \cdots$ 和 a 都是复常数.

特别地,令式(4.1)中取 $a=0$ 时,可以得到幂级数的特殊情形,为

$$\sum_{n=0}^{\infty} c_n z^n = c_0 + c_1 z + c_2 z^2 + \cdots + c_n z^n + \cdots \qquad (4.2)$$

由于做变换 $\varsigma = z - a$ 可将式(4.1)变成式(4.2),所以我们一般讨论幂级数的特殊情形.

首先考虑幂级数的收敛性. 在考虑幂级数收敛性时,需要在一定的收敛域内考虑. 和实变量幂级数一样,有下述阿贝尔定理.

定理 4.5　阿贝尔定理(收敛定理): 如果级数

$$\sum_{n=0}^{\infty} c_n z^n = c_0 + c_1 z + c_2 z^2 + \cdots + c_n z^n + \cdots$$

在某点 $z = z_0 (\neq 0)$ 收敛,对于 $|z| < |z_0|$ 区域内的 z,级数必绝对收敛;反之若在 $z = z_0 (\neq 0)$ 发散,对于在 $|z| > |z_0|$ 区域上的 z,级数必发散.

4.2.2　定理 4.5 讲解

证明　若级数 $\sum_{n=0}^{\infty} c_n z^n$ 在点 $z = z_0 (\neq 0)$ 收敛,它的各项必然有界,即存在正整数 M,使得

$$|c_n z_0^n| < M \qquad (n = 0, 1, 2, \cdots)$$

那么就有

$$\left| c_n z^n \right| = \left| c_n z_0^n \frac{z^n}{z_0^n} \right| < M \left| \frac{z}{z_0} \right|^n.$$

又注意到 $|z| < |z_0|$,因此级数 $\sum_{n=0}^{\infty} M \left| \frac{z}{z_0} \right|^n$ 为公比小于 1 的等比级数,是收敛的. 因而,

级数 $\sum_{n=0}^{\infty} c_n z^n$ 在 $|z| < |z_0|$ 区域内是收敛的.

第二部分用反证法即可得到结论,读者可自行讨论. 证毕!

由定理 4.5 可知,存在一点 $z_0 \neq 0$,使 $\sum_{n=0}^{\infty} c_n z^n$ 收敛,那么它必在圆 $|z| = |z_0|$ 的内部绝对

收敛;若又存在一点 z_1,使 $\sum_{n=0}^{\infty} c_n z_1^n$ 发散,那么它必在圆 $|z| = |z_1|$ 的外部发散.

4.2.3　幂级数的收敛半径和收敛圆

阿贝尔定理的几何意义是:我们可以找到一个半径 R,使得 $\sum_{n=0}^{\infty} c_n z^n$ 在圆 $|z| = R$ 的内部绝

对收敛,而在圆的外部发散. R 称为此幂级数的**收敛半径**;圆 $|z| = R$ 称为此幂级数的**收敛圆**.

例如,级数 $z + 2z^2 + \cdots + nz^n + \cdots$,当 $z \neq 0$ 时,通项不趋近于零,因此该级数是发散的,收敛半径 $R = 0$.

现有级数 $z + \frac{z^2}{2^2} + \cdots + \frac{z^n}{n^n} + \cdots$,对于任意固定的 z_0,从某个 $n = [2z_0] + 1$ 开始,总有

$\dfrac{|z|}{n} < \dfrac{1}{2}$，从而有$\dfrac{|z^n|}{n^n} < \dfrac{1}{2^n}$，因此，对于所有的 z 级数均收敛，该级数的收敛半径为 $R = +\infty$.

例 4.3　求幂级数

$$\sum_{n=0}^{\infty} z^n = 1 + z + z^2 + \cdots + z^n + \cdots$$

的收敛域以及和函数.

解　该级数为一个等比级数，利用等比级数可得该幂级数的前 n 项和为

$$s_n = 1 + z + z^2 + \cdots + z^{n-1} = \frac{1 - z^n}{1 - z}, z \neq 1,$$

当 $|z| < 1$ 时，$\lim\limits_{n \to \infty} z^n = 0$，因此 $\lim\limits_{n \to \infty} s_n = \dfrac{1}{1-z}$，也就是当 $|z| < 1$ 时，级数收敛，收敛半径

$R = 1$，和函数为 $s(z) = \sum\limits_{n=0}^{\infty} z^n = \dfrac{1}{1-z}$.

当 $|z| > 1$ 时，$\lim\limits_{n \to \infty} z^n = \infty$，因此可以判定级数不收敛.

与高等数学中幂级数收敛半径的求法类似，我们有下面的达朗贝尔（D'Alembert）判别法，以及柯西（Cauchy）判别法.

定理 4.6　达朗贝尔判别法（比值法）　如果 $\lim\limits_{n \to \infty} \left| \dfrac{c_{n+1}}{c_n} \right| = \rho$，则幂级数

$$\sum_{n=0}^{\infty} c_n z^n = c_0 + c_1 z + c_2 z^2 + \cdots + c_n z^n + \cdots$$

的收敛半径为 $R = \begin{vmatrix} \dfrac{1}{\rho}, & \rho \neq 0, \\ +\infty, & \rho = 0, \\ 0, & \rho = +\infty. \end{vmatrix}$

定理 4.7　柯西判别法（根值法）　如果 $\lim\limits_{n \to \infty} \sqrt[n]{|c_n|} = \rho$，则幂级数

$$\sum_{n=0}^{\infty} c_n z^n = c_0 + c_1 z + c_2 z^2 + \cdots + c_n z^n + \cdots$$

的收敛半径为 $R = \begin{vmatrix} \dfrac{1}{\rho}, & \rho \neq 0, \\ +\infty, & \rho = 0, \\ 0, & \rho = +\infty. \end{vmatrix}$

例 4.4　求幂级数 $\sum\limits_{n=1}^{\infty} \dfrac{z^n}{n}$ 的收敛半径.

解　收敛半径为 $R = \lim\limits_{n \to \infty} \left| \dfrac{c_n}{c_{n+1}} \right| = \lim\limits_{n \to \infty} \left| \dfrac{n+1}{n} \right| = 1$.

例 4.5　求幂级数 $\sum\limits_{n=0}^{\infty} (\sin in) z^n$ 的收敛半径.

解　由于 $c_n = \sin in = \dfrac{e^n - e^{-n}}{2i}$，因此 $R = \lim\limits_{n \to \infty} \left| \dfrac{c_n}{c_{n+1}} \right| = \lim\limits_{n \to \infty} \left| \dfrac{e^n - e^{-n}}{e^{n+1} - e^{-n-1}} \right| = \dfrac{1}{e}$.

例 4.6 求幂级数 $\sum\limits_{n=0}^{\infty}(3+4\mathrm{i})^n(z+\mathrm{i})^{2n}$ 的收敛半径.

解 观察题目可以发现，该级数为缺项幂级数，不能直接用定理 4.6 或者定理 4.7，令

$$f(z)=(3+4\mathrm{i})^n(z+\mathrm{i})^{2n},$$

则

$$\lim_{n\to\infty}\left|\frac{f_{n+1}(z)}{f_n(z)}\right|=\lim_{n\to\infty}\left|\frac{(3+4\mathrm{i})^{n+1}(z+\mathrm{i})^{2n+2}}{(3+4\mathrm{i})^n(z+\mathrm{i})^{2n}}\right|=\lim_{n\to\infty}\left|(3+4\mathrm{i})(z+\mathrm{i})^2\right|=5\,|z+\mathrm{i}|^2,$$

当 $5\,|z+\mathrm{i}|^2<1$，即 $|z+\mathrm{i}|<\dfrac{\sqrt{5}}{5}$ 时，幂级数为绝对收敛的；当 $5\,|z+\mathrm{i}|^2>1$，即 $|z+\mathrm{i}|>\dfrac{\sqrt{5}}{5}$

时，幂级数是发散的，因此该幂级数的收敛半径 $R=\dfrac{\sqrt{5}}{5}$.

4.2.4 幂级数的有理运算

与实数域的幂级数类似，复数域幂级数也可以进行有理运算，并且具有下面性质(证明略).

(1) 若幂级数 $\sum\limits_{n=0}^{\infty}a_nz^n$ 和 $\sum\limits_{n=0}^{\infty}b_nz^n$ 的收敛半径分别为 R_1 和 R_2，则幂级数 $\sum\limits_{n=0}^{\infty}(a_n\pm b_n)z^n$ 的收敛半径不小于 $R=\min(R_1,R_2)$，且在 $|z|<R$ 的圆内成立

$$\sum_{n=0}^{\infty}a_nz^n\pm\sum_{n=0}^{\infty}b_nz^n=\sum_{n=0}^{\infty}(a_n\pm b_n)z^n.$$

(2) 若幂级数 $\sum\limits_{n=0}^{\infty}a_nz^n$ 和 $\sum\limits_{n=0}^{\infty}b_nz^n$ 的收敛半径分别为 R_1 和 R_2，则幂级数

$$a_0b_0+(a_0b_1+a_1b_0)z+(a_0b_2+a_1b_1+a_2b_0)z^2+\cdots+\left(\sum_{i=0}^{\infty}a_ib_{n-i}\right)z^n+\cdots$$

的收敛半径不小于 $R=\min(R_1,R_2)$，且在 $|z|<R$ 的圆内成立

$$\sum_{n=0}^{\infty}a_nz^n\sum_{n=0}^{\infty}b_nz^n=\sum_{n=0}^{\infty}\left(\sum_{i=0}^{n}a_ib_{n-i}\right)z^n.$$

上述两个性质说明由两个幂级数经过加减或乘法运算后，所得到的幂级数的收敛半径大于或等于 R_1 和 R_2 中较小的一个(R_1 和 R_2 分别为原来两个幂级数的收敛半径).

(3) 幂级数在收敛圆内的性质——逐项求导和逐项积分

幂级数 $f(z)=\sum\limits_{n=0}^{\infty}c_n(z-a)^n$ 的和函数 $f(z)$ 在收敛圆 C_R：$|z-a|<R(0<R<+\infty)$ 内解析；在收敛圆 C_R 内和函数 $f(z)$ 的导数可以由幂级数(4.1)逐项求导得到，并且可以求任意阶导数，即

$$f'(z)=\sum_{n=1}^{\infty}nc_n(z-a)^{n-1}$$

$$\vdots$$

$$f^{(p)}(z)=p!c_p+(p+1)p\cdots 2c_{p+1}(z-a)+\cdots+n(n+1)\cdots(n-p+1)c_n(z-a)^{n-p}+\cdots$$

$$(p=1,2,3,\cdots)$$

(4.3)

在收敛圆 C_R 内，和函数 $f(z)$ 的积分也可以写成逐项积分的形式，即

$$\int_L f(z)\,\mathrm{d}z = \sum_{n=0}^{\infty} c_n \int_L (z-a)^n \mathrm{d}z, \quad L \in (\,|z-a| < R\,) \tag{4.4}$$

或

$$\int_a^z f(t)\,\mathrm{d}t = \sum_{n=0}^{\infty} \frac{c_n}{n+1}(z-a)^{n+1}. \tag{4.5}$$

式(4.3)~式(4.5)的收敛半径 R 与式(4.1)的收敛半径 R 相同，式(4.1)也可以逐项求导任意次.

与实函数展开成幂级数的情形类似，复函数也可以展开成幂级数的形式.

例 4.7 将函数 $\dfrac{1}{z-\alpha}$ 展开成形如 $\sum\limits_{n=0}^{\infty} c_n (z-\beta)^n$ 的幂级数，其中 α 和 β 是两个不同的复常数.

解析 想要将函数展开成 $(z-\beta)$ 的幂级数，可以将函数做变形，使得分母中出现 $(z-\beta)$ 的项. 将函数按照 $\sum\limits_{n=0}^{\infty} z^n = \dfrac{1}{1-z}$ 的形式写成 $\dfrac{1}{1-g(z-\beta)}$，之后应用 $\sum\limits_{n=0}^{\infty} z^n$ 的形式展开即可.

解

$$\frac{1}{z-\alpha} = \frac{1}{(z-\beta)-(\alpha-\beta)} = \frac{-1}{\alpha-\beta}\frac{1}{1-\dfrac{z-\beta}{\alpha-\beta}},$$

由例 4.3 可知，当 $\left|\dfrac{z-\beta}{\alpha-\beta}\right| < 1$ 时，可以得到

$$\frac{1}{1-\dfrac{z-\beta}{\alpha-\beta}} = 1 + \frac{z-\beta}{\alpha-\beta} + \left(\frac{z-\beta}{\alpha-\beta}\right)^2 + \cdots + \left(\frac{z-\beta}{\alpha-\beta}\right)^n + \cdots,$$

从而得到

$$\frac{1}{z-\alpha} = \frac{-1}{\alpha-\beta} - \frac{z-\beta}{(\alpha-\beta)^2} - \frac{(z-\beta)^2}{(\alpha-\beta)^3} + \cdots + \frac{(z-\beta)^n}{(\alpha-\beta)^{n+1}} + \cdots.$$

当 $|z-\beta| < |\alpha-\beta|$ 时，上式右端级数收敛，其和函数为 $\dfrac{1}{z-\alpha}$，收敛半径为 $|\alpha-\beta|$.

4.3 泰勒级数

由 4.2 节知道，收敛幂级数的和函数都是解析函数. 现在我们要问，任何一个解析函数是否一定可以展开成幂级数呢?

4.3.1 泰勒展开定理

定理 4.8 若 $f(z)$ 在点 a 的某邻域 $|z-a| < R$ 内解析，则 $f(z)$ 可以在该邻域内展开成幂级数，形式为

$$f(z) = \sum_{n=0}^{\infty} c_n (z-a)^n, \, z \in \Omega. \tag{4.6}$$

其中 Ω: $|z-a| = r < R$，

$$c_n = \frac{1}{2\pi i}\int_\Omega \frac{f(\zeta)}{(\zeta-a)^{n+1}}\mathrm{d}\zeta = \frac{f^{(n)}(a)}{n!} \quad (n = 0,1,2,\cdots)$$

此时，式(4.6)称为 $f(z)$ 在 a 处的**泰勒(Taylor)展开式**，其右端的级数称为 $f(z)$ 的**泰勒级数**.

c_n 为展开式的泰勒系数.

证明 以 a 为圆心，R 为半径的圆 Ω，设 z 是 Ω 围成区域内一点，有

$$f(z) = \frac{1}{2\pi i} \oint_\Omega \frac{f(\zeta)}{\zeta - z} d\zeta$$

由于当 $\zeta \in \Omega$ 圆周上时，$\left| \dfrac{z-a}{\zeta-a} \right| < 1$，又因为

$$\frac{1}{1-z} = 1 + z + z^2 + \cdots + z^n + \cdots \qquad (|z| < 1)$$

所以参考例 4.7，有

$$\frac{1}{\zeta - z} = \frac{1}{\zeta - a - (z-a)} = \frac{1}{\zeta - a} \frac{1}{1 - \dfrac{z-a}{\zeta-a}}$$

$$= \sum_{n=0}^{\infty} \frac{(z-a)^n}{(\zeta-a)^{n+1}}$$

把上面的展开式代入积分中，然后利用收敛级数的性质以及解析函数的高阶导数公式，得

$$f(z) = c_0 + c_1(z-a) + \cdots + c_n(z-a)^n + \cdots$$

式中，

$$c_n = \frac{1}{2\pi i} \int_\Omega \frac{f(\zeta)}{(\zeta-a)^{n+1}} d\zeta = \frac{f^{(n)}(a)}{n!} \qquad (n = 0,1,2,\cdots)$$

定理成立.

另外，仿照一元实函数情况，可以证明解析函数在解析点的泰勒级数展开式是唯一的.

从泰勒展开定理不难得到，如果 $f(z)$ 在某区域 D 内解析，则 $f(z)$ 在 D 内任一点 z_0 处都可以展开成泰勒级数，且收敛半径至少等于 z_0 到 D 边界上各点的最短距离 R. 如果 $f(z)$ 在复平面内除若干个奇点外均解析，则 $f(z)$ 在任何解析点 z_0 处都可以展开成泰勒级数，其收敛半径为 z_0 到 $f(z)$ 的最近奇点的距离.

4.3.2 泰勒展开式

复函数展开成幂级数，分为直接展开法和间接展开法.

1. 直接展开法

例 4.8 求 $f(z) = e^z$ 在 $z=0$ 的泰勒展开式.

解 由于 $(e^z)' = e^z$，所以 $(e^z)^{(n)}|_{z=0} = 1$，因此

$$e^z = 1 + z + \frac{1}{2!}z^2 + \cdots + \frac{1}{n!}z^n + \cdots, \ |z| < +\infty.$$

同理，根据前面所学的高阶导数可以写出 $\cos z$，$\sin z$ 在 $z=0$ 处的泰勒展开式，直接给出结论，为

$$\cos z = 1 - \frac{1}{2!}z^2 + \frac{1}{4!}z^4 - \cdots + (-1)^n \frac{1}{(2n)!}z^{2n} + \cdots, \ |z| < +\infty,$$

$$\sin z = z - \frac{1}{3!}z^3 + \frac{1}{5!}z^5 - \cdots + (-1)^n \frac{1}{(2n+1)!}z^{2n+1} + \cdots, \ |z| < +\infty.$$

2. 间接展开法

由于解析函数在收敛域里各点的泰勒展开式是唯一的，借助于已知函数的展开式并利用幂级数的一些性质来求得另一函数的泰勒展开式，这种方法称为间接展开法.

例 4.9 将函数 $\dfrac{1}{(1+z)^2}$ 展开成 z 的泰勒级数.

解 $z=-1$ 为函数 $\dfrac{1}{(1+z)^2}$ 的奇点，所以将该函数在 $|z|<1$ 内展开成泰勒级数，又

$$\frac{1}{1+z} = \sum_{n=0}^{\infty} (-1)^n z^n.$$

将上式两边求导可以得到

$$\frac{-1}{(1+z)^2} = \sum_{n=0}^{\infty} (-1)^n n z^{n-1}.$$

因此，$f(z)$ 在 $|z|<1$ 范围内的泰勒级数为

$$\frac{1}{(1+z)^2} = \sum_{n=0}^{\infty} (-1)^{n+1} n z^{n-1}.$$

例 4.10 求 $f(z)=\dfrac{1}{z-2}$ 在 $z=1$ 处的泰勒展开式.

解
$$\begin{aligned}
\frac{1}{z-2} &= \frac{1}{z-1-1} = -\frac{1}{1-(z-1)} \\
&= -[1+(z-1)+(z-1)^2+\cdots+(z-1)^n+\cdots] \\
&= \sum_{n=0}^{\infty} -(z-1)^n, \quad |z-1|<1.
\end{aligned}$$

例 4.11 求 $f(z)=\arctan z$ 在 $z=0$ 处的泰勒展开式.

解 由于 $\arctan z = \displaystyle\int_0^z \frac{1}{1+z^2}\mathrm{d}z$，$z=\pm i$ 为奇点，故将该函数展开成泰勒级数的收敛半径 $R=1$，则其泰勒展开式为

$$\arctan z = \int_0^z \frac{1}{1+z^2}\mathrm{d}z = \int_0^z \sum_{n=0}^{\infty} (-1)^n z^{2n}\mathrm{d}z$$

$$= \sum_{n=0}^{\infty} (-1)^n \frac{1}{2n+1} z^{2n+1}, \quad |z|<1.$$

4.3.2 例 4.11 讲解

例 4.12 求对数函数 $\ln(1+z)=\ln|1+z|+\mathrm{i}\arg(1+z)$ 的主值函数 $f(z)=\ln(1+z)$ 在 $z=0$ 处的泰勒展开式.

解 我们知道，$f(z)=\ln(1+z)$ 在从 -1 向正实轴方向展开的平面内是解析的，-1 是离 0 最近的奇点，因此收敛半径 $R=1$.

$f(z)$ 在 $z=0$ 处的值为 0，在 $z=0$ 的一阶导数为 1，二阶导数为 -1，n 阶导数为 $(-1)^n(n-1)!$，$\cdots$，因此，它在 $z=0$ 或在 $|z|<1$ 的泰勒展开式是

$$\ln(1+z) = z - \frac{z^2}{2} + \frac{z^3}{3} - \cdots + (-1)^{n-1}\frac{z^n}{n} + \cdots, \quad |z|<1$$

4.4 洛朗级数

4.3 节泰勒展开定理告诉我们，用 $z-a$ 的泰勒级数表示在以 a 为中心的圆域内解析的函数 $f(z)$ 是很方便的. 本节将用一种含有 $z-a$ 的正负整数次幂的级数（称为洛朗级数）表示在点

a 不解析，而在以 a 为中心的圆环域内解析的函数. 这种级数是下一章研究解析函数在孤立奇点邻域内的性质的重要工具，也为定义留数和计算留数提供必要的理论基础.

首先讨论级数

$$c_0 + c_1(z-a) + c_2(z-a)^2 + \cdots + c_n(z-a)^n + \cdots, \tag{4.7}$$

以及下面的特殊级数

$$\frac{c_{-1}}{z-a} + \frac{c_{-2}}{(z-a)^2} + \cdots + \frac{c_{-n}}{(z-a)^n} + \cdots. \tag{4.8}$$

式(4.7)是幂级数，在它的收敛圆 $|z-a|<R$，$(0<R<+\infty)$ 内和函数解析；对第二个特殊级数式(4.8)，令 $t=\frac{1}{z-a}$ 代入式(4.8)，得到

$$c_{-1}t + c_{-2}t^2 + \cdots + c_{-n}t^n + \cdots, \tag{4.9}$$

若式(4.9)的收敛域为 $|t|<\frac{1}{r}$，将 t 代换回去，就可以得到式(4.8)在 $|z-a|>r$，$(0<r<+\infty)$ 的范围内的和函数为一解析函数.

容易发现，当且仅当 $r<R$ 时，将式(4.7)和式(4.8)加在一起构成的新级数

$$\sum_{n=-\infty}^{\infty} c_n(z-a)^n = \cdots + c_{-n}(z-a)^{-n} + \cdots + c_{-1}(z-a)^{-1} + c_0 + c_1(z-a) +$$
$$c_2(z-a)^2 + \cdots + c_n(z-a)^n + \cdots \tag{4.10}$$

在 $r<|z-a|<R$ 的圆环内是收敛的. 这个新级数称作**双边幂级数**.

注意到，双边幂级数的正幂项和负幂项都有无限项，所以不能像4.2节幂级数一样讨论前 n 项和. 因此双边幂级数的敛散性要分别考虑正幂项部分[见式(4.7)]和负幂项部分[见式(4.8)]，当且仅当这两个部分都收敛时，双边幂级数[见式(4.10)]才收敛. 因此，当 $r>R$ 时，式(4.7)和式(4.8)的收敛范围不存在公共部分，式(4.10)不收敛；当 $r<R$ 时，式(4.7)和式(4.8)的收敛范围公共部分是 $r<|z-a|<R$ 的圆环，这个圆环就是式(4.10)的收敛域.

定理 4.9 设双边幂级数式(4.10)的收敛域为 $r<|z-a|<R(r>0,0<R<+\infty)$ 的圆环，则下面 4 个结论成立.

(1) 式(4.10)在圆环内绝对收敛.

(2) 式(4.10)双边幂级数在收敛域内的和函数 $f(z)$ 解析.

(3) 函数 $f(z)=\sum_{n=-\infty}^{\infty}c_n(z-a)^n$ 在圆环内可逐项求导.

(4) 函数 $f(z)=\sum_{n=-\infty}^{\infty}c_n(z-a)^n$ 在圆环内的任意曲线上可以逐项积分.

双边幂级数可以在收敛域内表示一解析函数 $f(z)$，反过来，一个解析函数是否可以在收敛域内表示成一个双边幂级数呢？下面定理回答了这一问题.

定理 4.10(洛朗定理) 设 $f(z)$ 在以 a 为中心的圆环 $r<|z-a|<R$ 内处处解析，那么

$$f(z) = \sum_{n=-\infty}^{\infty} c_n(z-a)^n \tag{4.11}$$

成立，其中

$$c_n = \frac{1}{2\pi i}\oint_C \frac{f(\xi)}{(\xi-a)^{n+1}}d\xi \qquad (n=0,\pm1,\pm2,\cdots). \tag{4.12}$$

C 为圆周 $|\xi - a| = \rho(r < \rho < R)$，式(4.11)为 $f(z)$ 在圆环 $r < |z - a| < R$ 内的洛朗展开，而式(4.11)右端的级数称为 $f(z)$ 的**洛朗级数**，由式(4.12)决定的 c_n 称为 $f(z)$ 的**洛朗系数**.

证明 设 z 为收敛环内的任意一点，那么，在收敛环 $r < |z - a| < R$ 内总可以找到两个圆周 $\Gamma_1 : |\xi - a| = \rho_1$ 和 $\Gamma_2 : |\xi - a| = \rho_2$，使得 $\rho_1 < |\xi - a| < \rho_2$，即 z 在由两个新圆周 Γ_1 和 Γ_2 围成的圆环内(见图4.1).

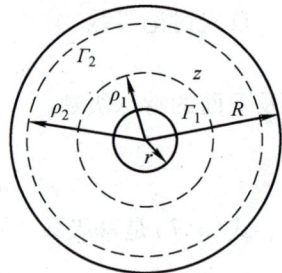

又考虑到函数 $f(z)$ 在圆环 $\rho_1 < |z - a| < \rho_2$ 上解析，由柯西积分公式可得

$$f(z) = \frac{1}{2\pi i} \oint_{\Gamma_2} \frac{f(\xi)}{\xi - z} d\xi - \frac{1}{2\pi i} \oint_{\Gamma_1} \frac{f(\xi)}{\xi - z} d\xi, \qquad (4.13)$$

图 4.1　收敛环域

对于式(4.13)中的第一个部分，类似于定理4.6的证明，可以得到

$$\frac{1}{2\pi i} \oint_{\Gamma_2} \frac{f(\xi)}{\xi - z} d\xi = \sum_{n=0}^{\infty} c_n (z - a)^n, \qquad (4.14)$$

$$c_n = \frac{1}{2\pi i} \oint_{\Gamma_2} \frac{f(\xi)}{(\xi - a)^{n+1}} d\xi \qquad (n = 0, 1, 2, \cdots). \qquad (4.15)$$

类似地，再考虑式(4.13)的第二部分，有

$$\frac{f(\xi)}{\xi - z} = -\frac{f(\xi)}{z - \xi} = -\frac{f(\xi)}{(z - a) - (\xi - a)} = -\frac{f(\xi)}{z - a} \frac{1}{1 - \dfrac{\xi - a}{z - a}}, \qquad (4.16)$$

当 $\xi \in \Gamma_1$ 时，$\left| \dfrac{\xi - a}{z - a} \right| = \dfrac{\rho_1}{|z - a|} < 1$，因此式(4.16)可以展成收敛的级数，即

$$\frac{f(\xi)}{\xi - z} = -\frac{f(\xi)}{z - a} \sum_{n=1}^{\infty} \left(\frac{\xi - a}{z - a} \right)^{n-1}.$$

将上式沿 Γ_1 逐项积分，两端再乘 $\dfrac{1}{2\pi i}$ 可得

$$\frac{1}{2\pi i} \oint_{\Gamma_1} \frac{f(\xi)}{\xi - z} d\xi = -\sum_{n=1}^{\infty} \frac{f(\xi)(\xi - a)^{n-1}}{(\xi - a)^n} = -\sum_{n=1}^{\infty} \frac{f(\xi)}{(\xi - a)^{-n+1}} (z - a)^{-n} = -\sum_{n=1}^{\infty} c_{-n} (z - a)^{-n},$$

$$(4.17)$$

$$c_{-n} = \frac{1}{2\pi i} \oint_{\Gamma_1} \frac{f(\xi)}{(\xi - a)^{-n+1}} d\xi \qquad (n = 1, 2, \cdots). \qquad (4.18)$$

由式(4.14)和式(4.17)可得

$$f(z) = \sum_{n=0}^{\infty} c_n (z - a)^n + \sum_{n=1}^{\infty} c_{-n} (z - a)^{-n} = \sum_{n=-\infty}^{\infty} c_n (z - a)^n \qquad (4.19)$$

再讨论系数，即式(4.15)和式(4.18)，由柯西积分定理，对圆环内的任意圆周 $C : |z - a| = \rho(r < \rho < R)$，可以得到

$$c_n = \frac{1}{2\pi i} \oint_{\Gamma_2} \frac{f(\xi)}{(\xi - a)^{n+1}} d\xi = \frac{1}{2\pi i} \oint_C \frac{f(\xi)}{(\xi - a)^{n+1}} d\xi \qquad (n = 0, 1, 2, \cdots),$$

$$c_{-n} = \frac{1}{2\pi i} \oint_{\Gamma_1} \frac{f(\xi)}{(\xi - a)^{-n+1}} d\xi = \frac{1}{2\pi i} \oint_C \frac{f(\xi)}{(\xi - a)^{-n+1}} d\xi \qquad (n = 1, 2, \cdots),$$

于是系数可以统一写成 $c_n = \dfrac{1}{2\pi i}\displaystyle\oint_C \dfrac{f(\xi)}{(\xi-a)^{n+1}}\mathrm{d}\xi$ $(n=0,\pm 1,\pm 2,\cdots)$. 证毕.

另外, 在定理 4.8 的条件下, 函数 $f(z)$ 在其收敛圆环 $r < |z-a| < R$ 内洛朗展开式是唯一的. 在许多应用中, 往往需要把在某点 a 不解析但在 a 的去心邻域内解析的函数 $f(z)$ 展开成级数, 那么就用洛朗级数来展开.

当已给函数 $f(z)$ 在 a 点处解析时, 收敛域中心在 a 点, 半径为由 a 点到函数 $f(z)$ 最近奇点的距离; 这个收敛圆可以看成圆环的特殊情形, 在其中就可写出洛朗展开式. 根据柯西积分定理, 由式 (4.19) 可以看出, 这个展开式的系数 c_{-n} $(n=1,2,3,\cdots)$ 都为零. 在这种情况下, 洛朗级数的系数公式与泰勒级数的系数公式 (积分形式) 相同, 此时洛朗级数就是泰勒级数. 因此, 泰勒级数为洛朗级数的一种特殊情形. 一般情况下采用一些间接展开法来将函数展开成洛朗级数, 只有在个别情况下, 才用直接展开法.

例 4.13 把函数 $f(z) = \dfrac{1}{(z-1)(z-2)}$ 在指定的圆环内展开成洛朗级数.

(1) 在圆环 $0 < |z-1| < 1$ 内; (2) 在圆环 $1 < |z-2| < +\infty$ 内.

解 (1) 当 $0 < |z-1| < 1$ 时, 有

$$\frac{1}{z-2} = -\frac{1}{1-(z-1)} = -\sum_{n=0}^{\infty}(z-1)^n;$$

故

$$f(z) = -\sum_{n=0}^{\infty}(z-1)^{n-1} \qquad (0 < |z-1| < 1).$$

(2) 当 $1 < |z-2| < +\infty$ 时, $\left|\dfrac{1}{z-2}\right| < 1$, 故

$$\frac{1}{z-1} = \frac{1}{1+(z-2)} = \frac{1}{z-2}\,\frac{1}{1+\dfrac{1}{z-2}} = \frac{1}{z-2}\sum_{n=0}^{\infty}(-1)^n\frac{1}{(z-2)^n},$$

所以

$$f(z) = \sum_{n=0}^{\infty}(-1)^n\frac{1}{(z-2)^{n+2}} \qquad (1 < |z-2| < +\infty).$$

另外, 其他圆环展开形式见二维码.

4.4 例 4.13 拓展

例 4.14 在以 $z_0 = -\mathrm{i}$ 为中心的各收敛圆环内, 把函数 $f(z) = \dfrac{1}{z^2(z+\mathrm{i})}$ 展开成洛朗级数.

解 (1) 当 $0 < |z+\mathrm{i}| < 1$ 时, $\left|\dfrac{z+\mathrm{i}}{\mathrm{i}}\right| < 1$, 且有

$$\frac{1}{z} = \frac{1}{-\mathrm{i}+(z+\mathrm{i})} = -\frac{1}{\mathrm{i}}\,\frac{1}{1-\dfrac{z+\mathrm{i}}{\mathrm{i}}} = -\frac{1}{\mathrm{i}}\sum_{n=0}^{\infty}\frac{(z+\mathrm{i})^n}{\mathrm{i}^n},$$

$$\frac{1}{z^2} = -\left(\frac{1}{z}\right)' = \frac{1}{\mathrm{i}}\sum_{n=0}^{\infty}\frac{n}{\mathrm{i}^n}(z+\mathrm{i})^{n-1},$$

所以

$$f(z) = \sum_{n=0}^{\infty} \frac{n}{i^{n+1}} (z+i)^{n-2} \qquad (0 < |z+i| < 1)$$

（2）当 $1 < |z+i| < +\infty$ 时，有 $\left| \dfrac{i}{z+i} \right| < 1$，故有

$$\frac{1}{z} = \frac{1}{-i+z+i} = \frac{1}{z+i} \cdot \frac{1}{1-\dfrac{i}{z+i}} = \frac{1}{z+i} \sum_{n=0}^{\infty} \frac{i^n}{(z+i)^n},$$

$$\frac{1}{z^2} = -\left(\frac{1}{z}\right)' = \sum_{n=0}^{\infty} (n+1) i^n \frac{1}{(z+i)^{n+2}},$$

所以

$$f(z) = \sum_{n=0}^{\infty} \frac{(n+1) i^n}{(z+i)^{n+3}},$$

给定函数 $f(z)$ 与复平面内一点 z_0，由于这个函数可以在以 z_0 为中心的（由奇点隔开的）不同圆环域内解析，因而在各个不同的圆环域中有不同的洛朗展开式（包括泰勒展开式作为它的特例）．我们不要把这个情形与洛朗展开式的唯一性混淆，我们所研究的洛朗展开式的唯一性，是指给定圆环域之后，函数在该圆环域的洛朗展开式是唯一的．另外，在展开式的收敛圆环域的内周上或者外圆上可以有 $f(z)$ 的奇点．

例 4.15 求 $\dfrac{\cos z}{z^2}$ 及 $\dfrac{\cos z}{z}$ 在 $0 < |z| < +\infty$ 内的洛朗展开式．

解 因为 $\cos z = 1 - \dfrac{1}{2!} z^2 + \dfrac{1}{4!} z^4 - \cdots + (-1)^n \dfrac{1}{(2n)!} z^{2n} + \cdots$，$|z| < +\infty$，所以 $\dfrac{\cos z}{z^2}$ 及 $\dfrac{\cos z}{z}$ 在 $0 < |z| < +\infty$ 内的洛朗展开式为

$$\frac{\cos z}{z^2} = \frac{1}{z^2} - \frac{1}{2!} + \frac{z^2}{4!} - \cdots + \frac{(-1)^n z^{2n-2}}{(2n)!} + \cdots,$$

$$\frac{\cos z}{z} = \frac{1}{z} - \frac{z}{2!} + \frac{z^3}{4!} - \cdots + \frac{(-1)^n z^{2n-1}}{(2n)!} + \cdots.$$

习题 4

1. 考察下列数列是否收敛，如果收敛，求出其极限．

（1）$z_n = i^n + \dfrac{i}{n}$；　（2）$z_n = \dfrac{1}{n} e^{-\frac{n\pi}{2}i}$．

2. 试确定下列幂级数的收敛半径．

（1）$\displaystyle\sum_{n=0}^{\infty} (1+i)^n z^n$；　（2）$\displaystyle\sum_{n=0}^{\infty} \frac{n!}{n^n} z^n$；

（3）$\displaystyle\sum_{n=1}^{\infty} e^{i\frac{\pi}{n}} z^n$；　（4）$\displaystyle\sum_{n=1}^{\infty} \frac{2n-1}{2^n} z^{2n-2}$．

3. 下列说法是否正确？为什么？

（1）每一个幂级数在它的收敛圆周上处处收敛．

（2）每一个幂级数的和函数在它的收敛圆内可能有奇点．

4. 求幂级数 $\displaystyle\sum_{n=0}^{\infty} z^n$，$\displaystyle\sum_{n=0}^{\infty} \frac{z^n}{n}$，$\displaystyle\sum_{n=0}^{\infty} \frac{z^n}{n^2}$ 的收敛半径 R，并讨论它们在收敛圆周上的情况．

5. 将下列函数展开为 z 的幂级数，并指出其收敛区域．

（1）$\dfrac{1}{(1+z^2)^2}$；　　（2）$\cos z^2$．

6. 求下列级数的收敛半径，并写出它们的收敛圆周．

（1）$\displaystyle\sum_{n=0}^{\infty} \frac{(z-i)^n}{n^p}$；（2）$\displaystyle\sum_{n=0}^{\infty} \left(\frac{i}{n}\right)^n (z-1)^{n(n+1)}$．

7. 用直接展开法将函数 $f(z) = \ln(1+e^{-z})$ 在

$z = 0$ 点处展开为泰勒级数(到 z^4 项),并指出其收敛半径.

8. 求下列函数展开在指定点 z_0 处的泰勒展开式,并写出展开式成立的区域.

(1) $f(z) = \dfrac{1}{z^2}$, $z_0 = 1$; (2) $f(z) = \dfrac{z}{z+2}$, $z_0 = 1$.

9. 求 $f(z) = \dfrac{z}{(z-1)(z-2)}$ 在圆环域 $1 < |z| < 2$

和 $1 < |z-2| < +\infty$ 内的洛朗展开式.

10. 分别在圆环(1)$0 < |z| < 1$, (2)$0 < |z-1| < 1$

内将函数 $f(z) = \dfrac{1}{z(1-z)^2}$ 展开为洛朗级数.

11. 函数 $f(z) = \ln z$ 能否在圆环域 $0 < |z| < R$ ($0 < R < +\infty$)内展开为洛朗级数?为什么?

第 5 章

留　　数

留数理论是复积分和复级数理论相结合的产物. 本章首先介绍函数的孤立奇点的概念及其分类, 然后讨论留数的概念、计算和留数定理, 利用留数定理可以把计算沿闭路的积分转化为计算在孤立奇点处的留数; 利用留数定理还可以计算一些定积分的反常积分, 最后介绍辐角原理以供有关专业选用.

5.1　函数的孤立奇点

5.1.1　孤立奇点的概念和分类

在第 2 章中曾定义使函数不解析的点为奇点.

定义 5.1　如果 a 点是函数 $f(z)$ 的奇点, 而在 a 的去心邻域 $0 < |z - a| < R$ 内是解析的, 则称 a 点为 $f(z)$ 的一个**孤立奇点**.

应当注意, 不是所有的奇点都是孤立奇点. 例如函数 $f(z) = \dfrac{1}{\cos \dfrac{1}{z}}$, 我们可以看到 $z = \dfrac{1}{2n\pi + \dfrac{\pi}{2}}, n = \pm 1, \pm 2, \cdots$ 都是奇点, 但是随着 n 的绝对值增大, $\lim\limits_{n \to \infty} \dfrac{1}{2n\pi + \dfrac{\pi}{2}} = 0$, 也就是说, 奇点 $z = 0$ 无论取多小的邻域, 里面都有其他奇点存在, 所以奇点 $z = 0$ 不是 $f(z)$ 的孤立奇点.

如果 a 点为 $f(z)$ 的一个孤立奇点, 必存在一个半径 R, 使得 $f(z)$ 在 a 的去心邻域 $0 < |z - a| < R$ 内可以展成洛朗级数, 形式为

$$f(z) = \sum_{n=0}^{\infty} c_n (z - a)^n + \sum_{n=-\infty}^{-1} c_n (z - a)^n. \tag{5.1}$$

则称级数的非负幂部分为 $f(z)$ 在 a 点的正则部分, 称负幂部分为 $f(z)$ 在 a 点的**主要部分**.

实际上, 非负幂部分表示的是 a 点邻域 $|z - a| < R$ 内的解析函数, 因此函数 $f(z)$ 在 a 点的奇异性质完全体现在洛朗级数的负幂部分上. 根据洛朗展开式中主要部分的系数取零值的不同情况, 将函数的孤立奇点进行分类.

1. 可去奇点

定义 5.2　设 a 为函数 $f(z)$ 的孤立奇点, 如果 $f(z)$ 在 a 点展式[见式(5.1)]的主要部分为零, 则称 a 为函数 $f(z)$ 的**可去奇点**, 也就是说 $f(z)$ 在 a 点的洛朗级数只有正则部分.

例如, 函数 $f(z) = \dfrac{\sin z}{z}$ 在 $z = 0$ 的去心邻域内的洛朗级数可以应用 $\sin z$ 的级数间接得到

$$f(z) = \frac{\sin z}{z} = \frac{1}{z}\left(z - \frac{1}{3!}z^3 + \frac{1}{5!}z^5 - \cdots + (-1)^n \frac{1}{(2n+1)!}z^{2n+1} + \cdots\right)$$

$$= \left(1 - \frac{1}{3!}z^2 + \frac{1}{5!}z^4 - \cdots + (-1)^n \frac{1}{(2n+1)!}z^{2n} + \cdots\right).$$

从上面的洛朗级数可以看到, $z = 0$ 为函数的可去奇点.

进一步可以看到, 如果定义 $\left.\frac{\sin z}{z}\right|_{z=0} = 1$, 那么函数 $f(z) = \frac{\sin z}{z}$ 在 $z = 0$ 处就变成了解析函数. 正是这个原因, 我们把这类奇点叫作可去奇点.

定理 5.1　若 $z = a$ 是 $f(z)$ 的可去奇点, 则下面三条结论是等价的.

（1）$f(z)$ 在 a 点的洛朗展开式主要部分为零.

（2）$\lim\limits_{z \to a} f(z) = b, b \neq \infty$.

（3）$f(z)$ 在 $z = a$ 点的某去心邻域有界.

2. 极点

定义 5.3　设 a 为函数 $f(z)$ 的孤立奇点, 如果 $f(z)$ 在 a 点展式 [见式 (5.1)] 的主要部分为有限项 $\frac{c_{-1}}{z-a} + \frac{c_{-2}}{(z-a)^2} + \cdots + \frac{c_{-m}}{(z-a)^m}$, 就称 a 为函数 $f(z)$ 的 **m 阶极点**. 一阶极点又叫作**单极点**.

例如, 点 $z = 0$ 为 $\frac{e^z}{z}$ 的一阶极点.

同时, 我们知道不恒等于零的解析函数如果可以写成 $f(z) = (z-a)^m g(z)$, 其中 $g(z)$ 在 a 解析且 $g(a) \neq 0$, m 为正整数, 由高等数学中所学的理论, 显然 a 为函数 $f(z)$ 的零点, 且称 a 为函数 $f(z)$ 的 m **阶零点**.

定理 5.2　如果函数 $f(z)$ 在 a 点解析, 则 $z = a$ 为函数 $f(z)$ 的 m 阶零点的充要条件为

$$f^{(n)}(a) = 0 \quad (n = 0, 1, 2, \cdots, m-1), \quad f^{(m)}(a) \neq 0$$

例如, $f(z) = z^3 - 1 = (z-1)(z^2 + z + 1)$, 可以看到 $z = 1$ 是一阶零点, $f(1) = 0$, $f'(1) = 3z^2|_{z=1} = 3 \neq 0$, 从而可以知道 $z = 1$ 为函数 $f(z)$ 的一阶零点.

定理 5.3　若 a 为 $f(z)$ 的 m 阶极点, 则下面三条结论是等价的.

（1）$f(z)$ 在 a 点的洛朗展开式主要部分有 m 项, 即

$$\frac{c_{-1}}{z-a} + \frac{c_{-2}}{(z-a)^2} + \cdots + \frac{c_{-m}}{(z-a)^m} \quad (c_{-m} \neq 0).$$

（2）$f(z)$ 在 a 点的去心邻域内能表示成 $f(z) = \frac{\lambda(z)}{(z-a)^m}$, 其中 $\lambda(a) \neq 0$, 且 $\lambda(z)$ 在 a 点的邻域内解析.

（3）$g(z) = \frac{1}{f(z)}$ 以 a 点为 m 阶零点.

从而可以很容易得到下面的定理.

定理 5.4　a 为函数 $f(z)$ 的 m 阶极点 $\Leftrightarrow$ 函数 $\frac{1}{f(z)}$ 以 a 点为 m 阶零点.

证明　如果 a 为函数 $f(z)$ 的 m 阶极点

5.1.1　定理 5.4 讲解

$$f(z) = \sum_{n=0}^{\infty} c_n (z-a)^n + \sum_{n=-m}^{-1} c_n (z-a)^n = \frac{1}{(z-a)^m} g(z),$$

$$g(z) = c_{-m} + c_{-m+1}(z-a) + c_{-m+2}(z-a)^2 + \cdots.$$

$g(z)$ 在 a 点是解析的，并且 $g(a) \neq 0$，当 $z \neq a$ 时，可以得到

$$\frac{1}{f(z)} = (z-a)^m \frac{1}{g(z)} = (z-a)^m h(z), \tag{5.2}$$

可以发现，$h(z)$ 也在 a 点是解析的，并且 $h(a) \neq 0$，从而得到 a 点为函数 $\frac{1}{f(z)}$ 的 m 阶零点.

如果函数 $\frac{1}{f(z)}$ 以 a 点为 m 阶零点，则

$$\frac{1}{f(z)} = (z-a)^m \varphi(z).$$

$\varphi(z)$ 在 a 点解析，且 $\varphi(a) \neq 0$，因此当 $z \neq a$ 时，得

$$f(z) = \frac{1}{(z-a)^m} \psi(z), \quad \psi(z) = \frac{1}{\varphi(z)}.$$

又 $\psi(a) \neq 0$，因此可以得到 a 为 $f(z)$ 的 m 阶极点. 证毕

可以利用定理 5.2 寻找函数零点的方法来判定函数的极点. 例如函数 $f(z) = \frac{2}{\sin z}$ 的奇点是使得 $\sin z = 0$ 的点，这些奇点是 $z = k\pi (k = 0, \pm 1, \pm 2, \cdots)$. 因为 $\sin z = 0$ 可以得到 $e^{iz} = e^{-iz}$ 或者 $e^{2iz} = 1$，从而有 $2iz = 2k\pi i$，可以得到 $z = k\pi$，很明显这些奇点为孤立奇点. 又因为 $(\sin z)'|_{z=k\pi} = \cos z|_{z=k\pi} = (-1)^k \neq 0$，因此 $z = k\pi$ 是函数 $\sin z$ 的一阶零点，也就是 $f(z) = \frac{2}{\sin z}$ 的一阶极点. 应当注意的是，我们在求函数的孤立奇点时，不能只看函数的表面形式就得出结论，比如函数 $f(z) = \frac{e^z - 1}{z^3}$，直接看上去，$z = 0$ 是它的三阶极点，但把这个级数通过间接展开法展开，得

$$\frac{e^z - 1}{z^3} = \frac{1}{z^3}\left(\sum_{n=0}^{\infty} \frac{z^n}{n!} - 1\right) = \frac{1}{z^2} + \frac{1}{2!z} + \frac{1}{3!} + \cdots = \frac{1}{z^2}\varphi(z).$$

式中，$\varphi(z)$ 在 $z = 0$ 处解析，且 $\varphi(0) \neq 0$，通过展开我们发现 $z = 0$ 为函数 $f(z) = \frac{e^z - 1}{z^3}$ 的二阶极点.

定理 5.5 以孤立奇点 a 为 $f(z)$ 的极点的充要条件是 $\lim_{z \to a} f(z) = \infty$.

例如，$f(z) = \frac{5z+1}{(z-1)(2z+1)^2}$ 的一阶极点为 $z = 1$，二阶极点为 $z = -\frac{1}{2}$.

3. 本性奇点

定义 5.4 设 a 为函数 $f(z)$ 的孤立奇点，如果 $f(z)$ 在 a 点展式 [见式(5.1)] 的主要部分有无穷多项，称 a 为函数 $f(z)$ 的**本性奇点**.

定理 5.6 a 点为函数 $f(z)$ 的本性奇点的充分必要条件是 $\lim_{z \to a} f(z)$ 不存在，即当 $z \to a$ 时，$f(z)$ 既不趋于有限值，也不趋于 ∞.

定理 5.7 若 a 点为 $f(z)$ 的本性奇点，且 $f(z)$ 在 a 点的充分小的邻域内不为零，则 a 点必为 $\frac{1}{f(z)}$ 的本性奇点.

证明　设 $g(z) = \dfrac{1}{f(z)}$，根据定理假设 $z = a$ 必为 $g(z)$ 的孤立奇点.

若 $z = a$ 为 $g(z)$ 的可去奇点或解析点，那么 $z = a$ 为 $f(z)$ 的可去奇点或极点，与假设矛盾；若 $z = a$ 为 $g(z)$ 的极点，那么 $z = a$ 为 $f(z)$ 的可去奇点或零点，也与假设矛盾. 因此 $z = a$ 必为 $g(z)$ 的本性奇点. 证毕！

例 5.1　判定 $z = 0$ 为函数 $f(z) = \sin \dfrac{1}{z}$ 的本性奇点.

解　根据 $\sin z = z - \dfrac{1}{3!}z^3 + \dfrac{1}{5!}z^5 - \cdots + (-1)^n \dfrac{1}{(2n+1)!}z^{2n+1} + \cdots, \quad |z| < +\infty$

可以得到

$$f(z) = \sin \frac{1}{z} = \frac{1}{z} - \frac{1}{3!}\frac{1}{z^3} + \cdots + (-1)^n \frac{1}{(2n+1)!}\frac{1}{z^{2n+1}} + \cdots, \, 0 < |z| < +\infty$$

根据展开式，我们可以判定 $z = 0$ 为函数 $f(z) = \sin \dfrac{1}{z}$ 的本性奇点.

由定理 5.7，可以断定 $z = 0$ 也为函数 $f(z) = \dfrac{1}{\sin \dfrac{1}{z}}$ 的本性奇点.

魏尔斯特拉斯 1876 年给出下面的定理，描述出解析函数在本性奇点邻域内的特性.

定理 5.8*　**皮卡（Picard）定理**　如果 a 为函数 $f(z)$ 的本性奇点，则对于任何常数 A，不管 A 为有限数还是无穷，都有一个收敛到 a 的点列 $\{z_n\}$，使得

$$\lim_{z_n \to a} f(z_n) = A. \tag{5.3}$$

换句话说，在本性奇点 $z = a$ 无论怎样小的去心邻域内，函数 $f(z)$ 可以取任意接近于预先给定的任何数值（有限或无穷的数）.

证明从略.

从例 5.1 知 $z = 0$ 为函数 $f(z) = \sin \dfrac{1}{z}$ 的本性奇点. 事实上，考虑当 $z \to 0$ 时，$f(z) = \sin \dfrac{1}{z}$ 不趋近于任何极限（有限数或者无限），在实数范围内，就可以发现这一点.

如果 $A = \infty$，可以设 $z_n = \dfrac{i}{n}$，即 $\dfrac{1}{z_n} = -in$，当 $n \to \infty$ 时，$\sin \dfrac{1}{z_n} = -i\sinh n \to \infty$.

如果 $A \neq \infty$，我们想要构造定理 5.8 中的点列 $\{z_n\}$，首先解方程 $\sin \dfrac{1}{z} = A$，可以得到

$$\frac{1}{z} = \arcsin A = \frac{1}{i}\ln(iA + \sqrt{1 - A^2}),$$

那么可以定义 $z_k = \dfrac{i}{\ln(iA + \sqrt{1 - A^2}) + 2k\pi i}$，$k = \pm 1, \pm 2, \cdots$. 根据求解出来的 z_k 可以找一点列

$\{z_n\} \to 0$，$z_n = \dfrac{i}{\ln(iA + \sqrt{1 - A^2}) + 2n\pi i}$，$n = 1, 2, 3, \cdots$，满足条件

$$\lim_{n \to \infty} f(z_n) = A, \, n = 1, 2, 3, \cdots.$$

解析函数的孤立奇点是学习留数的基础，只有掌握了孤立奇点的相关性质，才能更好地理解留数. 解析函数在不同类型的孤立奇点处的计算方法不同，关键是我们要先判断其类型.

5.1.2 解析函数在无穷远点的性质

在考虑解析函数的孤立奇点时把无穷远点包含进去，这有很多便利. 由于函数 $f(z)$ 在无穷远点总是无意义的，所以无穷远点总是 $f(z)$ 的奇点.

定义 5.5 设函数 $f(z)$ 在无穷远点的去心邻域 $0 \leqslant R < |z| < +\infty$ 内解析，那么称无穷远点为 $f(z)$ 的一个孤立奇点.

设无穷远点为函数 $f(z)$ 的孤立奇点，利用变换 $t = \dfrac{1}{z}$，得

$$\varphi(t) = f\left(\frac{1}{t}\right) = f(z).$$

如果 $R = 0$，则规定 $\dfrac{1}{R} = +\infty$，$\varphi(t)$ 在去心邻域 $0 < |t| < \dfrac{1}{R}$ 内解析. $t = 0$ 为函数 $\varphi(t)$ 的孤立奇点，而且

（1）变换 $t = \dfrac{1}{z}$ 将扩充 z 平面上的无穷远点 $z = \infty$ 映射成扩充 t 平面上的原点.

（2）在对应的点 z 与 t 上，函数 $f(z)$ 与 $\varphi(t)$ 的值相等.

（3）$\lim\limits_{z \to \infty} f(z) = \lim\limits_{t \to 0} \varphi(t)$ 或两个极限都不存在.

很自然地，我们可以想到根据研究 $\varphi(t)$ 在原点的性态来研究函数 $f(z)$ 在无穷远点的性态.

定义 5.6 如果 $t = 0$ 是 $\varphi(t)$ 的可去奇点（解析点）、m 阶极点或本性奇点，那么称 $z = \infty$ 为 $f(z)$ 的可去奇点（解析点）、m 阶极点或本性奇点.

虽然我们可以给出 $f(\infty)$ 的定义，但在无穷远点处没有给出差商的定义，因此不能定义函数 $f(z)$ 在无穷远点的可微性. 但由定义 5.6 可以发现，定义中的 $f(z)$ 在无穷远点 ∞ 解析，就是指无穷远点为 $f(z)$ 的可去奇点，且我们定义 $f(\infty) = \lim\limits_{z \to \infty} f(z)$.

根据上面的分析，若 $f(z)$ 在圆环 $0 \leqslant R < |z| < +\infty$ 内解析，由第 4 章洛朗展开式，在此圆环域内可以把函数 $f(z)$ 展开成洛朗级数，为

$$
\begin{aligned}
f(z) &= \sum_{n=-\infty}^{\infty} c_n z^n = \sum_{n=1}^{\infty} c_{-n} z^{-n} + \sum_{n=0}^{\infty} c_n z^n \\
&= \sum_{n=1}^{\infty} c_{-n} z^{-n} + c_0 + \sum_{n=1}^{\infty} c_n z^n, \\
c_n &= \frac{1}{2\pi i} \oint_C \frac{f(\xi)}{(\xi)^{n+1}} d\xi \quad (n = 0, \pm 1, \pm 2, \cdots)
\end{aligned}
\tag{5.4}
$$

式中，C 为圆环 $0 \leqslant R < |z| < +\infty$ 内绕原点的任意一条正向简单闭合曲线. 在去心邻域 $0 < |t| < \dfrac{1}{R}$ 内也可以将函数 $\varphi(t)$ 展开成洛朗级数，为

$$
\varphi(t) = \sum_{n=-\infty}^{\infty} c_n z^n = \sum_{n=1}^{\infty} c_{-n} t^n + c_0 + \sum_{n=1}^{\infty} c_n t^{-n}.
\tag{5.5}
$$

根据前面孤立奇点的分类我们知道，如果在洛朗级数［见式(5.5)］中不含负幂项，则称 $t = 0$ 为函数 $\varphi(t)$ 的可去奇点；如果含有有限多的负幂项，并且 t 的最高负幂为 m 次，则称 $t = 0$ 为函数 $\varphi(t)$ 的 m 阶极点；如果含有无穷多的负幂项，则称 $t = 0$ 为函数 $\varphi(t)$ 的本性奇点.

那么在式(5.4)中，如果洛朗级数不含有正幂次项，则称 $z = \infty$ 为函数 $f(z)$ 的可去奇点；如果只有有限个正幂次项，且 z 的最高次幂为 m 次，则称 $z = \infty$ 为函数 $f(z)$ 的 m 阶极点；如果含有无穷多正幂次项，则称 $z = \infty$ 为函数 $f(z)$ 的本性奇点.

从而，对于无穷远点来说，它的性态与其洛朗级数之间的关系就同有限点的情形是一样的，区别就是把正幂项与负幂项的作用互相对调了. 也就是说，函数 $f(z)$ 在 $z = \infty$ 的主要部分是 $\sum\limits_{n=1}^{\infty} c_n z^n$.

下面看一个特例，设函数 $f(z)$ 在复平面上只有 $z = 0$ 和 $z = \infty$ 两个孤立奇点. 则可设

$$f(z) = a_0 + \frac{a_1}{z} + \cdots + \frac{a_n}{z^n} + \cdots + b_1 z + b_2 z^2 + \cdots + b_n z^n + \cdots,\ 0 < |z| < +\infty$$

这样就把函数 $f(z) - a_0$ 分成两个部分：$\sum\limits_{n=1}^{\infty} \dfrac{a_n}{z^n}$ 及 $\sum\limits_{n=1}^{\infty} b_n z^n$. 在 $z = 0$ 的去心邻域 $0 < |z| < +\infty$ 内，第一部分是主要部分，起主导作用，$f(z)$ 的性质由主要部分决定，而后面的部分是次要的；但是当 $|z|$ 逐渐变大，趋向 $+\infty$ 时，主要部分和正则部分就互换. 在 $z = \infty$ 的去心邻域 $0 < |z| < +\infty$ 内，后面部分是主要部分，起主导作用，这部分决定了 $f(z)$ 的性质，而前者变为次要的正则部分.

例 5.2 在点 $z = \infty$ 的去心邻域内将函数 $f(z) = \mathrm{e}^{\frac{z}{z+1}}$ 展成洛朗级数.

解 令 $z = \dfrac{1}{t}$，可以将函数 $f(z)$ 转化成下面的形式，为

$$f\left(\frac{1}{t}\right) = \mathrm{e}^{\frac{\frac{1}{t}}{\frac{1}{t}+1}} = \mathrm{e}^{\frac{1}{1+t}},$$

点 $t = 0$ 是新得到函数的解析点，将此函数简记为 $\varphi(t)$，可以得到

$$\varphi'(t) = -\frac{1}{(1+t)^2}\mathrm{e}^{\frac{1}{1+t}},$$

$$\varphi''(t) = \left[\frac{1}{(1+t)^3} + \frac{1}{(1+t)^4}\right]\mathrm{e}^{\frac{1}{1+t}}, \cdots$$

于是

$$\varphi(0) = \mathrm{e},\ \varphi'(0) = -\mathrm{e},\ \varphi''(0) = 2\mathrm{e}, \cdots.$$

由此得

$$\varphi(t) = \mathrm{e}(1 - t + t^2 + \cdots).$$

所以

$$f(z) = \mathrm{e}^{\frac{z}{z+1}} = \mathrm{e}\left(1 - \frac{1}{z} + \frac{1}{z^2} + \cdots\right) \qquad (1 < |z| < +\infty)$$

这里 $z = \infty$ 是 $f(z)$ 的可去奇点，如令 $\lim\limits_{z \to \infty} f(z) = \mathrm{e}$，则 $z = \infty$ 就变成解析点.

5.2 留数的概念

留数是复变函数中的一个重要概念，常应用在计算某些特殊类型的实积分中，可以大大简化积分的计算过程. 对留数理论的研究不仅是积分部分知识的延伸，更为原函数不易直接

求得的定积分和反常积分的求法提供了一个比较有效简便的方法.

5.2.1 留数定理

如果函数 $f(z)$ 在 a 点是解析的，闭合曲线 C 在 a 点的某个邻域内并包围 a 点，则由柯西积分定理，得

$$\oint_C f(z)\,\mathrm{d}z = 0.$$

但是，如果 a 是 $f(z)$ 的一个孤立奇点，且闭合曲线 C 全在 a 的某个去心邻域内，并包围 a 点，一般情况下积分 $\oint_C f(z)\,\mathrm{d}z$ 的值不再等于零. 函数 $f(z)$ 在 a 点的去心邻域 $0 < |z-a| < R$ 内展开成洛朗级数，为

$$f(z) = \sum_{n=-\infty}^{+\infty} c_n (z-a)^n. \tag{5.6}$$

对于该邻域内任意一条围绕 a 点的正向简单闭曲线 C，式(5.6)两端沿 C 逐项积分，得

$$\oint_C f(z)\,\mathrm{d}z = \oint_C \sum_{n=-\infty}^{+\infty} c_n (z-a)^n \mathrm{d}z. \tag{5.7}$$

利用柯西积分定理、闭路变形原理知，式(5.7)右端除留下 $n=-1$ 的对应项等于 $2\pi \mathrm{i} c_{-1}$，其余各项全为零，所以

$$\oint_C f(z)\,\mathrm{d}z = 2\pi \mathrm{i} c_{-1},$$

或者 $c_{-1} = \dfrac{\oint_C f(z)\,\mathrm{d}z}{2\pi \mathrm{i}}$.

我们利用该积分来定义留数.

定义 5.7 若 a 为函数 $f(z)$ 的孤立奇点，那么 $f(z)$ 在 a 点的去心邻域 $0 < |z-a| < R$ 内解析，则称积分 $\dfrac{1}{2\pi \mathrm{i}} \oint_C f(z)\,\mathrm{d}z \,(C:|z-a|=\rho, 0 < \rho < R)$ 为 $f(z)$ 在 a 点的**留数**，记为

$$\mathrm{Res}[f(z),a] = \frac{1}{2\pi \mathrm{i}} \oint_C f(z)\,\mathrm{d}z$$

从而有 $\mathrm{Res}[f(z),a] = c_{-1}$.

从定义 5.7 可知，当 $f(z)$ 在 a 点的某个去心邻域 $0 < |z-a| < R$ 内解析，$f(z)$ 在 a 点的留数就是 $f(z)$ 在以 a 为中心的圆环邻域内洛朗级数的负幂项 $(z-a)^{-1}$ 的系数.

例 5.3 求 $f(z) = z^2 \sin \dfrac{1}{z}$ 在孤立奇点 0 处的留数.

解 因为 $\sin z = z - \dfrac{z^3}{3!} + \dfrac{z^5}{5!} - \cdots$，所以在 $0 < |z| < +\infty$ 内，有

$$z^2 \sin \frac{1}{z} = z^2 \left(\frac{1}{z} - \frac{1}{3! \, z^3} + \frac{1}{5! \, z^5} - \cdots \right) = z - \frac{1}{3! \, z} + \frac{1}{5! \, z^3} - \cdots$$

故 $\mathrm{Res}\left[z^2 \sin \dfrac{1}{z}, 0 \right] = c_{-1} = -1/6$.

关于留数，我们有下面的定理.

定理 5.9（柯西留数定理）　设函数 $f(z)$ 在区域 Ω 内除有限个孤立奇点 $a_1, a_2, \cdots, a_n$ 外处处都是解析的，闭合曲线 C 是区域 Ω 内包围所有孤立奇点的一条正向简单闭合曲线，则

$$\oint_C f(z)\,\mathrm{d}z = 2\pi\mathrm{i}\sum_{k=1}^{n}\mathrm{Res}[f(z), a_k]$$

证明　如图 5.1 所示，将 Ω 内所有的孤立奇点都用闭合的正向简单曲线围绕起来，并且相互之间是没有交集、隔离开的．根据复合闭路定理，有

$$\oint_C f(z)\,\mathrm{d}z = \oint_{C_1} f(z)\,\mathrm{d}z + \oint_{C_2} f(z)\,\mathrm{d}z + \cdots + \oint_{C_n} f(z)\,\mathrm{d}z$$
$$(5.8)$$

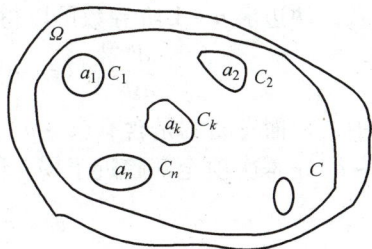

图 5.1　孤立奇点示意图

在式（5.8）两边同除以 $2\pi\mathrm{i}$，可以得到

$$\frac{1}{2\pi\mathrm{i}}\oint_C f(z)\,\mathrm{d}z = \frac{1}{2\pi\mathrm{i}}\oint_{C_1} f(z)\,\mathrm{d}z + \frac{1}{2\pi\mathrm{i}}\oint_{C_2} f(z)\,\mathrm{d}z + \cdots + \frac{1}{2\pi\mathrm{i}}\oint_{C_n} f(z)\,\mathrm{d}z$$

根据留数定义，有

$$\frac{1}{2\pi\mathrm{i}}\oint_C f(z)\,\mathrm{d}z = \mathrm{Res}[f(z), a_1] + \mathrm{Res}[f(z), a_2] + \cdots + \mathrm{Res}[f(z), a_n]$$

因此就有

$$\oint_C f(z)\,\mathrm{d}z = 2\pi\mathrm{i}\sum_{k=1}^{n}\mathrm{Res}[f(z), a_k]$$

证毕．

此定理实际上是柯西积分定理的推广，它把沿一条闭路 C 的　　5.2.1　定理 5.9 讲解
积分，归结为求 C 内各孤立奇点处的留数和．因此，当我们能够用一些简便方法把留数求出来，便解决了一类积分的计算问题．

5.2.2　留数的计算规则

为了应用留数定理计算闭合曲线积分，首先应该掌握求留数的方法．而我们在计算孤立奇点 a 的留数时，只需要洛朗级数中 $\dfrac{1}{z-a}$ 这一项的系数，所以可以应用洛朗展开式求留数．在这种情况下，每需要一个奇点处的留数，都要去求一次洛朗展开式．但是部分函数 $f(z)$ 求洛朗展开式是比较困难的，如果将奇点 a 进行分类后，部分留数的求解可以变得简单一些．

根据孤立奇点的分类，我们将留数的求法进行研究．函数 $f(x)$ 在可去奇点 a 的留数可以直接得出 $\mathrm{Res}[f(z), a] = 0$，因为函数在其可去奇点处展开式是泰勒展开式，所以 $c_{-1} = 0$；如果是本性奇点，那么只能利用求洛朗级数的系数 c_{-1} 的方法来求函数的留数；如果是极点，分一阶极点和 m 阶极点来讨论．

若 a 为极点，用下面 3 个法则来计算留数更简便．

法则 I　设 a 为函数 $f(z)$ 的一阶极点，$\varphi(z) = (z-a)f(z)$，则
$$\mathrm{Res}[f(z), a] = \lim_{z\to a}\varphi(z) = \lim_{z\to a}(z-a)f(z).$$

法则 II　设 a 为函数 $f(z)$ 的 m 阶极点，则对任意正整数 $n \geq m$，有
$$\mathrm{Res}[f(z), a] = \frac{1}{(n-1)!}\lim_{z\to a}\frac{\mathrm{d}^{n-1}}{\mathrm{d}z^{n-1}}\{(z-a)^n f(z)\}.$$

证明　a 为函数 $f(z)$ 的 m 阶极点，那么可以将函数的洛朗级数写成下面的形式，为

$$f(z) = c_{-m}(z-a)^{-m} + c_{-m+1}(z-a)^{-m+1} + \cdots + c_{-1}(z-a)^{-1} + c_0 + c_1(z-a) + \cdots$$

上式两边同乘以 $(z-a)^n$ 可以得到

$$(z-a)^n f(z) = c_{-m}(z-a)^{n-m} + \cdots + c_{-1}(z-a)^{n-1} + c_0(z-a)^n + c_1(z-a)^{n+1} + \cdots$$

然后，两边求 $n-1$ 阶导数可以得到

$$\frac{d^{n-1}}{dz^{n-1}}\{(z-a)^n f(z)\} = (n-1)!\, c_{-1} + n!\, c_0(z-a) + \cdots$$

式中，后面省略的是含有 $(z-a)$ 的正幂次项. 根据留数的定义，需要求出 c_{-1}，当 $z \to a$ 时，$(z-a)$ 正幂次项全部趋近于零，因此

$$c_{-1} = \frac{1}{(n-1)!}\lim_{z \to a}\frac{d^{n-1}}{dz^{n-1}}\{(z-a)^n f(z)\},$$

那么就可以得到函数 $f(z)$ 在极点 a 处的留数，为

$$\mathrm{Res}[f(z), a] = \frac{1}{(n-1)!}\lim_{z \to a}\frac{d^{n-1}}{dz^{n-1}}\{(z-a)^n f(z)\}.$$

证毕.

特别地，取 $n=1$ 就是法则 I.

关于 a 为函数 $f(z)$ 的一阶极点的情况，我们还有另外的法则.

法则 III　设 a 为函数 $f(z)$ 的一阶极点，$f(z) = \dfrac{\varphi(z)}{\psi(z)}$，$\varphi(z)$ 和 $\psi(z)$ 在 a 点都是解析的，并且满足 $\varphi(a) \neq 0$，$\psi(a) = 0$，$\psi'(a) \neq 0$，那么

$$\mathrm{Res}[f(z), a] = \frac{\varphi(a)}{\psi'(a)}$$

证明　因为 a 为函数 $f(z)$ 的一阶极点，所以我们有

$$\mathrm{Res}[f(z), a] = \lim_{z \to a}(z-a)\frac{\varphi(z)}{\psi(z)} = \lim_{z \to a}\frac{\varphi(z)}{\dfrac{\psi(z) - \psi(a)}{z-a}} = \frac{\varphi(a)}{\psi'(a)}$$

证毕.

例 5.4　设 $f(z) = \dfrac{5z-2}{z(z-1)}$，求 $\mathrm{Res}[f(z), 1]$.

解法一　取一个圆心为 1，半径为 0.5 的圆，由定义可以得到

$$\mathrm{Res}[f(z), 1] = \frac{1}{2\pi i}\int_{|z-1|=0.5}\frac{5z-2}{z(z-1)}dz = \frac{1}{2\pi i}\int_{|z-1|=0.5}\frac{\dfrac{5z-2}{z}}{z-1}dz$$

$$= \frac{5z-2}{z}\bigg|_{z=1} = 3.$$

需要注意的是，这里的积分路径的半径并非只能取 0.5，只需要把半径取值小于 1 即可以满足定义的条件.

解法二　因点 $z=1$ 为 $f(z)$ 的孤立奇点，所以在邻域 $0 < |z-1| < \dfrac{1}{3}$ 有

$$f(z) = \frac{1}{z-1}\frac{5z-2}{z} = \frac{1}{z-1}\left(5 - \frac{2}{1+(z-1)}\right)$$

$$= \frac{1}{z-1}\left(5 - 2\sum_{n=0}^{\infty}(-1)^n(z-1)^n\right) = \frac{3}{z-1} - 2\sum_{n=1}^{\infty}(-1)^n(z-1)^{n-1}$$

由此得 $c_{-1} = 3$，根据留数的定义得 $\text{Res}[f,1] = 3$.

解法三 因点 $z = 1$ 为 $f(z)$ 的一阶极点，则按法则 I，有

$$\text{Res}[f(z),1] = \lim_{z \to 1}(z-1)\frac{5z-2}{z(z-1)} = 3.$$

解法四 因点 $z = 1$ 为 $f(z) = \dfrac{5z-2}{z(z-1)}$ 的一阶极点，则按法则 III，有

$$\text{Res}[f(z),1] = \left\{\frac{5z-2}{[z(z-1)]'}\right\}\bigg|_{z=1} = 3.$$

例 5.5　计算积分 $\displaystyle\oint_{|z|=1}\frac{2}{z^2+2az+1}\mathrm{d}z$，$a > 1$.

解　首先求被积函数在积分路径内部的奇点. 由 $z^2 + 2az + 1 = 0$ 求出被积函数的奇点有

$$z_1 = -a + \sqrt{a^2-1} \quad \text{与} \quad z_2 = -a - \sqrt{a^2-1}$$

因 $a > 1$，所以，$|z_2| > 1$，又根据解和系数关系可知 $|z_1 z_2| = 1$，故 $|z_1| < 1$，即在积分闭合曲线内部只有被积函数的一个奇点 z_1. 根据法则 I，有

$$\int_{|z|=1}\frac{2}{z^2+2az+1}\mathrm{d}z = 2\pi\mathrm{i}\,\text{Res}\left[\frac{2}{z^2+2az+1},z_1\right]$$

$$= 2\pi\mathrm{i}\lim_{z \to z_1}\left[(z-z_1)\frac{2}{(z-z_1)(z-z_2)}\right]$$

$$= \frac{2\pi\mathrm{i}}{\sqrt{a^2-1}}.$$

例 5.6　求积分 $\displaystyle\int_{|z|=3}\frac{5z-2}{z^2(z-2)}\mathrm{d}z$.

解　显然，被积函数 $f(z) = \dfrac{5z-2}{z^2(z-2)}$ 在圆周 $|z| = 3$ 的内部只有二阶极点 $z = 0$ 及一阶极点 $z = 2$.

由法则 I，有

$$\text{Res}[f(z),2] = \lim_{z \to 2}(z-2)\frac{5z-2}{z^2(z-2)} = 2,$$

由法则 II，有

$$\text{Res}[f(z),0] = \lim_{z \to 0}\left(\frac{5z-2}{z-2}\right)' = -2,$$

因此，由留数定理可以得到

$$\int_{|z|=2}\frac{5z-2}{z^2(z-2)}\mathrm{d}z = 2\pi\mathrm{i}(-2+2) = 0.$$

5.2.3　函数在无穷远点的留数

前面所讨论的函数的奇点都是有限的，为了考虑函数在无穷远点的性态，需要在扩充复平面上进行讨论，并且只讨论 $z = \infty$ 为函数孤立奇点的情形.

定义 5.8　设 $z = \infty$ 为函数 $f(z)$ 的一个孤立奇点，$f(z)$ 在去心邻域 $\Omega:0 \leqslant r < |z| < \infty$ 内解

析，$C: |z| = \rho > r$ 为一个正向闭合曲线，则称

$$\frac{1}{2\pi i} \oint_{C^-} f(z) \mathrm{d}z \tag{5.9}$$

为 $f(z)$ 在 $z = \infty$ 点的留数，记为 $\mathrm{Res}[f(z), \infty]$，这里 C^- 是指顺时针方向，也就是我们所说的负向（这个方向很自然地可以看作绕无穷远点的正向）．

设 $f(z)$ 在 $\Omega: 0 \le r < |z| < \infty$ 内的洛朗展开式为

$$f(z) = \cdots + \frac{c_{-n}}{z^n} + \cdots + \frac{c_{-1}}{z} + c_0 + c_1 z + \cdots + c_n z^n + \cdots$$

由留数定理可以知道 $\oint_C f(z) \mathrm{d}z = c_{-1}$，而式（5.9）中积分曲线的方向与之相反，因此

$$\mathrm{Res}[f(z), \infty] = \frac{1}{2\pi i} \oint_{C^-} f(z) \mathrm{d}z = -c_{-1}$$

也就是说，$\mathrm{Res}[f(z), \infty]$ 等于 $f(z)$ 在 $z = \infty$ 点的洛朗展开式中 $\frac{1}{z}$ 这一项的系数 c_{-1} 变号．

定理 5.10　如果函数 $f(z)$ 在扩充的 z 平面上只有包括无穷远点在内的有限个孤立奇点，设为 $a_1, a_2, \cdots, a_n, \infty$，则 $f(z)$ 在各奇点的留数总和为零．

证明　由定理条件，包括无穷远点在内，$f(z)$ 在复平面内只有有限个孤立奇点，围绕除无穷远点外所有的孤立奇点找一条正向闭合曲线 C，那么根据留数定理，有

$$\oint_C f(z) \mathrm{d}z = 2\pi i \sum_{k=1}^{n} \mathrm{Res}[f(z), a_k]$$

根据 $f(z)$ 在 $z = \infty$ 点的留数定义，$\mathrm{Res}[f(z), \infty] = \frac{1}{2\pi i} \oint_{C^-} f(z) \mathrm{d}z$，5.2.3　定理 5.10 讲解

根据积分的性质，有 $\frac{1}{2\pi i} \oint_{C^-} f(z) \mathrm{d}z + \frac{1}{2\pi i} \oint_C f(z) \mathrm{d}z = 0$．证毕．

需要注意的是，如果函数 $f(z)$ 有限个可去奇点 $a_k (k = 1, 2, \cdots, n)$，那么每个可去奇点的留数 $\mathrm{Res}[f(z), a_k] = 0$．但是如果 $z = \infty$ 也是函数 $f(z)$ 的可去奇点（或者解析点），那么函数 $f(z)$ 在 $z = \infty$ 处的留数可以不是零．例如 $f(z) = 1 + \frac{1}{z}$，$z = \infty$ 点为函数 $f(z)$ 的可去奇点，但是 $\mathrm{Res}[f(z), \infty] = -1$．

若 $z = \infty$ 为函数 $f(z)$ 的一个孤立奇点，$f(z)$ 在去心邻域 $\Omega: 0 \le r < |z| < \infty$ 内解析，与讨论无穷远点洛朗级数的方法类似，设 $t = \frac{1}{z}$，可以得到 $\varphi(t) = f\left(\frac{1}{t}\right) = f(z)$．可以看变换 $t = \frac{1}{z}$ 将扩充 z 平面上的无穷远点 $z = \infty$ 映射成扩充 t 平面上的原点．如果 $r = 0$，则规定 $\frac{1}{r} = +\infty$，$\varphi(t)$ 在去心邻域 $0 < |t| < \frac{1}{r}$ 内解析，闭合曲线 $C: |z| = \rho > r$ 则转化成闭合曲线 $\Gamma: |t| = \frac{1}{\rho} < \frac{1}{r}$，因此可以得到

$$\frac{1}{2\pi i} \oint_{C^-} f(z) \mathrm{d}z = -\frac{1}{2\pi i} \oint_\Gamma f\left(\frac{1}{t}\right) \frac{1}{t^2} \mathrm{d}t$$

于是

$$\mathrm{Res}\big[\,f(z)\,,\infty\,\big] = -\mathrm{Res}\Big[f\Big(\frac{1}{t}\Big)\frac{1}{t^2},0\Big] \tag{5.10}$$

例 5.7　计算积分

$$I = \int_{|z|=4} \frac{z^{15}}{(z^2+1)^2(z^4+2)^3}\mathrm{d}z$$

解　根据奇点的判定方法，被积函数一共有 7 个奇点：$z = \pm\mathrm{i}$，$z = \sqrt[4]{2}\,\mathrm{e}^{\mathrm{i}\frac{\pi+2k\pi}{4}}$（$k = 0,1,2,3$）以及 $z = \infty$．我们知道，根据定理 5.9，积分 I 的值可以求前 6 个奇点的留数和，但是计算这 6 个奇点的留数是十分麻烦的，所以应用定理 5.10 得

$$I = -2\pi\mathrm{i}\big[\,\mathrm{Res}(f(z),\infty)\,\big] \tag{5.11}$$

将在 $z = \infty$ 处 $f(z)$ 的洛朗展开式写出，得

$$f(z) = \frac{z^{15}}{(z^2+1)^2(z^4+2)^3} = \frac{z^{15}}{z^{16}\Big(1+\dfrac{1}{z^2}\Big)^2\Big(1+\dfrac{2}{z^4}\Big)^3}$$

$$= \frac{1}{z}\Big(1-2\,\frac{1}{z^2}+\cdots\Big)\Big(1-3\,\frac{2}{z^4}+\cdots\Big),$$

$f(z)$ 在 $z = \infty$ 处的留数为洛朗展开式中 $\dfrac{1}{z}$ 这一项的系数 $c_{-1} = -1$，因此 $I = 2\pi\mathrm{i}$．

另外，也可以应用式（5.10）来计算无穷远点的留数，为

$$f\Big(\frac{1}{t}\Big)\frac{1}{t^2} = \frac{\dfrac{1}{t^{15}}}{\Big(\dfrac{1}{t^2}+1\Big)^2\Big(\dfrac{1}{t^4}+2\Big)^3}\frac{1}{t^2} = \frac{1}{t\,(1+t^2)^2(1+2t^4)^3}$$

变换后的函数以 $t = 0$ 为一阶极点．所以由式（5.10）和式（5.11）得

$$I = -2\pi\mathrm{i}\,\mathrm{Res}\big[\,f(z),\infty\,\big] = 2\pi\mathrm{i}\Big\{\mathrm{Res}\Big[f\Big(\frac{1}{t}\Big)\frac{1}{t^2},0\Big]\Big\} = 2\pi\mathrm{i}$$

5.3　留数在定积分计算中的应用

在一元实函数的定积分和反常积分中，许多被积函数的原函数很难求出，有时候原函数还不能用初等函数表示出来，使得计算其积分值经常会遇到困难，而留数定理为某些类型的积分的计算，提供了极为有效的方法．我们可以将求实变函数的积分转化成复变函数沿闭合曲线的积分．当然使用这个方法还有一些限制．例如，被积函数必须要与某个解析函数密切相关，这个要求在一般情况下都可以满足，因为被积函数一般是初等函数．下面来研究利用留数求一些特殊形式的定积分的值．

5.3.1　计算 $\int_0^{2\pi} R(\cos\theta,\sin\theta)\,\mathrm{d}\theta$ 型积分

$R(\cos\theta,\sin\theta)$ 为 $\cos\theta$ 和 $\sin\theta$ 的有理函数，并且该函数在 $[0,2\pi]$ 区间上连续．我们都知道，这类函数在高等数学中一般会使用万能公式来求解，但是往往使用万能公式积分也是非常复杂的．在这里我们设 $z = \mathrm{e}^{\mathrm{i}\theta}$，那么

$$\sin\theta = \frac{z-z^{-1}}{2\mathrm{i}}，\cos\theta = \frac{z+z^{-1}}{2}，\mathrm{d}\theta = \frac{\mathrm{d}z}{\mathrm{i}z}，z:|z|=1$$

因此有

$$\int_0^{2\pi} R(\cos\theta,\sin\theta)\,\mathrm{d}\theta = \oint_{|z|=1} R\left(\frac{z+z^{-1}}{2},\frac{z-z^{-1}}{2\mathrm{i}}\right)\frac{\mathrm{d}z}{\mathrm{i}z} = \oint_{|z|=1} f(z)\,\mathrm{d}z$$

式中，$f(z)$ 为关于 z 的有理函数，并且在积分路径上没有奇点，满足留数定理的条件，所以此积分 $\oint_{|z|=1} f(z)\,\mathrm{d}z$ 为积分路径所围成的区域内所有孤立奇点留数和的 $2\pi\mathrm{i}$ 倍，即

$$\oint_{|z|=1} f(z)\,\mathrm{d}z = 2\pi\mathrm{i}\sum_{k=1}^{n}\mathrm{Res}[f(z),a_k]$$

式中，$a_k(k=1,2,\cdots,n)$ 为积分路径所围成的区域内函数 $f(z)$ 的所有孤立奇点.

例 5.8　计算 $I = \displaystyle\int_0^{2\pi}\frac{1}{5-4\cos\theta}\mathrm{d}\theta$.

解　设 $z=\mathrm{e}^{\mathrm{i}\theta}$，$\mathrm{d}\theta=\dfrac{\mathrm{d}z}{\mathrm{i}z}$，则

$$\begin{aligned}
I &= \int_0^{2\pi}\frac{1}{5-4\cos\theta}\mathrm{d}\theta = \oint_{|z|=1}\frac{1}{\mathrm{i}(5z-2z^2-2)}\mathrm{d}z \\
&= \frac{\mathrm{i}}{2}\oint_{|z|=1}\frac{1}{(z-2)\left(z-\dfrac{1}{2}\right)}\mathrm{d}z \\
&= \frac{\mathrm{i}}{2}2\pi\mathrm{i}\,\mathrm{Res}\left[\frac{1}{(z-2)\left(z-\dfrac{1}{2}\right)},\frac{1}{2}\right] \\
&= \frac{\mathrm{i}}{2}2\pi\mathrm{i}\lim_{z\to\frac{1}{2}}\left(z-\frac{1}{2}\right)\frac{1}{(z-2)\left(z-\dfrac{1}{2}\right)}
\end{aligned}$$

因此，$I=\dfrac{2\pi}{3}$.

如果 $R(\cos\theta,\sin\theta)$ 为 θ 的偶函数，那么积分 $\displaystyle\int_0^{\pi} R(\cos\theta,\sin\theta)\,\mathrm{d}\theta$ 也可以用这个方法求解. 因为

$$\int_0^{\pi} R(\cos\theta,\sin\theta)\,\mathrm{d}\theta = \frac{1}{2}\int_{-\pi}^{\pi} R(\cos\theta,\sin\theta)\,\mathrm{d}\theta$$

与前面的方法一样，我们也可以把这个积分化成复平面内单位圆周 $C:|z|=1$ 上的积分.

例 5.9　计算积分 $I = \displaystyle\int_0^{\pi}\frac{\cos n\theta}{5-4\cos\theta}\mathrm{d}\theta$，其中 n 为整数.

解　被积函数为偶函数，因此

$$I = \int_0^{\pi}\frac{\cos n\theta}{5-4\cos\theta}\mathrm{d}\theta = \frac{1}{2}\int_{-\pi}^{\pi}\frac{\cos n\theta}{5-4\cos\theta}\mathrm{d}\theta,$$

设

$$I_1 = \int_{-\pi}^{\pi}\frac{\cos n\theta}{5-4\cos\theta}\mathrm{d}\theta,\quad I_2 = \int_{-\pi}^{\pi}\frac{\sin n\theta}{5-4\cos\theta}\mathrm{d}\theta,$$

则

$$I_1 + \mathrm{i}I_2 = \int_{-\pi}^{\pi}\frac{\mathrm{e}^{\mathrm{i}n\theta}}{5-4\cos\theta}\mathrm{d}\theta.$$

设 $z = e^{i\theta}$，可以得到

$$I_1 + iI_2 = \frac{1}{i}\oint_C \frac{z^n}{5z - 2(1 + z^2)}dz = \frac{i}{2}\oint_C \frac{z^n}{\left(z - \frac{1}{2}\right)(z - 2)}dz.$$

式中，C 为圆周内部的一条闭合曲线，可以看到，在这条曲线内，只有一个奇点 $z = \frac{1}{2}$，我们

可以计算出被积函数在 $z = \frac{1}{2}$ 处的留数，为

$$\text{Res}\left[f(z), \frac{1}{2}\right] = \lim_{z \to \frac{1}{2}}\left(z - \frac{1}{2}\right)\frac{z^n}{\left(z - \frac{1}{2}\right)(z - 2)} = -\frac{1}{3 \cdot 2^{n-1}},$$

由留数定理得，$I_1 + iI_2 = \frac{i}{2}2\pi i\left(-\frac{1}{3 \cdot 2^{n-1}}\right) = \frac{\pi}{3 \cdot 2^{n-1}}$，可以得到

$$I_1 = \int_{-\pi}^{\pi} \frac{\cos n\theta}{5 - 4\cos\theta}d\theta = \frac{\pi}{3 \cdot 2^{n-1}}, \quad I_2 = \int_{-\pi}^{\pi} \frac{\sin n\theta}{5 - 4\cos\theta}d\theta = 0,$$

故 $I = \frac{1}{2}I_1 = \frac{\pi}{3 \cdot 2^n}$.

5.3.2　计算 $\int_{-\infty}^{+\infty} R(x)\,dx$ 型积分

当被积函数 $R(x)$ 为有理函数，设 $R(z) = \frac{P(z)}{Q(z)}$ 为有理函数，其中，

$$P(z) = z^n + c_1 z^{n-1} + \cdots + c_n, \quad Q(z) = z^m + b_1 z^{m-1} + \cdots + b_m,$$

并且满足分母的次数至少比分子的次数高两次，即 $m - n \geq 2$，同时在实轴上 $Q(z) \neq 0$ 时，这个积分是可以利用留数方法来求解的. 找积分路径 C_R，此路径是以 O 为圆心、半径为 R 的上半圆周线，方向见图 5.2. 半径 R 取适当大，使得 C_R 和有向线段 I_R 组成的闭合曲线可以将函数 $R(z)$ 在上半平面所有的孤立奇点都包含在内（实际上只有有限个极点）. 而且我们知道在实轴上 $Q(z) \neq 0$，可以知道 $R(z)$ 在闭合曲线上没有奇点. 由留数定理得

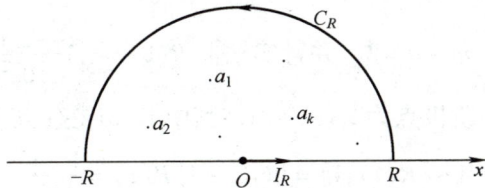

图 5.2　积分路径示意图

$$\int_{I_R} R(x)\,dx + \int_{C_R} R(z)\,dz = 2\pi i \sum_{\text{Im}\,a_k > 0} \text{Res}\left[R(z), a_k\right] \tag{5.12}$$

根据这个结果，我们发现，积分的结果依赖于各奇点的留数和，不会因为 R 值的增大而改变. 而且，

$$|R(z)| = \left|\frac{z^n}{z^m}\right|\frac{|1 + c_1 z^{-1} + c_2 z^{-2} + \cdots + c_n z^{-n}|}{|1 + b_1 z^{-1} + b_2 z^{-2} + \cdots + b_m z^{-m}|}$$

$$\leqslant \frac{1}{|z^{m-n}|} \frac{1 + |c_1 z^{-1} + c_2 z^{-2} + \cdots + c_n z^{-n}|}{1 - |b_1 z^{-1} + b_2 z^{-2} + \cdots + b_m z^{-m}|}$$

$$\leqslant \frac{1}{|z|^{m-n}} \frac{1 + |c_1 z^{-1} + c_2 z^{-2} + \cdots + c_n z^{-n}|}{1 - |b_1 z^{-1} + b_2 z^{-2} + \cdots + b_m z^{-m}|}$$

由于 $m - n \geqslant 2$，可以得到 $\frac{1}{|z|^{m-n}} \leqslant \frac{1}{|z|^2}$，又当 $|z|$ 充分大时，可以使得下面的不等式成立.

$$|b_1 z^{-1} + b_2 z^{-2} + \cdots + b_m z^{-m}| < \frac{1}{2}, \quad |c_1 z^{-1} + c_2 z^{-2} + \cdots + c_n z^{-n}| < \frac{1}{2},$$

因此，

$$|R(z)| \leqslant \frac{1}{|z|^2} \frac{1 + \frac{1}{2}}{1 - \frac{1}{2}} = \frac{3}{|z|^2}.$$

综合上面的分析可以得到，在半径 R 充分大的积分路径 C_R 上，有

$$\left| \int_{C_R} R(z) \mathrm{d}z \right| \leqslant \int_{C_R} |R(z)| \mathrm{d}s \leqslant \frac{3}{|z|^2} \pi R < \frac{3}{R^2} \pi R = \frac{3\pi}{R},$$

当 $R \to +\infty$ 时，$\left| \int_{C_R} R(z) \mathrm{d}z \right| \to 0$，因此 $\int_{C_R} R(z) \mathrm{d}z \to 0$，所以式 (5.12) 中，当 $R \to +\infty$ 时，有

$$\int_{-\infty}^{+\infty} R(x) \mathrm{d}x = \int_{I_R} R(x) \mathrm{d}x = 2\pi \mathrm{i} \sum_{\mathrm{Im} a_k > 0} \mathrm{Res}[R(z), a_k].$$

应当注意，这里当 $R \to +\infty$ 时，$\int_{-\infty}^{+\infty} R(x) \mathrm{d}x = \int_{I_R} R(x) \mathrm{d}x$ 参考高等数学中广义积分的求法. 当 $R(x)$ 为偶函数时，同样可以利用留数来计算积分

$$\int_0^{+\infty} R(x) \mathrm{d}x = \frac{1}{2} \int_{-\infty}^{+\infty} R(x) \mathrm{d}x = \pi \mathrm{i} \sum_{\mathrm{Im} a_k > 0} \mathrm{Res}[R(z), a_k].$$

例 5.10 利用留数定理计算积分 $I = \int_{-\infty}^{+\infty} \frac{x^2 - x + 2}{x^4 + 10 x^2 + 9} \mathrm{d}x$.

解 这里 $m = 4$，$n = 2$，$m - n = 2$，并且实轴上 $R(z) = \frac{z^2 - z + 2}{z^4 + 10 z^2 + 9}$ 没有孤立奇点，因此积分是存在的. 函数 $R(z)$ 的一阶极点为 $\pm \mathrm{i}$，$\pm 3\mathrm{i}$，其中 i，$3\mathrm{i}$ 在上半平面内.

$$\mathrm{Res}[R(z), \mathrm{i}] = \lim_{z \to \mathrm{i}} (z - \mathrm{i}) R(z) = \frac{1 - \mathrm{i}}{16 \mathrm{i}},$$

$$\mathrm{Res}[R(z), 3\mathrm{i}] = \lim_{z \to 3\mathrm{i}} [(z - 3\mathrm{i}) R(z)] = \frac{7 + 3\mathrm{i}}{48 \mathrm{i}}.$$

因此，$I = 2\pi \mathrm{i} \left[\frac{1 - \mathrm{i}}{16 \mathrm{i}} + \frac{7 + 3\mathrm{i}}{48 \mathrm{i}} \right] = \frac{5\pi}{12}$.

例 5.11 利用留数定理计算定积分 $\int_0^{+\infty} \frac{x^2}{x^4 + 13 x^2 + 36} \mathrm{d}x$.

解 因为 $R(z) = \frac{z^2}{z^4 + 13 z + 36}$ 在上半平面有两个一阶极点 $2\mathrm{i}$ 和 $3\mathrm{i}$，$R(z)$ 在实轴上没有孤立奇点，且分母比分子的次幂高二次，采用法则 I 计算留数，为

$$\text{Res}\big[\,R(z)\,,2\mathrm{i}\,\big] = \lim_{z \to 2\mathrm{i}}(z - 2\mathrm{i})R(z) = \frac{\mathrm{i}}{5},$$

$$\text{Res}\big[\,R(z)\,,3\mathrm{i}\,\big] = \lim_{z \to 3\mathrm{i}}(z - 3\mathrm{i})R(z) = -\frac{3\mathrm{i}}{10},$$

$$\int_{-\infty}^{+\infty} \frac{x^2}{x^4 + 13x^2 + 36}\mathrm{d}x = 2\pi\mathrm{i}\sum_k \text{Res}\big[\,R(z)\,,z_k\,\big].$$

所以 $\displaystyle\int_0^{+\infty} \frac{x^2}{x^4 + 13x^2 + 36}\mathrm{d}x = \frac{1}{2}\int_{-\infty}^{+\infty} \frac{x^2}{x^4 + 13x^2 + 36}\mathrm{d}x = \pi\mathrm{i}\sum_k \text{Res}\big[\,R(z)\,,z_k\,\big] = \frac{\pi}{10}.$

5.3.3　计算 $\displaystyle\int_{-\infty}^{+\infty} R(x)\mathrm{e}^{\mathrm{i}nx}\mathrm{d}x(n > 0)$ 型积分

当 $R(x)$ 为有理函数，设 $R(z) = \dfrac{P(z)}{Q(z)}$，$P(z)$ 和 $Q(z)$ 是互质多项式，且满足：

（1）$Q(z)$ 比 $P(z)$ 的次数高.

（2）在实轴上 $Q(z) \neq 0$.

（3）$n > 0$.

则可以得到

$$\int_{-\infty}^{+\infty} R(x)\mathrm{e}^{\mathrm{i}nx}\mathrm{d}x = 2\pi\mathrm{i}\sum_{\text{Im } a_k > 0} \text{Res}\big[\,R(z)\mathrm{e}^{\mathrm{i}nz}\,,a_k\,\big].$$

特别地，可以将这个公式分成实部和虚部两个部分，即

$$\int_{-\infty}^{+\infty} R(x)\cos nx\mathrm{d}x + \mathrm{i}\int_{-\infty}^{+\infty} R(x)\sin nx\mathrm{d}x = 2\pi\mathrm{i}\sum_{\text{Im}a_k > 0} \text{Res}\big[\,R(z)\mathrm{e}^{\mathrm{i}nz}\,,a_k\,\big].$$

实际上，若 $R(z) = \dfrac{P(z)}{Q(z)}$，并且

$$P(z) = z^n + c_1 z^{n-1} + \cdots + c_n, Q(z) = z^m + b_1 z^{m-1} + \cdots + b_m,$$

由于 $Q(z)$ 比 $P(z)$ 的次数高，可以设 $m - n \geqslant 1$，因此同 5.3.2 节情况类似，考虑图 5.2 的情况，对于充分大的 $|z|$，可以使得

$$|R(z)| \leqslant \frac{3}{|z|}$$

当 R 充分大时，在 C_R 上有

$$\left|\int_{C_R} R(z)\mathrm{e}^{\mathrm{i}nz}\mathrm{d}z\right| \leqslant \int_{C_R} |R(z)||\mathrm{e}^{\mathrm{i}nz}|\mathrm{d}s < \frac{3}{R}\int_{C_R} \mathrm{e}^{-ny}\mathrm{d}s$$

$$= 3\int_0^{\pi} \mathrm{e}^{-nR\sin\theta}\mathrm{d}\theta = 6\int_0^{\frac{\pi}{2}} \mathrm{e}^{-nR\sin\theta}\mathrm{d}\theta$$

又当 $0 \leqslant \theta \leqslant \dfrac{\pi}{2}$ 时，$\dfrac{2\theta}{\pi} \leqslant \sin\theta \leqslant \theta$，有

$$6\int_0^{\frac{\pi}{2}} \mathrm{e}^{-nR\sin\theta}\mathrm{d}\theta \leqslant 6\int_0^{\frac{\pi}{2}} \mathrm{e}^{-nR\frac{2\pi}{\theta}}\mathrm{d}\theta = \frac{3\pi}{aR}(1 - \mathrm{e}^{-nR})$$

所以当 $R \to +\infty$ 时，$\displaystyle\int_{C_R} R(z)\mathrm{e}^{\mathrm{i}nz}\mathrm{d}z \to 0$，有

$$\int_{-\infty}^{+\infty} R(x)\mathrm{e}^{\mathrm{i}nx}\mathrm{d}x = 2\pi\mathrm{i}\sum_{\text{Im } a_k > 0} \text{Res}\big[\,R(z)\mathrm{e}^{\mathrm{i}nz}\,,a_k\,\big]$$

或者写成复数形式可以得到

$$\int_{-\infty}^{+\infty} R(x)\cos nx\mathrm{d}x + \mathrm{i}\int_{-\infty}^{+\infty} R(x)\sin nx\mathrm{d}x = 2\pi\mathrm{i}\sum_{\mathrm{Im}\, a_k > 0}\mathrm{Res}[R(z)\mathrm{e}^{\mathrm{i}nz}, a_k]$$

例 5.12 计算 $I = \int_{-\infty}^{+\infty}\dfrac{x\mathrm{e}^{\mathrm{i}nx}}{x^4 + a^4}\mathrm{d}x \,(n > 0, a > 0)$.

解 设函数 $f(z) = \dfrac{z\mathrm{e}^{\mathrm{i}nz}}{z^4 + a^4}$，此函数共有四个一阶极点，$a_k = a\mathrm{e}^{\frac{\pi + 2k\pi}{4}\mathrm{i}}\,(k = 0,1,2,3)$，因为 $a > 0$，所以 $f(z)$ 在上半平面有两个一阶极点 a_1 和 a_2，可以得到

$$\int_{-\infty}^{+\infty}\frac{x\mathrm{e}^{\mathrm{i}nx}}{x^4 + a^4}\mathrm{d}x = 2\pi\mathrm{i}\{\mathrm{Res}[f(z), a_1] + \mathrm{Res}[f(z), a_2]\} = \frac{\pi\mathrm{i}}{a^2}\mathrm{e}^{-\frac{na}{\sqrt{2}}}\sin\frac{na}{\sqrt{2}}$$

例 5.13 计算积分 $\int_{-\infty}^{+\infty}\dfrac{\cos x}{x^2 + a^2}\mathrm{d}x$，$a > 0$.

解 设辅助函数 $f(z) = \dfrac{\mathrm{e}^{\mathrm{i}z}}{z^2 + a^2}$，找出函数 $f(z)$ 在上半平面的全部奇点.

由 $z^2 + a^2 = 0$ 解得 $z = a\mathrm{i}$ 与 $z = -a\mathrm{i}$ 为 $f(z)$ 的孤立奇点，$a > 0$，可以发现 $f(z)$ 在上半平面只有一个孤立奇点 $a\mathrm{i}$，且 $a\mathrm{i}$ 为 $f(z)$ 的一阶极点.

计算留数，可以得到

$$\mathrm{Res}\left(\frac{\mathrm{e}^{\mathrm{i}z}}{z^2 + a^2}, a\mathrm{i}\right) = \lim_{z \to a\mathrm{i}}(z - a\mathrm{i})\frac{\mathrm{e}^{\mathrm{i}z}}{(z - a\mathrm{i})(z + a\mathrm{i})} = \frac{\mathrm{e}^{-a}}{2a\mathrm{i}},$$

从而

$$\int_{-\infty}^{+\infty}\frac{\mathrm{e}^{\mathrm{i}x}}{x^2 + a^2}\mathrm{d}x = 2\pi\mathrm{i}\mathrm{Res}\left(\frac{\mathrm{e}^{\mathrm{i}z}}{z^2 + a^2}, a\mathrm{i}\right) = \frac{\pi}{a\mathrm{e}^a},$$

因此，

$$\int_{-\infty}^{+\infty}\frac{\cos x}{x^2 + a^2}\mathrm{d}x = \frac{\pi}{a\mathrm{e}^a}.$$

通过上面的结果还可以很容易得到

$$\int_{-\infty}^{+\infty}\frac{\sin x}{x^2 + a^2}\mathrm{d}x = 0.$$

可以发现，现在讨论的几个类型都要求被积函数中，$R(z)$ 在实轴上没有奇点. 但是有些情况下，$R(z)$ 在实轴上是存在奇点的，我们下面讨论如果实轴上有有限个奇点应该怎样计算.

例 5.14 计算 $I = \int_0^{+\infty}\dfrac{\sin x}{x}\mathrm{d}x$ 的值.

解 被积函数 $R(x) = \dfrac{\sin x}{x}$ 是偶函数，因此

$$\int_0^{+\infty}\frac{\sin x}{x}\mathrm{d}x = \frac{1}{2}\int_{-\infty}^{+\infty}\frac{\sin x}{x}\mathrm{d}x$$

考虑函数 $R(z) = \dfrac{\sin z}{z}$，设 $f(z) = \dfrac{\mathrm{e}^{\mathrm{i}z}}{z}$，$R(z)$ 为函数 $f(z)$ 的虚部部分，$z = 0$ 为函数 $f(z)$ 的一阶极点，为了将这个一阶极点抠出去，下面先研究 $f(z) = \dfrac{\mathrm{e}^{\mathrm{i}z}}{z}$

沿着图 5.3 的闭合路径的积分.

5.3.3 例 5.14 讲解

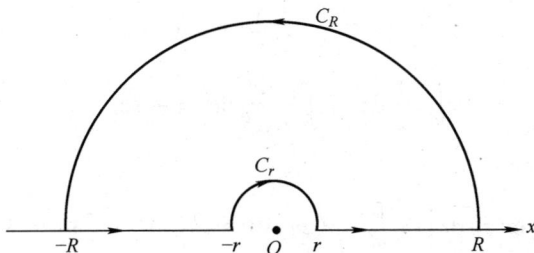

图 5.3　积分路径示意图

根据柯西积分定理可以得到在闭合路径上 $\oint_C f(z)\mathrm{d}z = 0$，也就是

$$\int_{C_R} \frac{\mathrm{e}^{\mathrm{i}z}}{z}\mathrm{d}z + \int_{-R}^{-r} \frac{\mathrm{e}^{\mathrm{i}x}}{x}\mathrm{d}x + \int_{C_r} \frac{\mathrm{e}^{\mathrm{i}z}}{z}\mathrm{d}z + \int_{r}^{R} \frac{\mathrm{e}^{\mathrm{i}x}}{x}\mathrm{d}x = 0, \tag{5.13}$$

对积分 $\int_{-R}^{-r} \frac{\mathrm{e}^{\mathrm{i}x}}{x}\mathrm{d}x$ 部分用变量替换 $x = -t$ 可以得到

$$\int_{-R}^{-r} \frac{\mathrm{e}^{\mathrm{i}x}}{x}\mathrm{d}x = \int_{R}^{r} \frac{\mathrm{e}^{-\mathrm{i}t}}{-t}\mathrm{d}(-t) = \int_{R}^{r} \frac{\mathrm{e}^{-\mathrm{i}t}}{t}\mathrm{d}t = -\int_{r}^{R} \frac{\mathrm{e}^{-\mathrm{i}x}}{x}\mathrm{d}x.$$

因此，式(5.13)可以写成

$$\int_{C_R} \frac{\mathrm{e}^{\mathrm{i}z}}{z}\mathrm{d}z + \int_{C_r} \frac{\mathrm{e}^{\mathrm{i}z}}{z}\mathrm{d}z + \int_{r}^{R} \frac{\mathrm{e}^{\mathrm{i}x} - \mathrm{e}^{-\mathrm{i}x}}{x}\mathrm{d}x = 0,$$

也可以写成

$$\int_{C_R} \frac{\mathrm{e}^{\mathrm{i}z}}{z}\mathrm{d}z + \int_{C_r} \frac{\mathrm{e}^{\mathrm{i}z}}{z}\mathrm{d}z + 2\mathrm{i}\int_{r}^{R} \frac{\sin x}{x}\mathrm{d}x = 0. \tag{5.14}$$

为了计算 I 的值，必须要求出 $\lim_{R\to+\infty}\int_{C_R} \frac{\mathrm{e}^{\mathrm{i}z}}{z}\mathrm{d}z$ 和 $\lim_{r\to 0}\int_{C_r} \frac{\mathrm{e}^{\mathrm{i}z}}{z}\mathrm{d}z$ 的值，

$$\left|\int_{C_R} \frac{\mathrm{e}^{\mathrm{i}z}}{z}\mathrm{d}z\right| \leqslant \int_{C_R} \frac{|\mathrm{e}^{\mathrm{i}z}|}{|z|}\mathrm{d}s < \frac{1}{R}\int_{C_R} \mathrm{e}^{-y}\mathrm{d}s = \int_{0}^{\pi} \mathrm{e}^{-R\sin\theta}\mathrm{d}\theta = 2\int_{0}^{\frac{\pi}{2}} \mathrm{e}^{-R\sin\theta}\mathrm{d}\theta$$

当 $0 \leqslant \theta \leqslant \frac{\pi}{2}$ 时，$\frac{2\theta}{\pi} \leqslant \sin\theta \leqslant \theta$，则

$$2\int_{0}^{\frac{\pi}{2}} \mathrm{e}^{-R\sin\theta}\mathrm{d}\theta \leqslant 2\int_{0}^{\frac{\pi}{2}} \mathrm{e}^{-\frac{R2\theta}{\pi}}\mathrm{d}\theta = \frac{\pi}{R}(1 - \mathrm{e}^{-R}),$$

因此当 $R \to +\infty$ 时，$\int_{C_R} \frac{\mathrm{e}^{\mathrm{i}z}}{z}\mathrm{d}z \to 0$，即

$$\lim_{R\to+\infty}\int_{C_R} \frac{\mathrm{e}^{\mathrm{i}z}}{z}\mathrm{d}z = 0 \tag{5.15}$$

下面再研究 $\lim_{r\to 0}\int_{C_r} \frac{\mathrm{e}^{\mathrm{i}z}}{z}\mathrm{d}z$，将 $\frac{\mathrm{e}^{\mathrm{i}z}}{z}$ 洛朗展开，得

$$\frac{\mathrm{e}^{\mathrm{i}z}}{z} = \frac{1}{z} + \mathrm{i} - \frac{z}{2!} + \cdots + \frac{\mathrm{i}^n z^{n-1}}{n!} + \cdots,$$

将洛朗展开式写成 $\frac{1}{z} + \varphi(z)$，$\varphi(z) = \mathrm{i} - \frac{z}{2!} + \cdots + \frac{\mathrm{i}^n z^{n-1}}{n!} + \cdots$ 在 $z = 0$ 点是解析的，且 $\varphi(0) = \mathrm{i}$，当 $|z| \to 0$ 时，可以使得 $|\varphi(z)| \leqslant 2$.

$$\int_{C_r} \frac{e^{iz}}{z} dz = \int_{C_r} \frac{1}{z} dz + \int_{C_r} \varphi(z) dz,$$

$$\int_{C_r} \frac{1}{z} dz = \int_\pi^0 \frac{ire^{i\theta}}{re^{i\theta}} d\theta = -i\pi,$$

当 $r \to 0$ 时，有

$$\left| \int_{C_r} \varphi(z) dz \right| \leqslant \int_{C_r} |\varphi(z)| ds \leqslant 2 \int_{C_r} ds = 2\pi r \to 0.$$

因此可以得到

$$\lim_{r \to 0} \int_{C_r} \frac{e^{iz}}{z} dz = -i\pi. \tag{5.16}$$

由式(5.14)~式(5.16)，可以得到

$$\lim_{\substack{r \to 0 \\ R \to +\infty}} 2i \int_r^R \frac{\sin x}{x} dx = \pi i \Rightarrow 2i \int_0^{+\infty} \frac{\sin x}{x} dx = \pi i,$$

于是

$$\int_0^{+\infty} \frac{\sin x}{x} dx = \frac{\pi}{2}.$$

例 5.15 已知泊松积分 $\int_0^{+\infty} e^{-t^2} dt = \frac{\sqrt{\pi}}{2}$，计算菲涅尔积分 $\int_0^{+\infty} \cos x^2 dx$ 和 $\int_0^{+\infty} \sin x^2 dx$.

解 因为 $e^{ix^2} = \cos x^2 + i\sin x^2$，所以考虑 $f(z) = e^{iz^2}$ 这个函数.

见图 5.4，设 $0 = \oint_C e^{iz^2} dz$，$C = C_R + I_1 + I_2$，即

$$\int_{I_1} e^{ix^2} dx + \int_{C_R} e^{iz^2} dz + \int_{I_2} e^{iz^2} dz = 0,$$

$$\int_0^R e^{ix^2} dx + \int_0^{\frac{\pi}{4}} e^{iR^2 e^{i2\theta}} Rie^{i\theta} d\theta + \int_R^0 e^{ir^2 e^{i\frac{\pi}{2}}} e^{i\frac{\pi}{4}} dr = 0,$$

图 5.4　积分路径示意图

又因为 $e^{ix^2} = \cos x^2 + i\sin x^2$，所以上式可以写成

$$\int_0^R (\cos x^2 + i\sin x^2) dx = -\int_0^{\frac{\pi}{4}} e^{iR^2(\cos2\theta + i\sin2\theta)} Rie^{i\theta} d\theta - e^{i\frac{\pi}{4}} \int_R^0 e^{ir^2(\cos\frac{\pi}{2} + i\sin\frac{\pi}{2})} dr,$$

$$\int_0^R (\cos x^2 + i\sin x^2) dx = -\int_0^{\frac{\pi}{4}} e^{(iR^2\cos2\theta - R^2\sin2\theta)} Rie^{i\theta} d\theta + e^{i\frac{\pi}{4}} \int_0^R e^{-r^2} dr, \tag{5.17}$$

考虑 $\int_0^{+\infty} e^{-t^2} dt = \frac{\sqrt{\pi}}{2}$，当 $R \to +\infty$ 时，可以得到

$$e^{i\frac{\pi}{4}} \int_0^{+\infty} e^{-r^2} dr = \frac{\sqrt{\pi}}{2} e^{i\frac{\pi}{4}} = \frac{\sqrt{2\pi}}{4} + i \frac{\sqrt{2\pi}}{4},$$

另外，有

$$\left| \int_0^{\frac{\pi}{4}} e^{(iR^2\cos2\theta - R^2\sin2\theta)} Rie^{i\theta} d\theta \right| = R \left| \int_0^{\frac{\pi}{4}} e^{(iR^2\cos2\theta - R^2\sin2\theta)} (i\cos\theta - \sin\theta) d\theta \right| \leqslant R \int_0^{\frac{\pi}{4}} e^{-R^2\sin2\theta} d\theta,$$

又当 $0 \leqslant \theta \leqslant \frac{\pi}{2}$ 时，$\frac{2\theta}{\pi} \leqslant \sin\theta \leqslant \theta$，可以得到

$$R \int_0^{\frac{\pi}{4}} e^{-R^2\sin2\theta} d\theta \leqslant R \int_0^{\frac{\pi}{4}} e^{-R^2\frac{4\theta}{\pi}} d\theta = \frac{\pi}{4R}(1 - e^{-R^2}).$$

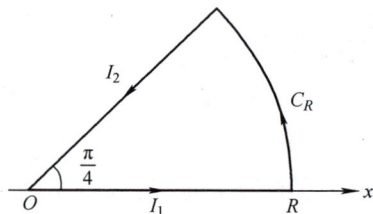

当 $R \rightarrow +\infty$ 时，$\left| \int_0^{\frac{\pi}{4}} e^{(iR^2\cos 2\theta - R^2\sin 2\theta)} Rie^{i\theta} d\theta \right| \rightarrow 0$，因此可以得到式 (5.17) 中

$$\int_0^{+\infty} (\cos x^2 + i\sin x^2) dx = \frac{\sqrt{2\pi}}{4} + i\frac{\sqrt{2\pi}}{4},$$

又 $e^{ix^2} = \cos x^2 + i\sin x^2$，则

$$\int_0^{+\infty} \cos x^2 dx = \int_0^{+\infty} \sin x^2 dx = \frac{\sqrt{2\pi}}{4}.$$

菲涅尔积分在光的衍射理论中有着非常重要的应用，在近代高速公路回旋设计中，也有一些应用.

5.4 辐角原理及其应用

本节我们接着介绍关于留数定理的另外一些应用，介绍对数留数和辐角原理的有关概念及其定理，同时讨论它们在计算解析函数的零点和极点个数方面的应用.

5.4.1 对数留数

留数理论的一个非常重要的应用就是计算下面的积分

$$\frac{1}{2\pi i} \oint_C \frac{f'(z)}{f(z)} dz,$$

这个积分称为 $f(z)$ 的**对数留数**（这个名称来源于 $\frac{f'(z)}{f(z)} = \frac{d}{dz}[\ln f(z)]$）. 可以利用对数留数研究在一个指定区域内多项式零点的个数问题. 显然，函数 $f(z)$ 的零点和奇点都可能是 $\frac{f'(z)}{f(z)}$ 的奇点.

定理 5.11 设 $f(z)$ 为简单闭合曲线 C 上的解析函数，且在 C 上 $f(z) \neq 0$，在 C 的内部只有有限个极点和零点，除极点外，$f(z)$ 在 C 的内部处处解析，则有

$$\frac{1}{2\pi i} \oint_C \frac{f'(z)}{f(z)} dz = N(f, C) - P(f, C), \tag{5.18}$$

式中，$N(f, C)$ 和 $P(f, C)$ 分别表示 $f(z)$ 在闭合曲线 C 内部零点和极点的个数（一个 n 阶零点算作 n 个零点，一个 m 阶极点算作 m 个极点）.

在证明这个定理之前，我们先学习两个结论.

(1) 设 $z = a$ 为 $f(z)$ 的 n 阶零点，则 a 点必为函数 $R(z) = \frac{f'(z)}{f(z)}$ 的一个一阶极点，且

$$\text{Res}[R(z), a] = n.$$

(2) 设 $z = b$ 为 $f(z)$ 的 m 阶极点，则 b 点必为函数 $R(z) = \frac{f'(z)}{f(z)}$ 的一个一阶极点，且

$$\text{Res}[R(z), b] = -m.$$

先证明结论 (1). 如果 $z = a$ 为 $f(z)$ 的 n 阶零点，那么在 a 点的邻域内 $f(z) = (z-a)^n \varphi(z)$，其中 $\varphi(z)$ 在 a 的邻域解析，并且 $\varphi(a) \neq 0$. 我们对 $f(z)$ 求导可以得到

$$f'(z) = n(z-a)^{n-1}\varphi(z) + (z-a)^n \varphi'(z),$$

两边同时除以 $f(z)$ 可以推出

$$\frac{f'(z)}{f(z)} = \frac{n}{(z-a)} + \frac{\varphi'(z)}{\varphi(z)}. \tag{5.19}$$

又因为 $\varphi(z)$ 在 a 的邻域解析, $\dfrac{\varphi'(z)}{\varphi(z)}$ 在 a 的邻域解析, 所以 a 为 $R(z) = \dfrac{f'(z)}{f(z)}$ 的一个一阶极点, 并且根据式 (5.19) 可以知道 $z = a$ 点的留数为

$$\mathrm{Res}[R(z), a] = n.$$

现在证明结论 (2). 如果 $z = b$ 为 $f(z)$ 的 m 阶极点, 那么在 b 点的邻域内 $f(z) = \dfrac{\psi(z)}{(z-b)^m}$, 其中 $\psi(z)$ 在 b 的邻域内解析, 并且 $\psi(b) \neq 0$. 对 $f(z)$ 求导可得

$$f'(z) = \psi(z)(-m)(z-b)^{-m-1} + \psi'(z)(z-b)^{-m},$$

两边同时除以 $f(z)$ 可以推出

$$\frac{f'(z)}{f(z)} = \frac{-m}{(z-b)} + \frac{\psi'(z)}{\psi(z)}, \tag{5.20}$$

而且函数 $\dfrac{\psi'(z)}{\psi(z)}$ 在 b 的邻域内解析, 所以 b 为 $R(z) = \dfrac{f'(z)}{f(z)}$ 的一个一阶极点, 并且根据式 (5.20) 可以知道 $z = b$ 点的留数为

$$\mathrm{Res}[R(z), b] = -m.$$

学习了上面的两个结论后, 我们证明定理 5.11.

证明 因为 $f(z)$ 在 C 的内部只有有限个极点和零点, $f(z)$ 在 C 的内部的全部零点为 $a_k (k = 1, 2, 3, \cdots, n)$, 每个零点的次数分别为 n_k; $f(z)$ 在 C 的内部的全部极点为 $b_k (k = 1, 2, 3, \cdots, m)$, 每个极点的阶数分别为 m_k, 根据前面的两个结论, 我们可以知道, 函数 $\dfrac{f'(z)}{f(z)}$ 在 C 的内部有一阶极点 $a_k (k = 1, 2, 3, \cdots, n)$ 和 $b_k (k = 1, 2, 3, \cdots, m)$, 除去这些极点, 函数 $\dfrac{f'(z)}{f(z)}$ 在 C 的内部是解析的, 因此根据定理 5.9, 可以得到

$$\frac{1}{2\pi\mathrm{i}}\oint_C \frac{f'(z)}{f(z)}\mathrm{d}z = \sum_{k=1}^{n} \mathrm{Res}\left[\frac{f'(z)}{f(z)}, a_k\right] + \sum_{k=1}^{m} \mathrm{Res}\left[\frac{f'(z)}{f(z)}, b_k\right]$$

$$= \sum_{k=1}^{n} n_k - \sum_{k=1}^{m} m_k = N(f, C) - P(f, C).$$

证毕

例 5.16 利用对数留数计算复积分 $2\pi\mathrm{i}\oint_{|z|=4} \dfrac{z^9}{z^{10}-1}\mathrm{d}z$.

解 根据分母 $\varphi(z) = z^{10} - 1$, 可知在圆周线 $|z| = 4$ 的内部解析, 有 10 个零点, 因此

$$2\pi\mathrm{i}\oint_{|z|=4} \frac{z^9}{z^{10}-1}\mathrm{d}z = \frac{1}{10}2\pi\mathrm{i}\oint_{|z|=4} \frac{(z^{10}-1)'}{z^{10}-1}\mathrm{d}z = \frac{1}{10}(10 - 0) = 1$$

例 5.17 求函数 $f(z) = \dfrac{1+z^2}{1-\cos 2\pi z}$ 关于圆周线 $|z| = \pi$ 的对数留数.

解 根据 $1 + z^2 = 0$ 可以得到 $f(z)$ 的两个一阶零点, $z = \mathrm{i}$ 和 $z = -\mathrm{i}$. 设 $\varphi(z) = 1 - \cos 2\pi z$, 可以发现分母 $\varphi(z) = 1 - \cos 2\pi z = 0$ 有无穷多个零点 $z_n = n, n = 0, \pm 1, \pm 2, \cdots$.

又因为 $\varphi'(z) = 2\pi\sin 2\pi z$ 和 $\varphi''(z) = 4\pi^2\cos 2\pi z$, 可以得到在零点处 $\varphi'(z_n) = 0$ 和 $\varphi''(z_n) =$

$4\pi^2 \neq 0$，所以 $\varphi(z)$ 有无穷多个零点都是二阶零点，这些点都是函数 $f(z)$ 的二阶极点．而在圆周线 $|z| = \pi$ 内，函数 $f(z)$ 有两个一阶零点 $z = \mathrm{i}$ 和 $z = -\mathrm{i}$ 以及 7 个二阶极点：$z = 0$，± 1，± 2，± 3．根据对数留数定理可以得到

$$\frac{1}{2\pi\mathrm{i}}\oint_{|z| = \pi}\frac{f'(z)}{f(z)}\mathrm{d}z = 2 - 2 \times 7 = -12.$$

5.4.2 辐角原理

式(5.18)的左端是 $f(z)$ 的对数留数，现在我们讨论它的几何意义.

$$\frac{1}{2\pi\mathrm{i}}\oint_C \frac{f'(z)}{f(z)}\mathrm{d}z = \frac{1}{2\pi\mathrm{i}}\oint_C \frac{\mathrm{d}}{\mathrm{d}z}[\,\mathrm{Ln}\,f(z)\,]\mathrm{d}z = \frac{1}{2\pi\mathrm{i}}\oint_C \mathrm{d}[\,\mathrm{Ln}\,f(z)\,]$$

$$= \frac{1}{2\pi\mathrm{i}}\Big[\oint_C \mathrm{d}\ln|f(z)| + \mathrm{i}\mathrm{Arg}\,f(z)\Big], \tag{5.21}$$

可知 $\oint_C \dfrac{f'(z)}{f(z)}\mathrm{d}z$ 的值为 z 沿闭合正向曲线 C 绕一周的 $\mathrm{d}\ln|f(z)|$ 的变化量加上 $\mathrm{i}\mathrm{Arg}\,f(z)$ 的变化量.

函数 $\ln|f(z)|$ 是 z 的单值函数，当 z 从 a 点起正向绕曲线 C 一周再回到 a 点时，该变量为零，即

$$\oint_C \mathrm{d}\ln|f(z)| = \ln|f(a)| - \ln|f(a)| = 0.$$

而另外一方面，我们考虑式(5.21)右边的第二部分，当 z 从 a 点起正向绕曲线 C 一周再回到 a 点时辐角 $\mathrm{Arg}\,f(z)$ 的值是可能发生改变的.

变换后如果 $f(z)$ 从 $f(a)$ 围绕原点转两周后，回到 $f(a)$（见图 5.5），显然，辐角 $\mathrm{Arg}\,f(z)$ 变化了 4π；如果路径不围绕原点，辐角其实没有发生改变（见图 5.6）.

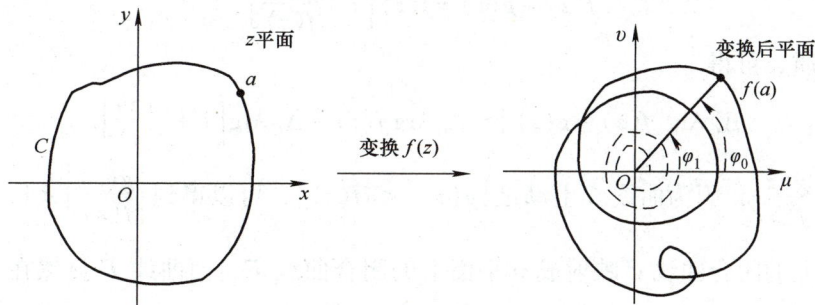

图 5.5　路径围绕原点

因此，当曲线路径 C 包含原点时，z 沿着曲线正向绕行一周到原点后，$\mathrm{Arg}\,f(z)$ 的改变量一定是 2π 的整数倍，我们用 $\Delta_C \mathrm{Arg}\,f(z)$ 表示这个变化量，可以得到

$$\oint_C \frac{f'(z)}{f(z)}\mathrm{d}z = \frac{\Delta_C \mathrm{Arg}\,f(z)}{2\pi}.$$

如果在定理 5.11 的条件下，我们可以有

$$\frac{1}{2\pi\mathrm{i}}\oint_C \frac{f'(z)}{f(z)}\mathrm{d}z = N(f,C) - P(f,C) = \frac{\Delta_C \mathrm{Arg}\,f(z)}{2\pi}.$$

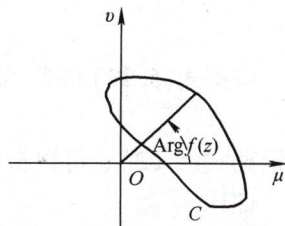

图 5.6　路径不围绕原点

特别地，如果 $f(z)$ 在闭合曲线 C 的内部以及曲线上都解析，而且 $f(z)$ 在曲线 C 上不为零，

那么可以得到

$$N(f,C) = \frac{\Delta_C \operatorname{Arg} f(z)}{2\pi}.$$

例 5.18 设 $f(z) = (z-1)(z-2)^2(z-5)$，闭合曲线 $C:|z|=3$，验证辐角原理.

解 $f(z)$ 满足辐角原理条件，而且可以很容易找到 $N(f,C)=3$；$z=0$ 为一阶零点，$z=2$ 为二阶零点，则

$$\Delta_C \operatorname{Arg} f(z) = \Delta_C \operatorname{Arg}(z-1) + 2\Delta_C \operatorname{Arg}(z-2) + \Delta_C \operatorname{Arg}(z-5)$$
$$= 2\pi + 4\pi + 0 = 3 \cdot 2\pi$$

满足辐角原理.

5.4.3 路西(Rouché)定理

定理 5.12 （路西定理）曲线 C 为一条简单闭合曲线，设函数 $f(z)$ 和 $g(z)$ 在 C 上和 C 的内部都是解析的，且在曲线 C 上满足 $|g(z)| < |f(z)|$，则函数 $f(z)$ 和 $f(z)+g(z)$ 在曲线 C 的内部有同样多的零点(m 阶零点算 m 个零点).

证明 由定理条件可以知道，函数 $f(z)$ 和 $f(z)+g(z)$ 在曲线 C 上和 C 的内部解析，我们很容易知道 $|f(z)|>0$，在 C 上 $|f(z)+g(z)| \geq |f(z)| - |g(z)| > 0$，也就是说，$f(z)$ 和 $f(z)+g(z)$ 在曲线 C 上都不等于零. 设 N 和 M 分别为函数 $f(z)$ 和 $f(z)+g(z)$ 在曲线 C 的内部的零点个数（几阶零点算几个），由于两个函数在曲线 C 的内部解析，根据辐角原理可得

$$2\pi N = \Delta_C \operatorname{Arg} f(z) , \quad 2\pi M = \Delta_C \operatorname{Arg}[f(z)+g(z)]. \tag{5.22}$$

又在 C 上，函数 $f(z) \neq 0$，则可把 $f(z)+g(z)$ 改写为

$$f(z)+g(z) = f(z)\left[1 + \frac{g(z)}{f(z)}\right],$$

根据辐角的性质，可得

$$\Delta_C \operatorname{Arg}[f(z)+g(z)] = \Delta_C \operatorname{Arg} f(z) + \Delta_C \operatorname{Arg}\left[1 + \frac{g(z)}{f(z)}\right]. \tag{5.23}$$

设 $\eta = 1 + \frac{g(z)}{f(z)}$，因为曲线 C 上满足 $|g(z)| < |f(z)|$，可以得到 $\left|\frac{g(z)}{f(z)}\right| < 1$，函数 $\eta = 1 + \frac{g(z)}{f(z)}$ 将 z 平面上的闭合曲线 C 映射成 η 平面上的闭合曲线 Γ，而曲线 Γ 显然在 $|\eta-1|=1$ 的圆的内部，但是 η 平面的原点不在这个圆的内部，也就是说，曲线 Γ 不是绕原点的闭合曲线，那么根据辐角原理，我们知道

$$\Delta_C \operatorname{Arg}\left[1 + \frac{g(z)}{f(z)}\right] = 0 \tag{5.24}$$

根据式(5.23)和式(5.24)可以知道

$$\Delta_C \operatorname{Arg}[f(z)+g(z)] = \Delta_C \operatorname{Arg} f(z)$$

再根据式(5.22)，可以得到 $N=M$，也就是定理的结论成立.
证毕.

例 5.19 证明 $P(z) = z^7 - 5z^4 + z^2 - 2$ 在 $|z|=1$ 内有 4 个根.

证明 令 $f(z) = -5z^4$，$g(z) = z^7 + z^2 - 2$，则 $f(z)$ 和 $g(z)$ 在 z 平面解析，且在 $|z|=1$ 上

$$|g(z)| \leq |z|^7 + |z|^2 + 2 = 4 < |f(z)| = 5|z|^4 = 5$$

因此 $N(P,C) = N(f,C) = 4$.

例 5.20 试用路西定理证明代数学基本定理：任意一个 n 次方程

$$a_0 z^n + a_1 z^{n-1} + \cdots + a_{n-1}z + a_n = 0, \ a_0 \neq 0$$

有且只有 n 个根（几重根就算几个根）.

证明 令 $f(z) = a_0 z^n$, $g(z) = a_1 z^{n-1} + \cdots + a_{n-1}z + a_n$,

$$\left| \frac{g(z)}{f(z)} \right| = \left| \frac{a_1 z^{n-1} + \cdots + a_{n-1}z + a_n}{a_0 z^n} \right|$$

$$\leqslant \left| \frac{a_1}{a_0} \right| \frac{1}{|z|} + \left| \frac{a_2}{a_0} \right| \frac{1}{|z|^2} + \cdots + \left| \frac{a_n}{a_0} \right| \frac{1}{|z|^n}$$

若取 $|z| \geqslant R$, R 充分大时，可以使得 $\left| \dfrac{g(z)}{f(z)} \right| < 1$，也就是，在圆周 $C: |z| = R$ 上以及圆的外面满足 $|f(z)| > |g(z)|$ 成立，又 $f(z)$ 和 $g(z)$ 在圆周 $C: |z| = R$ 上以及圆周内都是解析的，根据路西定理可以知道，函数 $f(z) = a_0 z^n$ 和函数 $f(z) + g(z) = a_0 z^n + a_1 z^{n-1} + \cdots + a_{n-1}z + a_n$ 在圆周内的零点个数相同. 设函数 $f(z)$ 在圆周内的零点数为 n，函数 $f(z) + g(z)$ 在圆周内的零点数也是 n. 又因为在圆上和圆外有 $|f(z)| > |g(z)|$，因此函数 $f(z) + g(z)$ 在圆上和圆外不可能再有零点，因为如果再有额外零点，就有 $|f(z)| = |g(z)|$，与 $|f(z)| > |g(z)|$ 矛盾，所以原方程只能有 n 个根.

5.5 MATLAB 程序

在 MATLAB 程序中，函数 residue 可以计算出 $f(z) = \dfrac{A(z)}{B(z)}$ 在各极点处的留数，其中 $A(z)$ 和 $B(z)$ 都是关于 z 的多项式.

若

$$f(z) = \frac{A(z)}{B(z)} = K(x) + \frac{a_1}{z - b_1} + \frac{a_2}{z - b_2} + \cdots + \frac{a_n}{z - b_n}$$

则 $b_1, b_2, \cdots, b_n$ 为 $f(z)$ 的一阶极点，$a_1, a_2, \cdots, a_n$ 为相应于各极点处的留数.

若

$$f(z) = \frac{A(z)}{B(z)} = K(x) + \frac{a_{1,1}}{z - b_1} + \frac{a_{1,2}}{(z - b_1)^2} + \cdots + \frac{a_{1,m}}{(z - b_1)^m} + \frac{a_2}{z - b_2} + \cdots + \frac{a_n}{z - b_n}$$

式中，$a_{1,1}$ 是 $f(z)$ 在点 $z = b_1$ 处的留数.

函数 residue 的使用格式为

$$[R, P, K] = \text{residue}(A, B)$$

其中，A，B，K 分别是多项式 $A(z)$，$B(z)$ 和 $K(z)$ 的系数按降幂排列所构成的向量。而返回的 P 和 R 是由各极点 b_i 及其留数 a_i 所构成的向量.

$$R = [a_{1,1}, a_{1,2}, \cdots, a_{1,m}]$$

$$P = [b_1, b_2, \cdots, b_n]$$

例 5.21 求 $f(z) = \dfrac{z}{z^3 + 4z^2 - z - 4}$ 的极点及各极点处的留数.

解 程序如下：

```
A = [1 0];
B = [1 4 -1 -4];
[R,P,K] = residue(A,B)
输出：
    R =
     -0.2667
      0.1667
      0.1000
    P =
     -4.0000
     -1.0000
      1.0000
    K =
     []
```

习题 5

1. 求下列各函数的孤立奇点，说明其类型，如果是极点，指出它的阶.

(1) $\dfrac{z-1}{z(z^2+1)^2}$；　(2) $\dfrac{\sin z}{z^3}$；　(3) $\dfrac{\ln(1+z)}{z}$；

(4) $\dfrac{1}{z^2(e^z-1)}$；　(5) $\dfrac{z}{(1+z^2)(1+e^{\pi z})}$；

(6) $\dfrac{1}{\sin z^2}$；　(7) $\dfrac{\sin z - z}{z^3}$；

(8) $f(z)=5(1+e^z)^{-1}$；

(9) $f(z)=\dfrac{(z-5)\sin z}{(z-1)^2 z^2 (z+1)^3}$.

2. 证明：$z=0$ 是 $f(z)=\dfrac{1}{z^3(e^{z^3}-1)}$ 的六阶极点.

3. 指出下列各函数的所有零点，并说明其阶数.

(1) $z\sin z$；(2) $z^2 e^{z^2}$；(3) $\sin z(e^z-1)z^2$.

4. 求下列各函数在有限奇点处的留数.

(1) $\sin\dfrac{1}{z-1}$；(2) $z^2\sin\dfrac{1}{z}$；(3) $\dfrac{1}{z\sin z}$.

5. 求下列函数 $f(z)$ 在 $z=\infty$ 处的留数.

(1) $f(z)=e^{\frac{1}{z^2}}$；　(2) $f(z)=\cos z - \sin z$；

(3) $f(z)=\dfrac{2z}{3+z^2}$；

(4) $f(z)=\dfrac{1}{z(z+1)^4(z-4)}$；

(5) $f(z)=\dfrac{e^z}{z^2-1}$.

6. 利用留数计算下列积分（积分曲线均取正向）.

(1) $\oint_{|z|=2}\dfrac{e^{2z}}{(z-1)^2}\mathrm{d}z$；

(2) $\oint_{|z|=\frac{3}{2}}\dfrac{e^z}{(z-1)(z+3)^2}\mathrm{d}z$；

(3) $\oint_{|z|=1}\dfrac{z}{\sin z}\mathrm{d}z$；

(4) $\oint_{|z|=1}\dfrac{1}{z\sin z}\mathrm{d}z$；

(5) $\oint_{|z|=\frac{1}{2}}\dfrac{\sin z}{z(1-e^z)}\mathrm{d}z$；

(6) $\oint_{|z|=3}\tan\pi z\mathrm{d}z$.

7. 计算下列积分的值.

(1) $\int_0^{2\pi}\dfrac{\mathrm{d}\theta}{1-2p\cos\theta+p^2}(|p|\neq 1)$；

(2) $\int_0^{+\infty}\dfrac{\mathrm{d}x}{x^4+a^4}$，$a>0$；

(3) $\int_0^{+\infty}\dfrac{\cos mx}{1+x^2}\mathrm{d}x$，$m>0$；

(4) $\int_{-\infty}^{+\infty}\dfrac{\pi\cos x}{x^2+4x+5}\mathrm{d}x$.

8*. 设 n 次多项式 $p(z)=a_0 z^n + a_1 z^{n-1}+\cdots+a_n$ $(a_0\neq 0)$ 符合条件

$$|a_t| > |a_0|+\cdots+|a_{t-1}|+|a_{t+1}|+\cdots+|a_n|$$

则 $p(z)$ 在单位圆周 $|z|<1$ 内有 $n-t$ 个零点.

第 **6** 章

共形映射

共形映射，简而言之，是那些能够保持角度不变（即保形）的复变函数. 它们在复平面上"温柔地"扭曲图形，却不破坏其内在的几何结构，如同一位精通几何变换的艺术家，勾勒出既相似又新奇的图案. 这一特性使得共形映射在解决众多实际问题时展现出非凡的能力，从电场与磁场的分布、热传导问题到流体动力学，乃至量子力学中的波函数变换，共形映射的应用无处不在.

本章将首先回顾共形映射的基本概念，强调其在保持角度和局部形状上的独特作用. 随后，将重点讨论分式线性函数的共形映射特性，包括其一般形式、几何意义以及如何通过分式线性函数实现特定的几何变换. 通过丰富的实例与直观的图形展示，读者将深刻理解分式线性函数在共形映射中的核心作用. 此外，本章还将涉及基本初等函数所构成的共形映射及其性质. 通过本章的学习，读者不仅能掌握共形映射的基本理论与方法，还将学会如何运用分式线性函数这一有力工具，解决复杂的几何与物理问题.

6.1 共形映射的概念

研究复变函数的几何映射特性，首要任务是明确复平面上任意点集（曲线或者区域）与其对应像集之间的映射关系. 在高等数学中，单变量实函数的导数作为描述因变量随自变量变化的重要工具，其几何意义显而易见. 与单变量实函数类似，复变函数的导数也在刻画函数变化方面起着关键作用. 然而，在复变函数中，导数的几何意义更为丰富和复杂.

6.1.1 解析函数导数的几何意义

设函数 $w = f(z)$ 于区域 D 内解析，$z_0 \in D$，且 $f'(z_0) \neq 0$. 在区域 D 内，任意引一条通过 z_0 的有向光滑曲线 C：$z = z(t)(t_0 \leq t \leq t_1)$，当 $t = t_0$ 时，$z(t_0) = z_0$，并规定当 t 增大时，z 移动的方向为曲线 C 的正向. 由此可知，曲线 C 在 z_0 点的切向量为 $z'(t_0)$，其倾角为

$$\varphi = \operatorname{Arg} z'(t_0).$$

经过 $w = f(z)$ 映射后，曲线 C 的像曲线 Γ 是 w 平面上的光滑曲线，其参数方程为 Γ：$w = f[z(t)](t_0 \leq t \leq t_1)$. 事实上，由导数的定义可得，因为 $f(z)$ 解析，且 $f'(z_0) \neq 0$，所以在 z_0 的某个邻域内 $f'(z)$ 连续，且 $f'(z) \neq 0$. 又因为 C 为有向光滑曲线，则 $z'(t)$ 存在且 $z'(t) \neq 0$，所以 $w'(t)$ 连续，且 $w'(t) = f'(z(t)) \cdot z'(t) \neq 0$，这就说明曲线 Γ 也是光滑的，且 Γ 在 $w_0 = f(z_0)$ 的切向量 $w'(t_0) = f'(z(t_0)) \cdot z'(t_0)$，其倾角为 $\psi = \operatorname{Arg} w'(t_0)$，根据复数乘积的几何意义可得

$$\psi = \operatorname{Arg} w'(t_0) = \operatorname{Arg} f'(z_0) + \operatorname{Arg} z'(t_0),$$

即

$$\psi = \varphi + \operatorname{Arg} f'(z_0)$$

令 $\alpha = \operatorname{Arg} f'(z_0)$，则

$$\alpha = \psi - \varphi \tag{6.1}$$

为了便于观察曲线 C 和曲线 Γ 的关系，将 z 与 w 平面重叠在一起，使 x 轴与 u 轴、y 轴与 v 轴平行且正方向相同（见图 6.1）. 不难发现，α 是原曲线的切线正方向与变换后像曲线的切线正方向间的夹角，也就是说，曲线 C 在 z_0 处的切线按逆时针方向旋转角度 α 后得到曲线 Γ 在 w_0 处的切线.

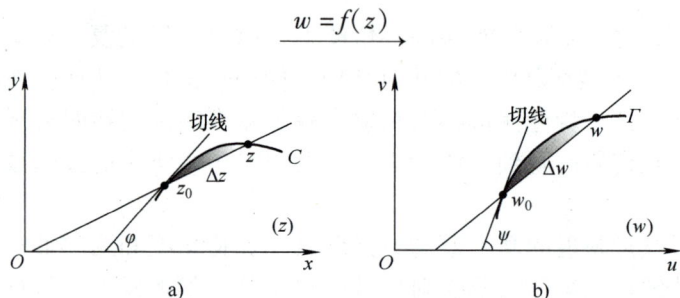

图 6.1 导数的几何意义

另一方面，由导数的定义可得

$$w'(t_0) = f'(z_0) = \lim_{\Delta z \to 0} \frac{\Delta w}{\Delta z} = \lim_{\Delta z \to 0} \frac{|\Delta w| \mathrm{e}^{\mathrm{i}\psi}}{|\Delta z| \mathrm{e}^{\mathrm{i}\varphi}} = \lim_{\Delta z \to 0} \frac{|\Delta w|}{|\Delta z|} \mathrm{e}^{\mathrm{i}(\psi - \varphi)} = \lim_{\Delta z \to 0} \frac{|\Delta w|}{|\Delta z|} \mathrm{e}^{\mathrm{i}\alpha}$$

因此

$$|f'(z_0)| = \lim_{\Delta z \to 0} \frac{|\Delta w|}{|\Delta z|}.$$

式中，$\Delta w = |w - w_0|$，$\Delta z = |z - z_0|$. 事实上，记曲线 C 上从 z_0 到 z 的弧长为 Δs，曲线 Γ 上从 w_0 到 w 的弧长为 ΔS，当 z 沿着曲线 C 趋近于 z_0 时，可得

$$\lambda = |f'(z_0)| = \lim_{\Delta z \to 0} \frac{|\Delta w|}{|\Delta z|} = \lim_{\Delta z \to 0} \left(\frac{|\Delta w|}{|\Delta S|} \frac{|\Delta S|}{|\Delta s|} \frac{|\Delta s|}{|\Delta z|} \right) = \lim_{\Delta z \to 0} \frac{|\Delta S|}{|\Delta s|} \tag{6.2}$$

式中，λ 为伸缩率，即对任意经过 z_0 的光滑曲线 C，像曲线 Γ 在该点的各方向一致伸缩至原来的 λ 倍.

定义 6.1 曲线 Γ 在 w_0 的切线正方向与曲线 C 在 z_0 点的切线正方向的夹角 $\alpha = \operatorname{Arg} f'(z_0)$，称为变换 $w = f(z)$ 在 z_0 点的**旋转角**. 表示曲线 C 在 z_0 的切线转动到曲线 Γ 在 w_0 处的切线需要旋转的角度.

定义 6.2 像点间无穷小距离与原像点间的无穷小距离之比的极限 $\lambda = |f'(z_0)|$，称为变换 $w = f(z)$ 在 z_0 点的**伸缩率**. 当 $\lambda > 1$ 时，表示映射实现了伸长. 当 $\lambda < 1$ 时，表示映射实现了缩小.

可以看出，旋转角和伸缩率这两个指标定量地刻画了曲线经映射后的局部变化特征，仅与 z_0 有关，与过 z_0 的曲线 C 无关. 这也是导函数辐角和模的几何意义. 由此可得下述定理.

定理 6.1 设函数 $w = f(z)$ 在区域 D 内解析，$z_0 \in D$，且 $f'(z_0) \neq 0$，那么映射 $w = f(z)$ 在 z_0 具有两个性质：

（1）旋转角不变性与保角性. 即通过 z_0 的任何一条曲线的旋转角均为 $\operatorname{Arg} f'(z_0)$，而与曲

线的形状和方向无关.

（2）伸缩率的不变性. 即通过 z_0 的任何一条曲线的伸缩率均为 $|f'(z_0)|$，而与曲线的形状和方向无关.

例 6.1 求函数 $w = z^3$ 在点 $z = i$ 处的导数值，并说明其几何意义.

解 函数 $w = z^3$ 在整个复平面上是解析的，其导函数为 $w' = 3z^2$. 当 $z = i$ 时，有

$$w'(i) = 3i^2 = -3 = 3e^{i\pi},$$

因此，函数 $w = z^3$ 在点 $z = i$ 处具有保角性且伸缩率不变. 其伸缩率为 3，旋转角为 π.

6.1.2 共形映射的概念

定义 6.3 对于区域 D 上的映射 $w = f(z)$，若该映射在 D 内任意一点都具有保角性和伸缩率不变性，则称 $w = f(z)$ 是**第一类保角映射**；若它在 D 内任意一点都保持曲线的交角的大小不变但方向相反和伸缩率不变，则称 $w = f(z)$ 是**第二类保角映射**.

根据解析函数导数的几何意义可得下面的定理.

定理 6.2 设函数 $f(z)$ 在区域 D 内解析，且 $f'(z) \neq 0$，则它所构成的映射是第一类保角映射.

定义 6.4 设 $w = f(z)$ 是区域 D 内的第一类保角映射. 若 $z_1 \neq z_2$，有 $f(z_1) \neq f(z_2)$，则称 $w = f(z)$ 为**共形映射**.

例 6.2 考察函数 $w = e^z$ 构成的是否是共形映射.

解 因为 $w = e^z$ 在整个复平面上解析且 $w = (e^z)' \neq 0$，因此它在任何区域内均构成第一类保角映射，但它不一定构成共形映射.

例如，在区域 $0 < \text{Im } z < 4\pi$ 内，取 $z_1 = \dfrac{\pi}{2}i$，$z_2 = \left(2\pi + \dfrac{\pi}{2}\right)i$，则 $e^{z_1} = e^{z_2} = i$，因此 $w = e^z$ 不构成共形映射. 而在区域 $0 < \text{Im } z < 2\pi$ 内，则 $w = e^z$ 是双方单值的，在任何区域内构成共形映射.

共形映射的特点是双方单值且在区域内每一点都具有保角性和伸缩率不变性.

6.2 分式线性映射

分式线性映射，是一种特殊的有理函数映射，在复平面上具有许多独特的性质，如保形性、保圆性和保对称点性，这些性质使其在几何变换、复变函数论、微分几何等领域中发挥着重要作用.

定义 6.5 由有理函数

$$w = \frac{az + b}{cz + d} \tag{6.3}$$

构成的映射，称为**分式线性映射**，其中 a，b，c，d 是复常数，且 $ad - bc \neq 0$. 当 $c = 0$ 时，则称为**整线性映射**.

上述定义中的定义域可以推广到扩充复平面 C_∞，具体如下.

若 $c = 0$ 时，$z = \infty$ 映射为 $w = \infty$.

若 $c \neq 0$ 时, $w = \begin{cases} \infty, & z = -\dfrac{d}{c}, \\[2mm] \dfrac{a}{c}, & z = \infty. \end{cases}$

可以看出, 分式线性映射是 C_∞ 意义上的映射. 两个分式线性映射的复合, 仍是一个分式线性映射. 分式线性映射的逆映射也是一个分式线性映射.

6.2.1 分式线性映射的分解

分析分式线性映射的特征, 需对下列四种简单函数进行讨论.

设 z 和 w 是同一个复平面上的点, 有

（1） $w = z + b$, 是一个平移映射. 因为复数相加可以化为向量相加, 所以在 $w = z + b$ 之下（见图 6.2）, z 沿向量 b（即复数 b 所表示的向量）的方向平移一段距离 $|b|$ 后, 就得到 w.

（2） $w = z e^{i\theta}$, 确定一个旋转映射, 在这类映射下, 有 $|w| = |z|$, $\mathrm{Arg}\, w = \mathrm{Arg}\, z + \theta$ 这类映射在保持向量 z 的长度不变的情况下, 辐角旋转一个角度 θ（见图 6.3）.

（3） $w = rz$, $r > 0$, 在这类映射下, 有 $|w| = r|z|$, $\mathrm{Arg}\, w = \mathrm{Arg}\, z$. 图 6.4 所示的这类映射保持向量的方向不变, 其长度放大了 r 倍, 确定了一个以原点为相似中心的相似映射.

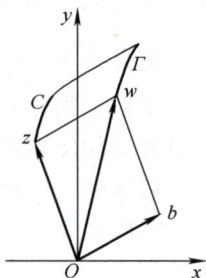

图 6.2 平移映射的几何意义

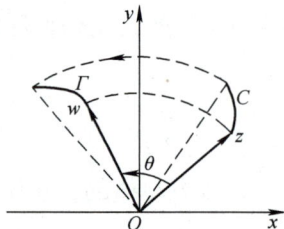

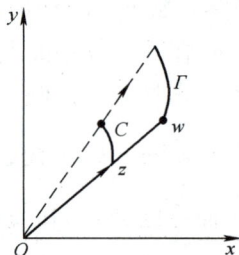

图 6.3 旋转映射的几何意义   图 6.4 相似的几何意义

（4） $w = \dfrac{1}{z}$ 是由映射 $w_1 = \dfrac{1}{\bar z}$ 及关于实轴的对称映射 $w = \overline{w_1}$ 叠合而得, 称为反演映射.

从图 6.5 中可以清楚地看出, 反演（或倒数）映射通常还可以分为两步来完成.

1）将 z 映射为 w_1, 满足 $|w_1| = \dfrac{1}{|z|}$, $\mathrm{Arg}\, w_1 = \mathrm{Arg}\, z$.

2）将 w_1 映射为 w, 满足 $|w| = |w_1|$, $\mathrm{Arg}\, w = -\mathrm{Arg}\, w_1$.

从几何角度看, w_1 与 w 是关于实轴对称的, 那么 w 与 w_1 的几何关系是什么呢?

定义 6.6   设某圆的半径为 R, z 与 w_1 两点在从圆心出发的射线上, 且 $\overline{Oz}\ \overline{Ow_1} = R^2$, 则称 z 和 w_1 是**关于圆周对称的**（见图 6.5）. 规定圆心与无穷远点关于该圆周对称.

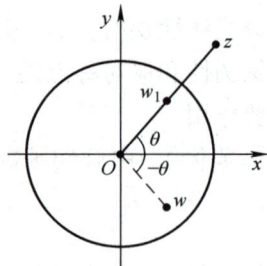

图 6.5 反演映射的几何意义

根据这一定义可知，z 和 w_1 是关于单位圆对称的. 换言之，映射 $w = \dfrac{1}{z}$ 可由单位圆对称映射与实轴对称映射复合而成.

根据上述对四种简单函数分析可给出构成一般分式线性映射的基础.

定理 6.3（分解定理） 分式线性映射是扩充复平面上的一一映射，且任何分式线性映射都可以看成下列基本分式线性映射的复合.

（1）平移映射：$w = z + b$（b 为复数）.

（2）旋转映射：$w = z\mathrm{e}^{\mathrm{i}\theta}$（$\theta$ 为实数）.

（3）伸缩映射：$w = rz$（$r > 0$）.

（4）反演映射：$w = \dfrac{1}{z}$.

事实上，对给定的分式线性映射 $w = \dfrac{az + b}{cz + d}$，可视 c 情形拆分为上述（1）～（4）中的某些复合.

若 $c = 0$，则

$$w = \frac{az + b}{d} = \frac{a}{d}\left(z + \frac{b}{a}\right),$$

若 $c \neq 0$，则

$$w = \frac{az + b}{cz + d} = \frac{a}{c} + \frac{bc - ad}{c^2\left(z + \dfrac{d}{c}\right)}.$$

它可以看成基本映射（1）～（4）的复合映射.

为了方便地进行后面的讨论，对反演映射做如下规定说明.

（1）反演映射 $w = \dfrac{1}{z}$ 将 $z = 0$ 映射成 $w = \infty$，将 $z = \infty$ 映射成 $w = 0$.

（2）函数 $f(z)$ 在 $z = \infty$ 点及其邻域的性态可由函数 $\varphi(\xi)$ 在 $\xi = 0$ 点及其邻域的性态确定，其中 $\xi = \dfrac{1}{z}$，$\varphi(\xi) = \varphi\left(\dfrac{1}{z}\right) = f(z)$. 即，当我们讨论函数 $f(z)$ 在 $z = \infty$ 点附近的性态时，可以先通过反演映射 $f(z)$ 化为 $\varphi(\xi)$，再讨论 $\varphi(\xi)$ 在原点附近的性态. 同理，我们讨论曲线 C 在无穷远点 $z = \infty$ 的性态可由反演映射的像曲线 Γ 在原点 $\xi = 0$ 的性态来刻画.

根据上述规定，补充平面上两条曲线在无穷远点 ∞ 处的交角的定义.

定义 6.7 平面上两条无限延伸的曲线（可看成过点 ∞ 的两条曲线）在无穷远点的交角，是指它们在反演变换下的像曲线在原点（即 ∞ 在反演变换下的像点）处的交角（见图 6.6）.

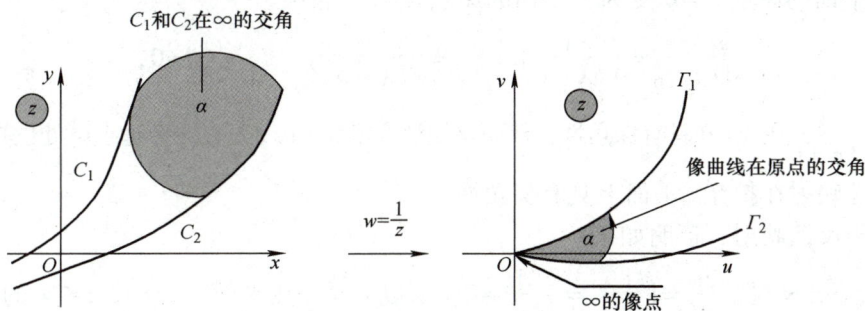

图 6.6 两条曲线在无穷远点的交角含义示意图

例 6.3 将分式线性映射 $w = \dfrac{2z}{z+\mathrm{i}}$ 分解为四种简单映射的复合.

解 因为 $w = \dfrac{2z}{z+\mathrm{i}} = \dfrac{2z+2\mathrm{i}-2\mathrm{i}}{z+\mathrm{i}} = 2 + \dfrac{-2\mathrm{i}}{z+\mathrm{i}} = 2 + 2\mathrm{e}^{-\frac{\pi}{2}\mathrm{i}}\dfrac{1}{z+\mathrm{i}}$，所以可分解为：

（1）z 经过平移映射转化为 $z_1 = z + \mathrm{i}$.

（2）z_1 经过反演映射变为 $z_2 = \dfrac{1}{z+\mathrm{i}}$.

（3）z_2 经过旋转映射转化为 $z_3 = \mathrm{e}^{-\frac{\pi}{2}\mathrm{i}}\dfrac{1}{z+\mathrm{i}}$.

（4）z_3 经过伸缩映射转化为 $z_4 = 2z_3$.

（5）z_4 经过平移映射转化为 $w = 2 + z_4$.

6.2.2 分式线性映射的性质

1. 分式线性映射的保形（角）性

定理 6.4（保形性定理）　分式线性映射 $w = \dfrac{az+b}{cz+d}$（其中 $ad-bc \neq 0$）在扩充复平面 C_∞ 上每一点都是保形的，即它把扩充 z 平面共形映射成扩充 w 平面.

分析　根据保形映射的定义，由于分式线性映射在扩充平面上是单叶的. 因此，我们只需讨论分式线性映射在扩充平面上的保角性. 又根据分式线性映射的分解，我们只需讨论分式线性映射分解的四种简单变换的保角性即可. 由于定理 6.3 中的前三种映射可合并成线性映射 $w = az + b$（$a \neq 0$）. 因此，只需考虑线性映射和反演映射两类.

证明　由题意可知，此定理证明只需考虑线性映射和反演映射两类.

（1）由于整线性变换 $w = az + b$（$a \neq 0$）将扩充 z 平面映射成扩充 w 平面，并且将扩充 z 平面上的 ∞ 变成扩充 w 平面上的 ∞.

当 $z \neq \infty$ 时，$w' = (az+b)' = a \neq 0$，所以它在扩充 z 平面上 $z \neq \infty$ 的各点处是保角的；当 $z = \infty$ 时，此时像点为 $w = \infty$，z 平面上过 ∞ 的两条曲线，其像曲线也是 w 平面上过 ∞ 的两条曲线. 根据定义 6.7，要想说明 $w = az + b$ 在 ∞ 具有保角性，只需说明同时在两个反演变换

$$\mu = \frac{1}{w} \text{和} \lambda = \frac{1}{z}$$

下，整线性变换 $w = az + b$ 变成下面的变换

$$\frac{1}{\mu} = a\frac{1}{\lambda} + b, \text{即} \mu = \frac{\lambda}{b\lambda + a}.$$

它将 λ 平面的原点 $\lambda = 0$ 变为 μ 平面的原点 $\mu = 0$，且

$$\frac{\mathrm{d}\mu}{\mathrm{d}\lambda}\bigg|_{\lambda=0} = \left(\frac{\lambda}{b\lambda+a}\right)'\bigg|_{\lambda=0} = \frac{a}{(b\lambda+a)^2}\bigg|_{\lambda=0} = \frac{1}{a} \neq 0,$$

所以变换 $\mu = \dfrac{\lambda}{b\lambda+a}$ 在 $\lambda = 0$ 具有保角性，从而整线性变换 $w = az + b$ 在无穷远点 ∞ 处也具有保角性.

故整线性映射在扩充 z 平面上具有保角性.

（2）对于反演映射，证明如下：

当 $z \neq 0$，$z \neq \infty$ 时，$\dfrac{\mathrm{d}w}{\mathrm{d}z} = \left(\dfrac{1}{z}\right)' = -\dfrac{1}{z^2} \neq 0$，所以 $w = \dfrac{1}{z}$ 在平面上 $z \neq 0$，$z \neq \infty$ 的各点处是保

角的.

当 $z=0$ 或者 $z=\infty$ 时, $z=0$ 的像点是 $w=\infty$, $z=\infty$ 的像点是 $w=0$, 由定义 6.7 可知, z 平面上过 $z=0$ 的两曲线在 $z=0$ 的交角就是像曲线在像点 $w=\infty$ 处的交角, 而 z 平面上过 $z=\infty$ 的两曲线在 $z=\infty$ 的交角就是像曲线在 $w=0$ 处的交角, 所以简单变换 $w=\dfrac{1}{z}$ 在 $z=0$ 和 $z=\infty$ 处也是保角的. 故简单变换 $w=\dfrac{1}{z}$ 在扩充 z 平面上也具有保角性.

综合上述讨论可以得到, 分式线性映射在扩充 z 平面上具有保角性, 从而分式线性映射在扩充 z 平面上是保形的.

例 6.4 讨论解析函数 $w=z^n$ (n 为正整数)的保角性和共形性.

解 (1) 因为 $\dfrac{\mathrm{d}w}{\mathrm{d}z}=nz^{n-1}\neq0(z\neq0)$, 故 $w=z^n$ 在 z 平面上除原点 $z=0$ 外处处都是保角的.

(2) 由于 $w=z^n$ 的单叶性区域是顶点在原点张度不超过 $\dfrac{2\pi}{n}$ 的角形区域. 故在此角形区域内 $w=z^n$ 是共形的. 在张度超过 $\dfrac{2\pi}{n}$ 的角形区域内, 则不是共形的, 但在其中各点的邻域内是共形的.

2. 分式线性映射的保圆性

显然, 根据分式线性映射中前三种变换的几何意义知, 这三种变换将圆周映射成圆.

在圆的方程

$$a(x^2+y^2)+bx+cy+d=0$$

(如果 $a=0$, 这表示一条直线)中, 将

$$x^2+y^2=z\bar z, x=\frac{z+\bar z}{2}, y=\frac{z-\bar z}{2\mathrm{i}}$$

代入上式, 则得圆的复数表示, 为

$$Az\bar z+\bar Bz+B\bar z+C=0.$$

式中, $A=a$, $B=\dfrac{1}{2}(b+\mathrm{i}c)$, $C=d$ 是复常数.

对于反演映射, 由于圆周或直线可表示为

$$Az\bar z+\bar Bz+B\bar z+C=0. \tag{6.4}$$

当 $A=0$ 时表示直线, 经过反演变换 $w=\dfrac{1}{z}$ 后, 就变为 $Cw\bar w+\bar B\bar w+Bw+A=0$, 它表示直线 ($C=0$) 或圆周 ($C\neq0$).

由此就可得到以下定理.

定理 6.5 分式线性映射将平面上的圆周(直线)变为圆周或直线.

注 在扩充 z 平面上, 直线可视为经过无穷远点的圆周, 事实上, 式(6.4)可改写为

$$A+\overline{\left(\frac{B}{z}\right)}+\frac{B}{z}+\frac{C}{z\bar z}=0,$$

欲其经过 ∞, 必须且只需 $A=0$. 因此可以说: 在分式线性映射下, 扩充 z 平面上的圆周变为扩充 w 平面上的圆周, 同时, 圆被共形映射成圆.

反之, 在扩充平面上给定区域 d 及 D, 其边界都是圆周, 则 d 必然可以共形映射成 D. 分式线性映射就能实现, 且在一定条件下, 这种分式线性映射还是唯一的.

例 6.5 求实轴在映射 $w = \dfrac{2i}{z+i}$ 下的像曲线.

解 在实轴上取三点 $z_1 = \infty$，$z_2 = 0$，$z_3 = 1$，则对应的三个像点为 $w_1 = 0$，$w_2 = 2$，$w_3 = 1 + i$. 由此得到像曲线为 $|w - 1| = 1$. 进一步还可得到，上半平面被映射到圆的内部，而下半平面被映射到圆的外部.

例 6.6 求区域 $D = \{z : |z - 1| < \sqrt{2}, |z + 1| < \sqrt{2}\}$ 在映射 $w = \dfrac{z - i}{z + i}$ 下的像区域.

解 如图 6.7 所示，区域 D 的边界为 $C_1 + C_2$，C_1 与 C_2 在点 i 的夹角为 $\dfrac{\pi}{2}$，且映射将 $-i$ 与 i 分别映成 ∞ 和 0. 因此由映射的保角性与保圆性可知，像曲线 Γ_1 与 Γ_2 为从原点出发的两条射线，且在原点处的夹角为 $\dfrac{\pi}{2}$. 取 C_1 与正交实轴的交点 $z = \sqrt{2} - 1$，其像为

$$z = \frac{\sqrt{2} - 1 - i}{\sqrt{2} - 1 + i} = -\frac{1}{\sqrt{2}}(1 + i),$$

故 Γ_1 为第三象限的角平分线，又 C_1 到 C_2 在 i 顺时针旋转 $\dfrac{\pi}{2}$，由保角性，Γ_1 到 Γ_2 在原点顺时针转 $\dfrac{\pi}{2}$.

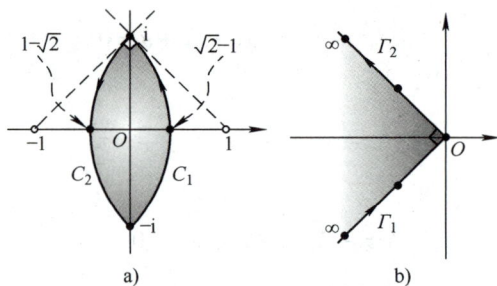

图 6.7 两条曲线在无穷远点的夹角含义示意图

3. 分式线性映射的保对称点性

我们曾经讲过关于单位圆周的对称点这一概念(见定义 6.6)，现推广如下.

定义 6.8 z_1，z_2 关于圆周 $\gamma : |z - a| = R$ **对称** 是指 z_1，z_2 都在过圆心 a 的同一条射线上，且 $|z_1 - a| |z_2 - a| = R^2$.

此外，还规定圆心 a 与 ∞ 点也是关于 γ 对称的(见图 6.8).

由定义即知：要使 z_1，z_2 关于圆周 $\gamma : |z - a| = R$ 对称，必须且只需 $z_2 - a = \dfrac{R^2}{\overline{z_1 - a}}$.

下述定理从几何方面说明了对称点的特性.

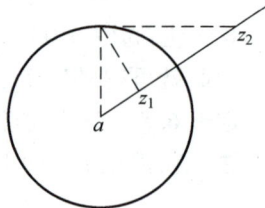

图 6.8 z_1，z_2 关于圆周 $\gamma : |z - a| = R$ 对称

定理 6.6 扩充 z 平面上两点 z_1，z_2 关于圆周 γ 对称的充要条件是，通过 z_1，z_2 的任意圆周都与 γ 正交.

证明 在下面两种情况下，结论显然是成立的.

（1）γ 为直线.

（2）γ 为半径有限的圆且 z_1 与 z_2 中有一个为无穷远点. 因此，我们仅就 γ 为 $|z-a|=R$（$0 < R < \infty$）且 z_1 与 z_2 均为有限点的情况加以说明（见图 6.9）.

必要性：设 z_1，z_2 关于圆周 γ：$|z-a|=R$ 对称，则过 z_1，z_2 的直线必然与 γ 正交（按对称点的定义，z_1，z_2 在从 a 出发的同一条射线上）.

设 δ 是过 z_1，z_2 的任一圆周，其切线为 $a\zeta$，ζ 为切点，由平面几何的定理得

$$|\zeta - a|^2 = |z_1 - a||z_2 - a|$$

但由 z_1，z_2 关于圆周 γ 对称的定义，有 $|z_1 - a||z_2 - a| = R^2$，所以 $|\zeta - a| = R$. 即是说 $a\zeta$ 是圆周 γ 的半径. 因此 δ 与 γ 正交.

图 6.9　两点 z_1，z_2
关于圆周 γ 对称

充分性：设过 z_1，z_2 的每一圆周都与 γ 正交. 过 z_1，z_2 作一圆周（非直线）δ，则 δ 与 γ 正交. 设交点之一为 ζ，则 γ 的半径 $a\zeta$ 必为 δ 的切线.

连接 z_1，z_2 延长后必经过 a（因为过 z_1，z_2 的直线与 γ 正交）. 于是 z_1，z_2 是在从 a 出发的同一条射线上，并且由平面几何的定理得

$$R^2 = |\zeta - a|^2 = |z_1 - a||z_2 - a|.$$

因此，z_1，z_2 关于圆周对称.

关于圆周的对称点，我们有如下定理.

定理 6.7　设 z_1，z_2 关于圆周 C 对称，则在分式线性映射下，它们的像点 w_1，w_2 关于圆周 C 的像曲线 Γ 对称.

证明　设 Γ' 是过 w_1 与 w_2 的任意一个圆，则其原像 C' 是过 z_1 与 z_2 的圆. 由 z_1 与 z_2 关于 C 对称，有 C 与 C' 正交，由保角性，Γ 与 Γ' 正交，即过 w_1 与 w_2 的任意圆与 Γ 正交. 因此 w_1 与 w_2 关于 Γ 对称.

4. 分式线性映射的唯一性

定理 6.8　设 z_1，z_2，z_3 是扩充 z 平面上的三个相异的点，w_1，w_2，w_3 是扩充 w 平面上的三个相异的点，则存在唯一的分式线性映射，把 z_1，z_2，z_3 分别依次地映射为 w_1，w_2，w_3，并且可以写成 $\dfrac{z - z_1}{z - z_2} : \dfrac{z_3 - z_1}{z_3 - z_2} = \dfrac{w - w_1}{w - w_2} : \dfrac{w_3 - w_1}{w_3 - w_2}$.

证明　分两种情况证明定理成立.

（1）设 z_1，z_2，z_3 和 w_1，w_2，w_3 均为有限点情形，设

$$w = \frac{\alpha z + \beta}{\lambda z + \mu},$$

则由条件可知

$$\begin{cases} w_1 = \dfrac{\alpha z_1 + \beta}{\lambda z_1 + \mu}, \\[2mm] w_2 = \dfrac{\alpha z_2 + \beta}{\lambda z_2 + \mu}, \\[2mm] w_3 = \dfrac{\alpha z_3 + \beta}{\lambda z_3 + \mu}. \end{cases}$$

根据上式计算可得

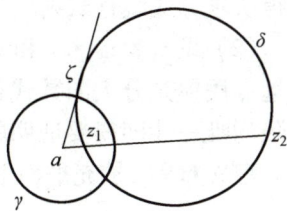

$$\frac{z - z_1}{z - z_2} : \frac{z_3 - z_1}{z_3 - z_2} = \frac{w - w_1}{w - w_2} : \frac{w_3 - w_1}{w_3 - w_2}. \qquad (6.5)$$

因为 z_1, z_2, z_3 和 w_1, w_2, w_3 均为确定的已知点，所以从式(6.5)中可以唯一解出 w，即得所求分式线性映射.

（2）设 z_1, z_2, z_3 和 w_1, w_2, w_3 中含有无穷远点情形. 这时圆周退化为直线，只需把无穷远点用模充分大的数代替，就能得到形如式(6.5)的分式线性映射，再让该点趋于无穷，由极限的唯一性即得要证明的结论.

定义 6.9 扩充平面上有顺序的四个相异点 z_1, z_2, z_3, z_4 构成下面的量，称为它们的**交比**，记为 $(z_1, z_2, z_3, z_4) = \dfrac{z_3 - z_1}{z_3 - z_2} : \dfrac{z_4 - z_1}{z_4 - z_2}$.

当四点中有一点为无穷时，应将包含此点的项用 1 代替. 例如 $z_1 = \infty$ 时，即有 $(\infty, z_2, z_3, z_4) = \dfrac{1}{z_3 - z_2} : \dfrac{1}{z_4 - z_2}$.

例 6.7 已知区域 $D = \{z : |z| < 1, \operatorname{Im} z > 0\}$，求一分式线性映射，将区域 D 映射为第一象限.

解 先构造一分式线性映射使 -1 变为 0，使 1 变为 ∞，从而将边界 C_1 与 C_2 映射为从原点出发的两条射线（见图 6.10）. 其函数可为

$$w_1 = \frac{z + 1}{z - 1},$$

很容易知道它将 D 映射为第三象限，再通过旋转映射即得结果

$$w = w_1 e^{\pi i} = \frac{-z - 1}{z - 1}.$$

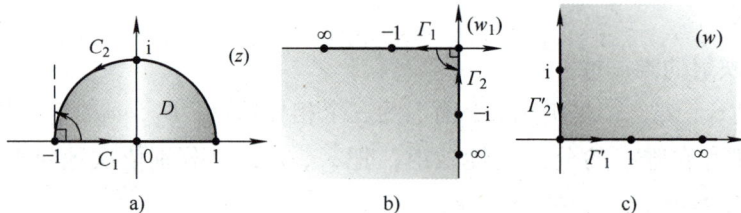

图 6.10 区域 D 映射为第一象限

例 6.8 求一个分式线性映射将三点 1, i, -1 对应地变为 1, $-i$, 2.

解 根据定理 6.7，所求的分式线性映射为

$$(1, i, -1, z) = (1, -i, 2, w),$$

即

$$\frac{z - 1}{z - i} : \frac{-1 - 1}{-1 - i} = \frac{w - 1}{w + i} : \frac{2 - 1}{2 + i},$$

整理得

$$\frac{w - 1}{w + i} = \frac{(z - 1)(1 + i)}{(z - i)(4 + 2i)}.$$

从中把 w 用 z 的表达式表示出来得

$$w = \frac{(i-z)(4+2i) - (z-1)(i-1)}{(z-1)(1+i) - (z-i)(4+2i)}.$$

6.2.3 两个典型区域间的分式线性映射

上半平面与单位圆域是两个非常典型的区域，而一般区域间的共形映射的构造大都是围绕这两个区域进行的，因此它们之间的相互转化在分式线性映射中具有重要地位.

例 6.9　求一分式线性映射，把上半平面 $\operatorname{Im} z > 0$ 共形映射成单位圆盘 $|w| < 1$.

解　在上半平面任取一点 z_0，使之映射到 w 平面上的原点 $w = 0$. 由于线性函数把关于实轴 $\operatorname{Im} z > 0$ 的对称点映射成为关于圆 $|w| = 1$ 的对称点，所求函数不仅把 z_0 映射成 $w = 0$，而且把 $\bar{z}_0$ 映射成 $w = \infty$. 因此这种函数的形状是

$$w = a \frac{z - z_0}{z - \bar{z}_0},$$

式中，a 是一个复常数. 其次，如果 z 是实数，则

$$|w| = |a| \left| \frac{z - z_0}{z - \bar{z}_0} \right| = |a| = 1,$$

于是 $a = e^{i\theta}$，其中 θ 为任意实常数. 因此所求映射的一般形式为

$$w = e^{i\theta} \frac{z - z_0}{z - \bar{z}_0}. \tag{6.6}$$

需要注意的是：

（1）圆盘 $|w| < 1$ 的直径是由通过 z_0 及 $\bar{z}_0$ 的圆在上半平面的弧映射成的.

（2）以 $w = 0$ 为圆心的圆由以 z_0 及 $\bar{z}_0$ 为对称点的圆映射成的.

（3）由于 θ 为任意实常数，所以把上半平面 $\operatorname{Im} z > 0$ 共形映射成单位圆盘 $|w| < 1$ 的分式线性映射不唯一，有无穷多个.

例 6.10　求一分式线性映射，把单位圆 $|z| < 1$ 共形映射成单位圆盘 $|w| < 1$.

解　在 $|z| < 1$ 内任取一点 z_0，使之映射成 $w = 0$，由于 z_0 与 $\frac{1}{z_0}$ 关于 $|z| = 1$ 对称，0 与 ∞ 关于 $|w| = 1$ 对称，根据保对称点性，$\frac{1}{z_0}$ 应被映射为 ∞. 因此，映射具有如下形式，为

$$w = k \frac{z - z_0}{z - \frac{1}{z_0}} = k_1 \frac{z - z_0}{1 - \bar{z}_0 z},$$

式中，$k_1 = -k\bar{z}_0$ 为待定复常数.

由于 $|z| = 1$ 上的点映射为 $|w| = 1$ 上的点，因而对于 $z = 1$，其像点 w 满足 $|w| = 1$，即有

$$|w| = \left| \frac{1 - z_0}{1 - \bar{z}_0} \right| |k_1| = |k_1| = 1,$$

所以 $k_1 = e^{i\theta}$，其中 θ 为任意实常数. 因此所求映射的一般形式为

$$w = e^{i\theta} \frac{z - z_0}{1 - \bar{z}_0 z}. \tag{6.7}$$

需要注意的是：

（1）圆盘 $|w|<1$ 的直径是由通过 z_0 及 $\dfrac{1}{\overline{z_0}}$ 的圆在 $|z|<1$ 内的弧映射成的.

（2）以 $w=0$ 为心的圆由以 z_0 及 $\dfrac{1}{\overline{z_0}}$ 为对称点的圆映射成的.

（3）$w=0$ 由 $z=z_0$ 映射而成.

上述式（6.6）和式（6.7）是比较重要的公式，在将一些区域映射为单位圆域时，通常会先将其变成上半平面，再借助式（6.6）和式（6.7）变为圆域. 具体的求解过程见下面例题.

例6.11 求将上半平面 $\mathrm{Im}\, z>0$，映射成 $|w|<1$ 单位圆的分式线性映射 $w=f(z)$，且满足 $f(\mathrm{i})=0$，$\arg f'(\mathrm{i})=\dfrac{\pi}{2}$.

解 由条件及式（6.6），将上半平面 $\mathrm{Im}\, z>0$，映射成 $|w|<1$ 单位圆的分式线性映射为

$$w=\mathrm{e}^{\mathrm{i}\theta}\frac{z-\mathrm{i}}{z+\mathrm{i}}.$$

又 $f'(z)=\mathrm{e}^{\mathrm{i}\theta}\dfrac{2\mathrm{i}}{(z+\mathrm{i})^2}$，则 $f'(\mathrm{i})=\dfrac{1}{2}\mathrm{e}^{\mathrm{i}\left(\theta-\frac{\pi}{2}\right)}$，再由 $f(\mathrm{i})=0$，$\arg f'(\mathrm{i})=\dfrac{\pi}{2}$ 可得 $\theta=\pi$，所以有

$$w=-\frac{z-\mathrm{i}}{z+\mathrm{i}}.$$

例6.12 求将上半 z 平面共形映射成圆 $|w-w_0|<R$ 的分式线性映射 $w=L(z)$，使其符合条件 $L(\mathrm{i})=w_0$，$L'(\mathrm{i})>0$.

解 首先，进行分式线性映射 $\xi=\dfrac{w-w_0}{R}$ 将圆 $|w-w_0|<R$ 共形映射成单位圆 $|\xi|<1$.

其次，做出上半平面 $\mathrm{Im}\, z>0$ 到单位圆 $|\xi|<1$ 的共形映射，使 $z=\mathrm{i}$ 变成 $\xi=0$，此分式线性映射为

$$\xi=\mathrm{e}^{\mathrm{i}\theta}\frac{z-\mathrm{i}}{z+\mathrm{i}}.$$

为了能应用上述三个特别的结果. 我们在 z 平面与 w 平面间插入一个"中间"平面——ξ 平面.

复合上述两个分式线性映射得

$$\frac{w-w_0}{R}=\mathrm{e}^{\mathrm{i}\theta}\frac{z-\mathrm{i}}{z+\mathrm{i}},$$

它将上半 z 平面共形映射成圆 $|w-w_0|<R$，i 变成 w_0. 再由条件 $L'(\mathrm{i})>0$，先求得

$$\frac{1}{R}\frac{\mathrm{d}w}{\mathrm{d}z}\bigg|_{z=\mathrm{i}}=\mathrm{e}^{\mathrm{i}\theta}\frac{z+\mathrm{i}-z+\mathrm{i}}{(z+\mathrm{i})^2}\bigg|_{z=\mathrm{i}}=\mathrm{e}^{\mathrm{i}\theta}\frac{1}{2\mathrm{i}},$$

即

$$L'(\mathrm{i})=R\mathrm{e}^{\mathrm{i}\theta}\frac{1}{2\mathrm{i}}=\frac{R}{2}\mathrm{e}^{\mathrm{i}\left(\theta-\frac{\pi}{2}\right)},$$

于是

$$\theta-\frac{\pi}{2}=0,\ \theta=\frac{\pi}{2},\ \mathrm{e}^{\mathrm{i}\theta}=\mathrm{i},$$

所求分式线性映射为

$$w=R\mathrm{i}\frac{z-\mathrm{i}}{z+\mathrm{i}}+w_0.$$

例6.13 求将上半 z 平面共形映射成上半 w 平面的分式线性映射，使其符合条件

$$1+\mathrm{i}=L(\mathrm{i}),\ 0=L(0).$$

解 设所求分式线性映射 $w = L(z)$ 为

$$w = \frac{az + b}{cz + d},$$

式中，a，b，c，d 都是实数，$ad - bc > 0$.

由于 $0 = L(0)$，必有 $b = 0$，因而 $a \neq 0$. 则 $w = L(z)$ 变形为

$$w = \frac{z}{ez + f},$$

式中，$e = \frac{c}{a}$，$f = \frac{d}{a}$ 都是实数. 再由第一个条件得

$$1 + \mathrm{i} = \frac{\mathrm{i}}{e\mathrm{i} + f},$$

所以 $$f - e = 0, \quad f + e = 1,$$

解之得 $$f = e = \frac{1}{2},$$

故所求的分式线性映射为 $$w = \frac{2z}{z + 1}$$

6.3 几个初等函数所构成的映射

6.3.1 幂函数与根式函数

函数 $w = z^n$ 在复平面上解析，且当 $z \neq 0$ 时，其导数不为零，因此在复平面上除去原点外，函数 $w = z^n$ 所构成的映射是第一类保角映射，但它不一定构成共形映射. 例如，与 $w = z^4$ 对应的 $z_1 = \mathrm{e}^{\frac{\pi}{2}\mathrm{i}}$，$z_2 = \mathrm{e}^{\pi\mathrm{i}}$ 不是单值的，那它在什么情况下构成共形映射呢？

由第 2 章知，函数 $w = z^n$ 的单叶性区域是顶点在原点张度不超过 $\frac{2\pi}{n}$ 的角形区域. 例如，幂函数在角形区域 $d = \left\{ z : 0 < \arg z < \alpha \left(0 < \alpha \leqslant \frac{2\pi}{n} \right) \right\}$ 内是单叶的，点 $z = 0$ 及 $z = \infty$ 在 d 的边界上不在 d 内，因而是保形的. 于是幂函数 $w = z^n$ 将角形区域 $d = \left\{ z : 0 < \arg z < \alpha \left(0 < \alpha \leqslant \frac{2\pi}{n} \right) \right\}$ 共形映射成角形区域 $D = \{ w : 0 < \arg w < n\alpha \}$（见图 6.11）. 通俗讲，幂函数的特点是扩大角形域.

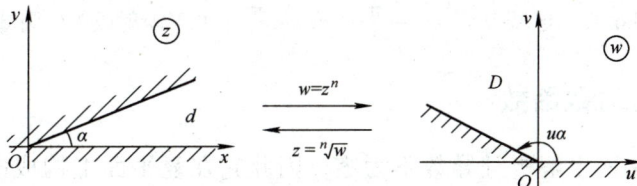

图 6.11 幂函数和根式函数

特别地，$w = z^n$ 将角形区域 $0 < \arg z < \frac{2\pi}{n}$ 共形映射成 w 平面上除去原点及正实轴的区域，（见图 6.12）.

函数 $z = \sqrt[n]{w}$，可将 w 平面上的角形区域 $D = \left\{ w : 0 < \arg w < n\alpha \left(0 < \alpha \leqslant \frac{2\pi}{n} \right) \right\}$ 共形映射成 z

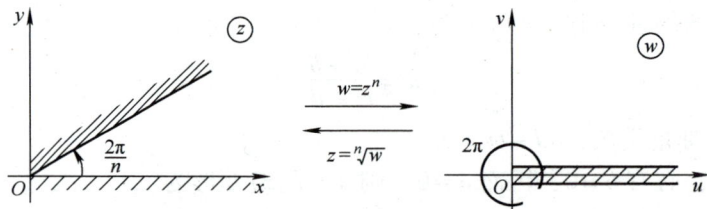

图 6.12　幂函数和根式函数的特殊情况

平面上的角形区域 $d = \{z: 0 < \arg z < \alpha\}$. 也就是说，根式函数的特点是缩小角形域.

　　需要注意的是，如果是扇形域，那么模要相应地扩大或缩小，这一点往往容易忽略.

例 6.14　求一共形映射，将区域 $D = \left\{z: 0 < \arg z < \dfrac{4\pi}{5}\right\}$ 共形映射成单位圆域.

解　如图 6.13 所示，首先由根式映射 $z_1 = \sqrt[4]{z}$ 将区域 D 变为角形域 $0 < \arg z < \dfrac{\pi}{5}$，再由

$z_2 = z_1^5$ 将指定区域变成上半平面，最后再由 $w = \dfrac{z_2 - i}{z_2 + i}$ 变为 $|w| < 1$. 因此所求映射为

$$w = \frac{(\sqrt[4]{z})^5 - i}{(\sqrt[4]{z})^5 + i}.$$

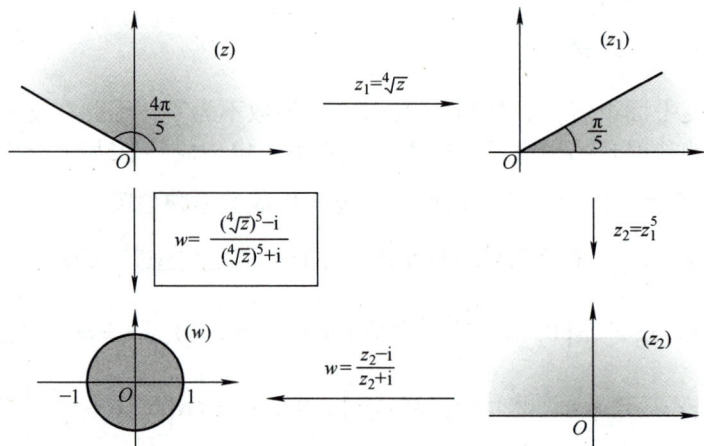

图 6.13　区域 $D = \left\{z: -\dfrac{\pi}{4} < \arg z < \dfrac{\pi}{2}\right\}$ 共形映射成单位圆域

6.3.2　指数函数与对数函数

　　函数 $w = e^z$ 在复平面上解析且导数不为零，因此它在复平面上构成的映射是第一类保角映射. 注意到指数函数是周期函数，不是双方单值的，因而不一定构成共形映射.

　　令 $z = x + iy$，则 $w = e^x e^{iy}$. 即 z 的实部通过指数关系构成 w 的模，而 z 的虚部是 w 的辐角. 为方便起见，我们仅对带形域（或半带形域）进行考虑，设有带形域 $0 < \operatorname{Im} z < h$，则对此区域内的任意一点 z，经映射后其像点 w 的辐角满足 $0 < \arg w < h$，因此要使双方单值，h 应满足 $h \leqslant 2\pi$.

　　由此得到，函数 $w = e^z$ 将带形域 $0 < \operatorname{Im} z < h\,(h \leqslant 2\pi)$ 共形映射为角形域 $0 < \arg w < h$（见图 6.14）. 因此可以简单地说，指数函数的特点是将带形域变成角形域. 相应地，对数函数

$w = \ln z$ 作为指数函数的逆映射，则是将角形域 $0 < \arg z < h (h \leqslant 2\pi)$ 变为带形域 $0 < \operatorname{Im} w < h$.

图 6.14 指数函数

这里所提到的带形域的实部是取所有实数，但若实部是在某范围内取值，则应注意像区域内点的模的范围.

例如，对于左半带形域 $D = \{z : \operatorname{Re} z < 0, 0 < \operatorname{Im} z < h\}$，在映射 $w = \mathrm{e}^z$ 下像区域为扇形域 $G = \{w : 0 < |w| < 1, 0 < \arg w < h\}$，其中 $h \leqslant 2\pi$. 通常借助指数函数把带形域映射成角形域.

例 6.15 求一分式线性映射，将区域 $D = \left\{z : \dfrac{\pi}{2} < \operatorname{Im}(z) < \pi\right\}$ 映射成上半平面.

解 首先通过平移映射 $z_1 = z - \dfrac{\pi}{2}\mathrm{i}$ 将带形域 D 变为带形域 $0 < \operatorname{Im}(z_1) < \dfrac{\pi}{2}$，再由映射 $z_2 = 2z_1$ 变为带形域 $0 < \operatorname{Im}(z_2) < \pi$，最后由指数函数 $w = \mathrm{e}^{z_2}$ 变为上半平面. 故所求映射为
$$w = \mathrm{e}^{2\left(z - \frac{\pi}{2}\mathrm{i}\right)}.$$

6.3.3 综合举例

在以下例子中，为方便简洁，求解步骤略有删减.

例 6.16 求一分式线性映射 $w = f(z)$，将上半平面 $\operatorname{Im} z > 0$ 映射成单位圆 $|w - \mathrm{i}| < 1$，且满足条件：$w(\mathrm{i}) = \mathrm{i}$，$\arg w'(\mathrm{i}) = \pi$.

解 做线性变换 $\xi = w - \mathrm{i}$ 将圆 $|w - \mathrm{i}| < 1$ 共形映射成单位圆 $|\xi| < 1$，再将上半平面 $\operatorname{Im} z > 0$ 映射成单位圆 $|\xi| < 1$，使得当 $z = \mathrm{i}$ 时，$\xi = 0$，可得 $\xi = \mathrm{e}^{\mathrm{i}\theta}\dfrac{z - \mathrm{i}}{z + \mathrm{i}}$，即
$$w - \mathrm{i} = \mathrm{e}^{\mathrm{i}\theta}\frac{z - \mathrm{i}}{z + \mathrm{i}},$$

所以 $w'(z) = \mathrm{e}^{\mathrm{i}\theta}\dfrac{2\mathrm{i}}{(z + \mathrm{i})^2}$，即当 $z = \mathrm{i}$ 时，
$$w'(\mathrm{i}) = \mathrm{e}^{\mathrm{i}\theta}\frac{2\mathrm{i}}{(\mathrm{i} + \mathrm{i})^2} = \mathrm{e}^{\mathrm{i}\theta}\frac{1}{2\mathrm{i}},$$

因此 $\arg w'(\mathrm{i}) = \theta + \dfrac{\pi}{2} = \pi$，即 $\theta = \dfrac{\pi}{2}$. 故所求分式线性映射为
$$w = \frac{\mathrm{e}^{\mathrm{i}\frac{\pi}{2}}(z - \mathrm{i}) + (z\mathrm{i} - 1)}{z + \mathrm{i}}.$$

例 6.17 求一个单叶函数，把半圆盘 $|z| < 2$，$\operatorname{Im} z > 0$ 保形变换成上半平面.

解 由于圆及实轴在 -2 和 $+2$ 直交，则可做分式线性映射

$$w' = \frac{z+2}{z-2}.$$

把 -2 和 $+2$ 分别映射成 w' 平面上的 0 及 ∞ 两点，即 z 平面上的实轴映射成 w' 平面上的实轴；又由于 $z=0$ 映射成 $w'=-1$，半圆的直径映射成 w' 平面上的负半实轴，圆 $|z|=2$ 映射成 w' 平面上的虚轴，且 $z=2\mathrm{i}$ 映射成 $w' = \frac{2\mathrm{i}+2}{2\mathrm{i}-2} = -\mathrm{i}$.

根据在共形映射下区域及其边界之间的对应关系，可知 $\pi < \arg w' < \frac{3\pi}{2}$.

再做映射 $w = (w')^2$，当 $\pi < \arg w' < \frac{3\pi}{2}$ 时，$2\pi < \arg w < 3\pi$. 即将 w' 平面上的第三象限映射成 w 平面上的上半平面.

故所求单叶函数为

$$w = w'^2 = \left(\frac{z+2}{z-2}\right)^2.$$

例 6.18 将区域 $-\frac{\pi}{4} < \arg z < \frac{\pi}{2}$ 共形映射成上半平面，使 $z = 1-\mathrm{i}$，i，0 分别变成 $w=2$，-1，0.

解 易知 $\xi = \left[\left(z\mathrm{e}^{\frac{\pi}{4}\mathrm{i}}\right)^{\frac{1}{3}} \right]^4$ 将指定区域变成上半平面，即 $z = 1-\mathrm{i}$，i，0 变成 $\xi = \sqrt[3]{4}$，-1，0. 现再做上半平面到上半平面的分式线性变换，使 $\xi = \sqrt[3]{4}$，-1，0 变成 $w = 2$，-1，0. 此变换为

$$\frac{\xi - \sqrt[3]{4}}{\xi + 1} \cdot \frac{0 - \sqrt[3]{4}}{0 + 1} = \frac{w-2}{w+1} \cdot \frac{0-2}{0+1}.$$

化简有 $w = \dfrac{2(\sqrt[3]{4}+1)\xi}{(\sqrt[3]{4}-2)\xi + 3\sqrt[3]{4}}$.

复合两个变换即可得到所求分式线性映射为

$$w = \frac{2(\sqrt[3]{4}+1)\left(\mathrm{e}^{\frac{\pi}{4}\mathrm{i}}z\right)^{\frac{4}{3}}}{(\sqrt[3]{4}-2)\left(\mathrm{e}^{\frac{\pi}{4}\mathrm{i}}z\right)^{\frac{4}{3}} + 3\sqrt[3]{4}}.$$

习题 6

1. 求映射 $w = \dfrac{1}{z}$ 下，下列曲线的像.

（1）$x^2 + y^2 = ax$ （$a \neq 0$，为实数）.

（2）$y = kx$（k 为实数）.

2. 求 $w = z^2$ 在 $z = \mathrm{i}$ 处的伸缩率和旋转角，问 $w = z^2$ 将经过点 $z = \mathrm{i}$ 且平行于实轴正向的曲线的切线方向映成 w 平面上哪一个方向？

3. 下列区域在指定的映射下映成什么？

（1）$\mathrm{Im}(z) > 0$，$w = (1+\mathrm{i})z$；（2）$\mathrm{Re}(z) > 0$，$0 < \mathrm{Im}(z) < 1$，$w = \dfrac{\mathrm{i}}{z}$.

4. 求将上半平面 $\mathrm{Im}\, z > 0$，映射成 $|w| < 1$ 单位圆的分式线性映射 $w = f(z)$，并满足条件 $f(1) = 1$，$f(\mathrm{i}) = \dfrac{1}{\sqrt{5}}$.

5. 求将 $|z| < 1$ 映射成 $|w| < 1$ 的分式线性映射 $w = f(z)$，并满足条件：

（1）$f\left(\dfrac{1}{2}\right) = 0$，$f(-1) = 1$；

（2）$f\left(\dfrac{1}{2}\right) = 0$，$\arg f'\left(\dfrac{1}{2}\right) = \dfrac{\pi}{2}$.

6. 求分式线性映射 $w(z)$，使 $|z| = 1$ 映射为 $|w| = 1$，且使 $z = 1$，$1+\mathrm{i}$ 分别映射为 $w = 1$，∞.

第 7 章

傅里叶变换

在自然科学和工程技术中，人们为了将较复杂的运算转化为较简单的运算，常常采用变换的方法来达到目的．但变换不同于化简，它必须是可逆的，即必须有与之匹配的逆变换．由于工程实际问题都是相对复杂的，因此变换是一种常用的方法．例如在初等数学中，数量的乘积和商可以通过对数变换化为较为简单的加法和减法运算，在工程数学里积分变换能够将分析运算（如微分、积分）转化为代数运算．正是积分变换的这一特性，使得它在微分方程和其他方程的求解中成为重要的方法之一．积分变换的理论和方法不仅在数学的很多分支中得到广泛应用，而且作为一种研究工具，在诸如物理学、力学及信号处理等科学技术领域也发挥着极为重要的作用．

本章将要介绍的傅里叶变换，就是一种对连续时间函数的积分变换，即通过某种积分运算，把一个函数化为另一个函数，同时它还具有对称形式的逆变换．它既能简化计算，如求解微分方程、化卷积为乘积，又具有非常特殊的物理意义．而在此基础上发展起来的离散傅里叶变换，在当今数字时代更是显得尤为重要．

7.1 傅里叶变换的概念

在讨论傅里叶变换之前，我们有必要先来回顾一下傅里叶级数展开，进而引入傅里叶积分．

7.1.1 傅里叶积分

1804 年，傅里叶首次提出"在有限区间上由任意图形定义的任意函数都可以表示为单纯的正弦函数与余弦函数之和"，但并没有给出严格的证明．1829 年，法国数学家狄利克雷（Dirichlet）证明了下面的定理，为傅里叶级数奠定了理论基础．

定理 7.1 设 $f_T(t)$ 是以 T 为周期的实值函数，且在 $\left[-\dfrac{T}{2}, \dfrac{T}{2}\right]$ 上满足狄利克雷条件，即

$f_T(t)$ 在 $\left[-\dfrac{T}{2}, \dfrac{T}{2}\right]$ 上满足：

（1）连续或者只有有限个第一类间断点；

（2）只有有限个极值点．

则在 $f_T(t)$ 的连续点处有

$$f_T(t) = \frac{a_0}{2} + \sum_{n=1}^{+\infty} (a_n \cos n\omega_0 t + b_n \sin n\omega_0 t) \tag{7.1}$$

式中，
$$\omega_0 = \frac{2\pi}{T}, \ a_n = \frac{2}{T}\int_{-\frac{T}{2}}^{\frac{T}{2}} f_T(t)\cos n\omega_0 t \mathrm{d}t \quad (n = 0, 1, \cdots),$$

$$b_n = \frac{2}{T}\int_{-\frac{T}{2}}^{\frac{T}{2}} f_T(t)\sin n\omega_0 t \mathrm{d}t \quad (n = 1, 2, \cdots).$$

在间断点 t_0 处，式(7.1)左端为 $\frac{1}{2}[f_T(t_0 + 0) + f_T(t_0 - 0)]$.

由于正弦函数与余弦函数可以统一地由指数函数表示，因此，可以得到另外一种更为简洁的形式. 根据欧拉公式可知(其中 $\mathrm{i} = \sqrt{-1}$)

$$\cos n\omega_0 t = \frac{1}{2}(\mathrm{e}^{\mathrm{i}n\omega_0 t} + \mathrm{e}^{-\mathrm{i}n\omega_0 t}),$$

$$\sin n\omega_0 t = \frac{\mathrm{i}}{2}(\mathrm{e}^{-\mathrm{i}n\omega_0 t} - \mathrm{e}^{\mathrm{i}n\omega_0 t}),$$

将其代入式(7.1)得

$$f_T(t) = \frac{a_0}{2} + \sum_{n=1}^{+\infty}\left(\frac{a_n - \mathrm{i}b_n}{2}\mathrm{e}^{\mathrm{i}n\omega_0 t} + \frac{a_n + \mathrm{i}b_n}{2}\mathrm{e}^{-\mathrm{i}n\omega_0 t}\right).$$

令 $c_0 = \frac{a_0}{2}$，$c_n = \frac{a_n - \mathrm{i}b_n}{2}$，$c_{-n} = \frac{a_n + \mathrm{i}b_n}{2}$ $(n = 1, 2, \cdots)$，可得

$$f_T(t) = \sum_{n=-\infty}^{+\infty} c_n \mathrm{e}^{\mathrm{i}n\omega_0 t}, \tag{7.2}$$

$$c_n = \frac{1}{T}\int_{-\frac{T}{2}}^{\frac{T}{2}} f_T(t)\mathrm{e}^{-\mathrm{i}n\omega_0 t}\mathrm{d}t \quad (n = 0, \pm 1, \pm 2, \cdots). \tag{7.3}$$

式中，系数 c_n 既可直接由式(7.2)以及函数族 $\{\mathrm{e}^{\mathrm{i}n\omega_0 t}\}$ 的正交性得到，也可根据 c_n 与 a_n，b_n 的关系以及 a_n，b_n 的计算公式得到，且 c_n 具有唯一性.

称式(7.1)为傅里叶级数的三角形式，而称式(7.2)为傅里叶级数的复指数形式.

例7.1 求以 T 为周期的函数

$$f_T(t) = \begin{cases} 0, & -\dfrac{T}{2} < t < 0, \\ 2, & 0 < t < \dfrac{T}{2} \end{cases}$$

的傅里叶级数的复数形式.

解 $\omega_0 = \dfrac{2\pi}{T}$，$c_0 = \dfrac{1}{T}\displaystyle\int_{-\frac{T}{2}}^{\frac{T}{2}} f_T(t)\,\mathrm{d}t = \dfrac{1}{T}\int_0^{\frac{T}{2}} 2\mathrm{d}t = 1$，

$$c_n = \frac{1}{T}\int_{-\frac{T}{2}}^{\frac{T}{2}} f_T(t)\mathrm{e}^{-\mathrm{i}n\omega_0 t}\mathrm{d}t = \frac{2}{T}\int_0^{\frac{T}{2}}\mathrm{e}^{-\mathrm{i}n\omega_0 t}\mathrm{d}t = -\frac{2}{\mathrm{i}n\omega_0 T}(\mathrm{e}^{-\mathrm{i}n\omega_0\frac{T}{2}} - 1)$$

$$= \frac{\mathrm{i}}{n\pi}(\mathrm{e}^{-\mathrm{i}n\pi} - 1) = \begin{cases} 0, & \text{当 } n \text{ 为偶数}, \\ -\dfrac{2\mathrm{i}}{n\pi}, & \text{当 } n \text{ 为奇数}. \end{cases}$$

故 $f_T(t)$ 的傅里叶级数的复数形式为 $f_T(t) = 1 + \displaystyle\sum_{n=-\infty}^{+\infty} \frac{-2\mathrm{i}}{(2n-1)\pi}\mathrm{e}^{\mathrm{i}(2n-1)\omega_0 t}$.

通过上述讨论可知，一个周期函数可以展开成傅里叶级数，那么对非周期函数是否同样

适合呢? 于是接下来我们讨论定义在整个实轴上非周期函数的展开问题. 这里给出的只是形式推导, 严格的证明读者可参考数学分析方面的相关教材.

任何一个非周期函数 $f(t)$ 都可以看成由某个周期函数 $f_T(t)$ 当 $T \to +\infty$ 时转化来的. 事实上, 由式 (7.2) 与式 (7.3) 有

$$f(t) = \lim_{T \to +\infty} f_T(t)$$

$$= \lim_{T \to +\infty} \sum_{n=-\infty}^{+\infty} \left[\frac{1}{T} \int_{-\frac{T}{2}}^{\frac{T}{2}} f_T(\tau) e^{-in\omega_0 \tau} d\tau \right] e^{in\omega_0 t}$$

将间隔 ω_0 记为 $\Delta\omega$, 节点 $n\omega_0$ 记为 ω_n, 并由 $T = \frac{2\pi}{\omega_0} = \frac{2\pi}{\Delta\omega}$, 得

$$f(t) = \frac{1}{2\pi} \lim_{\Delta\omega \to 0} \sum_{n=-\infty}^{+\infty} \left[\int_{-\frac{\pi}{\Delta\omega}}^{\frac{\pi}{\Delta\omega}} f_T(\tau) e^{-i\omega_n \tau} d\tau \cdot e^{i\omega_n t} \right] \Delta\omega$$

这是一个和式的极限, 按照积分的定义, 在一定条件下, 上式可写为

$$f(t) = \frac{1}{2\pi} \int_{-\infty}^{+\infty} \left[\int_{-\infty}^{+\infty} f(\tau) e^{-i\omega\tau} d\tau \right] e^{i\omega t} d\omega \tag{7.4}$$

由此得到下面的定理.

定理 7.2 (傅里叶积分定理) 如果定义在 $(-\infty, +\infty)$ 上的函数 $f(t)$ 满足下列条件:

(1) $f(t)$ 在任一有限区间上满足狄利克雷条件;

(2) $f(t)$ 在 $(-\infty, +\infty)$ 上绝对可积, 即 $\int_{-\infty}^{+\infty} |f(t)| dt < +\infty$,

则式 (7.4) 成立, 并且在 $f(t)$ 的间断点处, 式 (7.4) 的左端应为 $\frac{1}{2}[f(t+0) + f(t-0)]$.

称式 (7.4) 为傅里叶积分公式, 简称傅氏积分.

实际上, 式 (7.4) 是 $f(t)$ 的傅里叶积分公式的复数形式, 利用欧拉公式, 可将它转化为三角形式. 因为

$$f(t) = \frac{1}{2\pi} \int_{-\infty}^{+\infty} \left[\int_{-\infty}^{+\infty} f(\tau) e^{-i\omega\tau} d\tau \right] e^{i\omega t} d\omega$$

$$= \frac{1}{2\pi} \int_{-\infty}^{+\infty} \left[\int_{-\infty}^{+\infty} f(\tau) e^{i\omega(t-\tau)} d\tau \right] d\omega$$

$$= \frac{1}{2\pi} \int_{-\infty}^{+\infty} \left[\int_{-\infty}^{+\infty} f(\tau) \cos \omega(t-\tau) d\tau + i \int_{-\infty}^{+\infty} f(\tau) \sin \omega(t-\tau) d\tau \right] d\omega$$

考虑到积分 $\int_{-\infty}^{+\infty} f(\tau) \sin \omega(t-\tau) d\tau$ 是 ω 的奇函数, 就有

$$\int_{-\infty}^{+\infty} f(\tau) \sin \omega(t-\tau) d\tau = 0,$$

从而 $f(t) = \frac{1}{2\pi} \int_{-\infty}^{+\infty} \left[\int_{-\infty}^{+\infty} f(\tau) \cos \omega(t-\tau) d\tau \right] d\omega.$

又考虑到积分 $\int_{-\infty}^{+\infty} f(\tau) \cos \omega(t-\tau) d\tau$ 是 ω 的偶函数, 因此上式又可改写为

$$f(t) = \frac{1}{\pi} \int_{0}^{+\infty} \left[\int_{-\infty}^{+\infty} f(\tau) \cos \omega(t-\tau) d\tau \right] d\omega,$$

称其为函数 $f(t)$ 的傅里叶积分公式的三角形式.

例 7.2 求函数 $f(t) = \begin{cases} 1, & |t| \leq 1, \\ 0, & \text{其他} \end{cases}$ 的傅里叶积分表达式.

解 根据傅里叶积分公式的复数形式[见式(7.4)]，有

$$
\begin{aligned}
f(t) &= \frac{1}{2\pi} \int_{-\infty}^{+\infty} \left[\int_{-\infty}^{+\infty} f(\tau) e^{-i\omega\tau} d\tau \right] e^{i\omega t} d\omega \\
&= \frac{1}{2\pi} \int_{-\infty}^{+\infty} \left[\int_{-1}^{1} (\cos \omega\tau - i\sin \omega\tau) d\tau \right] e^{i\omega t} d\omega \\
&= \frac{1}{\pi} \int_{-\infty}^{+\infty} \left(\int_{0}^{1} \cos \omega\tau d\tau \right) e^{i\omega t} d\omega \\
&= \frac{1}{\pi} \int_{-\infty}^{+\infty} \frac{\sin \omega}{\omega} (\cos \omega t + i\sin \omega t) d\omega \\
&= \frac{2}{\pi} \int_{0}^{+\infty} \frac{\sin \omega \cos \omega t}{\omega} d\omega \quad (t \neq \pm 1).
\end{aligned}
$$

当 $t = \pm 1$ 时，$f(t)$ 应以 $\dfrac{f(\pm 1 + 0) + f(\pm 1 - 0)}{2} = \dfrac{1}{2}$ 代替.

7.1.2 傅里叶变换的定义

从式(7.4)出发，令

$$
F(\omega) = \int_{-\infty}^{+\infty} f(t) e^{-i\omega t} dt, \tag{7.5}
$$

则有

$$
f(t) = \frac{1}{2\pi} \int_{-\infty}^{+\infty} F(\omega) e^{i\omega t} d\omega. \tag{7.6}
$$

式(7.5)和式(7.6)中的反常积分都是柯西意义下的主值，在 $f(t)$ 的间断点处，式(7.6)左端应为 $\dfrac{1}{2} [f(t+0) + f(t-0)]$.

可以看出，由式(7.5)与式(7.6)定义了一个变换对，即对于任一已知函数 $f(t)$，通过指定的积分运算，得到一个与之对应的函数 $F(\omega)$；而 $F(\omega)$ 通过类似的积分运算，可以恢复到 $f(t)$. 它们具有非常优美的对称形式，且具有明确的物理意义和极好的数学性质. 由于它们是从傅里叶级数得来的，因此我们给出如下定义.

定义 7.1 若函数 $f(t)$ 在 $(-\infty, +\infty)$ 上满足傅里叶积分定理的条件，则称式(7.5)为 $f(t)$ 的**傅里叶变换**(简称傅氏变换)，其中函数 $F(\omega)$ 称为 $f(t)$ 的像函数，记为 $F(\omega) = \mathscr{F}[f(t)]$；称式(7.6)为 $F(\omega)$ 的傅里叶逆变换(简称傅氏逆变换)，其中函数 $f(t)$ 称为 $F(\omega)$ 的像原函数，记为 $f(t) = \mathscr{F}^{-1}[F(\omega)]$.

由此可知，像函数 $F(\omega)$ 和像原函数 $f(t)$ 构成了一个傅里叶变换对，它们具有相同的奇偶性.

当 $f(t)$ 为奇函数时，则

$$
F_s(\omega) = \int_{0}^{+\infty} f(t) \sin \omega t dt
$$

叫作 $f(t)$ 的**傅里叶正弦变换式**(简称为正弦变换)，即 $F_s(\omega) = \mathscr{F}_s[f(t)]$，而

$$
f(t) = \frac{2}{\pi} \int_{0}^{+\infty} F_s(\omega) \sin \omega t d\omega
$$

叫作 $F(\omega)$ 的**傅里叶正弦逆变换式**(简称为**正弦逆变换**),即 $f(t) = \mathcal{F}_s^{-1}[F_s(\omega)]$.

当 $f(t)$ 为偶函数时,则

$$F_c(\omega) = \int_0^{+\infty} f(t)\cos \omega t\mathrm{d}t$$

叫作 $f(t)$ 的**傅里叶余弦变换式**(简称为**余弦变换**),即 $F_c(\omega) = \mathcal{F}_c[f(t)]$,而

$$f(t) = \frac{2}{\pi}\int_0^{+\infty} F_c(\omega)\cos \omega t\mathrm{d}\omega$$

叫作 $F(\omega)$ 的**傅里叶余弦逆变换式**(简称为**余弦逆变换**),即 $f(t) = \mathcal{F}_c^{-1}[F_c(\omega)]$.

例 7.3 求指数衰减函数 $f(t) = \begin{cases} 0, & t < 0, \\ \mathrm{e}^{-\alpha t}, & t \geqslant 0 \end{cases}$ 的傅里叶变换及其积分表达式,其中 $\alpha > 0$.

解 根据式(7.5),有

$$\begin{aligned}
F(\omega) &= \mathcal{F}[f(t)] = \int_{-\infty}^{+\infty} f(t)\mathrm{e}^{-\mathrm{i}\omega t}\mathrm{d}t \\
&= \int_0^{+\infty} \mathrm{e}^{-\alpha t}\mathrm{e}^{-\mathrm{i}\omega t}\mathrm{d}t = \int_0^{+\infty} \mathrm{e}^{-(\alpha+\mathrm{i}\omega)t}\mathrm{d}t \\
&= \frac{1}{\alpha + \mathrm{i}\omega} \\
&= \frac{\alpha - \mathrm{i}\omega}{\alpha^2 + \omega^2}.
\end{aligned}$$

7.1.2 例 7.3 讲解

这便是指数衰减函数的傅里叶变换. 下面来求指数衰减函数的积分表达式.

根据式(7.6),并利用奇偶函数的积分性质,可得

$$\begin{aligned}
f(t) &= \mathcal{F}^{-1}[F(\omega)] = \frac{1}{2\pi}\int_{-\infty}^{+\infty} F(\omega)\mathrm{e}^{\mathrm{i}\omega t}\mathrm{d}\omega \\
&= \frac{1}{2\pi}\int_{-\infty}^{+\infty} \frac{\alpha - \mathrm{i}\omega}{\alpha^2 + \omega^2}\mathrm{e}^{\mathrm{i}\omega t}\mathrm{d}\omega \\
&= \frac{1}{2\pi}\int_{-\infty}^{+\infty} \frac{\alpha\cos \omega t + \omega\sin \omega t}{\alpha^2 + \omega^2}\mathrm{d}\omega \\
&= \frac{1}{\pi}\int_0^{+\infty} \frac{\alpha\cos \omega t + \omega\sin \omega t}{\alpha^2 + \omega^2}\mathrm{d}\omega
\end{aligned}$$

由此我们顺便得到一个含参量反常积分的结果,为

$$\int_0^{+\infty} \frac{\alpha\cos \omega t + \omega\sin \omega t}{\alpha^2 + \omega^2}\mathrm{d}\omega = \begin{cases} 0, & t < 0, \\ \dfrac{\pi}{2}, & t = 0, \\ \pi\mathrm{e}^{-\alpha t}, & t > 0. \end{cases}$$

例 7.4 求矩形脉冲函数 $f(t) = E\mathrm{e}^{-\beta t^2}$ 的傅里叶变换及其积分表达式,其中 $E > 0$, $\beta > 0$.

解 根据式(7.5),有

$$\begin{aligned}
F(\omega) &= \mathcal{F}[f(t)] = \int_{-\infty}^{+\infty} f(t)\mathrm{e}^{-\mathrm{i}\omega t}\mathrm{d}t = E\int_{-\infty}^{+\infty} \mathrm{e}^{-\beta\left(t^2+\frac{\mathrm{i}\omega}{\beta}t\right)}\mathrm{d}t \\
&= E\mathrm{e}^{-\frac{\omega^2}{4\beta}}\int_{-\infty}^{+\infty} \mathrm{e}^{-\beta\left(t+\frac{\mathrm{i}\omega}{2\beta}\right)^2}\mathrm{d}t
\end{aligned}$$

如令 $t + \dfrac{i\omega}{2\beta} = s$，则上式为一复变函数的积分，即

$$\int_{-\infty}^{+\infty} e^{-\beta\left(t+\frac{i\omega}{2\beta}\right)^2} dt = \int_{-\infty+\frac{i\omega}{2\beta}}^{+\infty+\frac{i\omega}{2\beta}} e^{-\beta s^2} ds$$

由于 $e^{-\beta s^2}$ 为复平面 s 上的解析函数，取闭曲线 l：矩形 $ABCDA$（见图 7.1），按柯西积分定理，有 $\oint_l e^{-\beta s^2} ds = 0$，即

$$\left(\int_{l_{AB}} + \int_{l_{BC}} + \int_{l_{CD}} + \int_{l_{DA}} \right) e^{-\beta s^2} ds = 0,$$

其中，当 $R \to +\infty$ 时，有

$$\int_{l_{AB}} e^{-\beta s^2} ds = \int_{-R}^{R} e^{-\beta t^2} dt \to \int_{-\infty}^{+\infty} e^{-\beta t^2} dt = \sqrt{\frac{\pi}{\beta}}$$

$$\left| \int_{l_{BC}} e^{-\beta s^2} ds \right| = \left| \int_{R}^{R+\frac{i\omega}{2\beta}} e^{-\beta s^2} ds \right|$$

$$= \left| \int_0^{\frac{\omega}{2\beta}} e^{-\beta(R+iu)^2} d(R+iu) \right|$$

$$\leqslant e^{-\beta R^2} \int_0^{\frac{\omega}{2\beta}} \left| e^{\beta u^2 - 2R\beta ui} \right| du = e^{-\beta R^2} \int_0^{\frac{\omega}{2\beta}} e^{\beta u^2} du \to 0.$$

同理，当 $R \to +\infty$ 时，$\left| \int_{l_{DA}} e^{-\beta s^2} ds \right| \to 0$. 从而，当 $R \to +\infty$ 时，有

$$\int_{l_{BC}} e^{-\beta s^2} ds \to 0, \quad \int_{l_{DA}} e^{-\beta s^2} ds \to 0.$$

由此可知

$$\lim_{R\to+\infty} \int_{l_{CD}} e^{-\beta s^2} ds + \sqrt{\frac{\pi}{\beta}} = \lim_{R\to+\infty} \left(-\int_{l_{DC}} e^{-\beta s^2} ds \right) + \sqrt{\frac{\pi}{\beta}} = 0,$$

即

$$\int_{-\infty+\frac{i\omega}{2\beta}}^{+\infty+\frac{i\omega}{2\beta}} e^{-\beta s^2} ds = \sqrt{\frac{\pi}{\beta}}.$$

因此，矩形脉冲函数的傅里叶变换为

$$F(\omega) = \sqrt{\frac{\pi}{\beta}} E e^{-\frac{\omega^2}{4\beta}}.$$

下面我们来求矩形脉冲函数的积分表达式. 根据式（7.6），并利用奇偶函数的积分性质，可得

$$f(t) = \mathcal{F}^{-1}[F(\omega)]$$

$$= \frac{1}{2\pi} \int_{-\infty}^{+\infty} F(\omega) e^{i\omega t} d\omega$$

$$= \frac{1}{2\pi} \sqrt{\frac{\pi}{\beta}} E \int_{-\infty}^{+\infty} e^{-\frac{\omega^2}{4\beta}} (\cos \omega t + i\sin \omega t) d\omega$$

$$= \frac{E}{\sqrt{\pi\beta}} \int_0^{+\infty} e^{-\frac{\omega^2}{4\beta}} \cos \omega t \, d\omega.$$

由此还可以得到一个含参量反常积分的结果，为

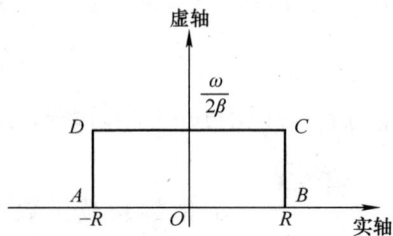

图 7.1　闭曲线 l

$$\int_0^{+\infty} e^{-\frac{\omega^2}{4\beta}} \cos \omega t d\omega = \frac{\sqrt{\pi\beta}}{E} f(t) = \sqrt{\pi\beta}\, e^{-\beta t^2}.$$

由上述例子可见，求某些函数的傅里叶变换可能相当复杂. 另一方面，有些非常简单并且在工程上经常应用的函数，由于不满足傅里叶积分存在定理的条件，如单位阶跃函数

$$u(t) = \begin{cases} 0, & t < 0, \\ 1, & t > 0 \end{cases}$$

的傅里叶变换就不存在，这样就限制了本节定义下的傅里叶变换的应用. 为了扩大傅里叶变换的应用范围，推广本节傅里叶变换的定义是非常必要的.

7.2 单位脉冲函数

在物理和工程技术领域，除了指数衰减函数以外，人们还经常需要考虑质量和能量在空间或时间上高度集中的各种现象，即所谓的脉冲性质. 如在电学中，电路受具有脉冲性质的电势作用后所产生的电流；在力学中，机械系统受冲击力作用后的运动情况等. 这些量都不能用通常的函数形式去描述. 为了描述这一类抽象的概念，这一节我们讨论一个所谓的广义函数——单位脉冲函数，并建立它的傅里叶变换.

在原来电流为零的电路中，某一瞬时(设为 $t=0$)进入一单位电量的脉冲，现在要确定电路上的电流 $i(t)$. 以 $q(t)$ 表示上述电路中到时刻 t 为止通过导体截面的电荷函数，则

$$q(t) = \begin{cases} 0, & t \leq 0, \\ 1, & t > 0. \end{cases}$$

由于电流是电荷函数对时间的变化率，即

$$i(t) = \frac{dq(t)}{dt} = \lim_{\Delta t \to 0} \frac{q(t+\Delta t) - q(t)}{\Delta t},$$

所以，当 $t \neq 0$ 时，

$$i(t) = \lim_{\Delta t \to 0} \frac{q(t+\Delta t) - q(t)}{\Delta t} = \lim_{\Delta t \to 0} \frac{0}{\Delta t} = 0,$$

当 $t=0$ 时，由于 $q(t)$ 是不连续的，从而在普通导数的意义下，$q(t)$ 在这一点处导数不存在，如果我们形式地计算这个导数，则得

$$i(0) = \lim_{\Delta t \to 0} \frac{q(0+\Delta t) - q(0)}{\Delta t} = \lim_{\Delta t \to 0} \left(-\frac{1}{\Delta t} \right) = \infty.$$

此外，如果记电路在 $t=0$ 以后的总电量为 q，还有 $q = \int_{-\infty}^{+\infty} i(t) dt = 1$.

这就表明，在通常意义下的函数类中找不到一个函数能够用来表示上述电路的电流，为了确定电流，必须引进一个新的函数，即单位脉冲函数，又称为狄拉克(Dirac)函数或 δ- 函数.

7.2.1 单位脉冲函数的定义

定义 7.2 对于任何一个无穷次可微的函数 $\delta(t)$，如果满足两个条件：

(1) 当 $t \neq 0$ 时，$\delta(t) = 0$.

(2) $\int_{-\infty}^{+\infty} \delta(t) dt = 1$.

则称其为 δ- 函数.

7.2.1 单位脉冲
函数的定义

δ- 函数可以直观地理解为

$$\delta_\varepsilon(t) = \begin{cases} \dfrac{1}{\varepsilon}, & 0 \leqslant t \leqslant \varepsilon, \\ 0, & \text{其他}. \end{cases}$$

那么 $\delta(t) = \lim\limits_{\varepsilon \to 0} \delta_\varepsilon(t) = \begin{cases} 0, & t \neq 0, \\ \infty, & t = 0, \end{cases}$ 所以 $\int_{-\infty}^{+\infty} \delta(t)\mathrm{d}t = \lim\limits_{\varepsilon \to 0}\int_{-\infty}^{+\infty} \delta_\varepsilon(t)\mathrm{d}t = \lim\limits_{\varepsilon \to 0}\int_0^\varepsilon \dfrac{1}{\varepsilon}\mathrm{d}t = 1$. 根据此定义，上述引例中的脉冲电流 $i(t) = \delta(t)$.

7.2.2　单位脉冲函数的性质

单位脉冲函数有以下几个性质.

（1）筛选性质：$\int_{-\infty}^{+\infty} \delta(t)f(t)\mathrm{d}t = f(0)$，其中 $f(t)$ 是实数域 **R** 上的有界函数，且在 $t = 0$ 点连续.

证明　$\int_{-\infty}^{+\infty} \delta(t)f(t)\mathrm{d}t = \lim\limits_{\varepsilon \to 0}\int_{-\infty}^{+\infty} \delta_\varepsilon(t)f(t)\mathrm{d}t = \lim\limits_{\varepsilon \to 0}\int_0^\varepsilon \dfrac{1}{\varepsilon}f(t)\mathrm{d}t$

$$= \lim\limits_{\varepsilon \to 0} \dfrac{1}{\varepsilon}\int_0^\varepsilon f(t)\mathrm{d}t = \lim\limits_{\varepsilon \to 0} f(\theta\varepsilon) = f(0) \quad (0 < \theta < 1)$$

更一般地，若 $f(t)$ 在 $t = t_0$ 点连续，则 $\int_{-\infty}^{+\infty} \delta(t - t_0)f(t)\mathrm{d}t = f(t_0)$. 这个性质也常常被人们用来定义 δ- 函数，即采用检验的方式来考察某个函数是否为 δ- 函数.

（2）δ- 函数为偶函数，即 $\delta(t) = \delta(-t)$.

（3）设 $u(t)$ 为单位阶跃函数，即 $u(t) = \begin{cases} 1, & t > 0, \\ 0, & t < 0, \end{cases}$ 则有

$$\int_{-\infty}^{t} \delta(t)\mathrm{d}t = u(t), \quad \dfrac{\mathrm{d}u(t)}{\mathrm{d}t} = \delta(t)$$

在图形上，人们常常采用一个从原点出发长度为 1 的有向线段来表示 δ- 函数（见图 7.2），其中有向线段的长度代表 δ- 函数的积分值，称为**脉冲强度**.

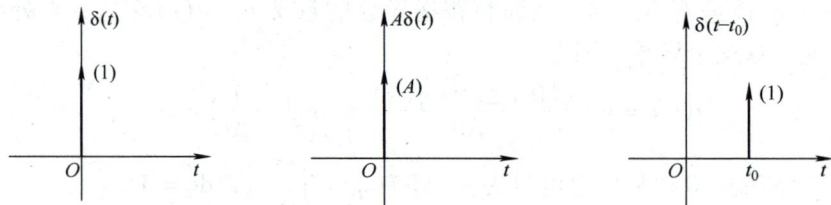

图 7.2　脉冲强度

7.2.3　单位脉冲函数的傅里叶变换

根据筛选性质，可以很方便地求出 δ- 函数的傅里叶变换，为

$$F(\omega) = \mathcal{F}[\delta(t)] = \int_{-\infty}^{+\infty} \delta(t)\mathrm{e}^{-\mathrm{i}\omega t}\mathrm{d}t = \mathrm{e}^{-\mathrm{i}\omega t}\big|_{t=0} = 1$$

可见，δ- 函数 $\delta(t)$ 与常数 1 构成了一个傅里叶变换对. 按逆变换公式有

$$\mathcal{F}^{-1}[1] = \dfrac{1}{2\pi}\int_{-\infty}^{+\infty} \mathrm{e}^{\mathrm{i}\omega t}\mathrm{d}\omega = \delta(t) \tag{7.7}$$

同理，$\delta(t-t_0)$ 和 $e^{-i\omega t_0}$ 也构成了一个傅里叶变换对.

需要注意的是，这里 $\delta(t)$ 的傅里叶变换仍采用傅里叶变换的古典定义，但此时的反常积分是根据 δ-函数的定义和运算性质直接给出的，而不是普通意义下的积分值，故称 $\delta(t)$ 的傅里叶变换是一种广义的傅里叶变换. 运用这一概念，我们可以对一些常用的函数，如常数、单位阶跃函数以及正弦、余弦函数进行傅里叶变换，尽管它们并不满足绝对可积条件.

例 7.5 分别求函数 $f_1(t)=1$ 与 $f_2(t)=e^{i\omega_0 t}$ 的傅里叶变换.

解 由傅里叶变换的定义及式(7.7)有

$$F_1(\omega)=\mathcal{F}[f_1(t)]=\int_{-\infty}^{+\infty}e^{-i\omega t}dt$$

$$=\int_{-\infty}^{+\infty}e^{i\omega\tau}d\tau=2\pi\delta(\omega)$$

$$F_2(\omega)=\mathcal{F}[f_2(t)]=\int_{-\infty}^{+\infty}e^{i\omega_0 t}e^{-i\omega t}dt$$

$$=\int_{-\infty}^{+\infty}e^{i(\omega_0-\omega)t}dt=2\pi\delta(\omega_0-\omega)$$

$$=2\pi\delta(\omega-\omega_0)$$

例 7.6 试证：单位阶跃函数 $u(t)$ 的傅里叶变换为 $\dfrac{1}{i\omega}+\pi\delta(\omega)$.

证明 $F(\omega)=\dfrac{1}{i\omega}+\pi\delta(\omega)$，$f(t)=\mathcal{F}^{-1}[F(\omega)]$，则

$$f(t)=\frac{1}{2\pi}\int_{-\infty}^{+\infty}\left[\frac{1}{i\omega}+\pi\delta(\omega)\right]e^{i\omega t}d\omega$$

$$=\frac{1}{2}\int_{-\infty}^{+\infty}\delta(\omega)e^{i\omega t}d\omega+\frac{1}{2\pi}\int_{-\infty}^{+\infty}\frac{1}{i\omega}e^{i\omega t}d\omega$$

$$=\frac{1}{2}+\frac{1}{\pi}\int_0^{+\infty}\frac{\sin\omega t}{\omega}d\omega$$

下面说明

$$\int_0^{+\infty}\frac{\sin\omega t}{\omega}d\omega=\begin{cases}-\dfrac{\pi}{2}, & t<0,\\[2mm]0, & t=0,\\[2mm]\dfrac{\pi}{2}, & t>0.\end{cases}$$

当 $t=0$ 时，上式显然成立；当 $t>0$ 时，由例 5.14 知 $\int_0^{+\infty}\dfrac{\sin\omega t}{\omega}d\omega=\dfrac{\pi}{2}$ 成立；

当 $t<0$ 时，令 $u=-t\omega$，则

$$\int_0^{+\infty}\frac{\sin\omega t}{\omega}d\omega=\int_0^{+\infty}\frac{\sin(-u)}{u}du$$

$$=-\int_0^{+\infty}\frac{\sin u}{u}du=-\frac{\pi}{2}.$$

于是上面的关系式已得证. 代入 $f(t)$

当 $t\neq 0$ 时，有

$$f(t) = \frac{1}{2} + \frac{1}{\pi}\int_0^{+\infty} \frac{\sin \omega t}{\omega}\mathrm{d}\omega$$

$$= \begin{cases} \frac{1}{2} + \frac{1}{\pi}\left(-\frac{\pi}{2}\right) = 0, & t < 0 \\ \frac{1}{2} + \frac{1}{\pi}\left(\frac{\pi}{2}\right) = 1, & t > 0 \end{cases}$$

这就表明，$\frac{1}{\mathrm{i}\omega} + \pi\delta(\omega)$ 的傅里叶逆变换为 $u(t)$.

$$f(t) = u(t) = \begin{cases} 0, & t < 0, \\ 1, & t > 0 \end{cases}$$

例 7.7　求 $f(t) = \sin \omega_0 t$ 的傅里叶变换.

解　由傅里叶变换的定义有

$$\begin{aligned} F(\omega) = \mathcal{F}[f(t)] &= \int_{-\infty}^{+\infty} \mathrm{e}^{-\mathrm{i}\omega t}\sin \omega_0 t\mathrm{d}t \\ &= \int_{-\infty}^{+\infty} \frac{1}{2\mathrm{i}}(\mathrm{e}^{\mathrm{i}\omega_0 t} - \mathrm{e}^{-\mathrm{i}\omega_0 t})\mathrm{e}^{-\mathrm{i}\omega t}\mathrm{d}t \\ &= \frac{1}{2\mathrm{i}}\int_{-\infty}^{+\infty} (\mathrm{e}^{-\mathrm{i}(\omega-\omega_0)t} - \mathrm{e}^{-\mathrm{i}(\omega+\omega_0)t})\mathrm{d}\tau \\ &= \frac{1}{2\mathrm{i}}[2\pi\delta(\omega - \omega_0) - 2\pi\delta(\omega + \omega_0)] \\ &= \mathrm{i}\pi[\delta(\omega + \omega_0) - \delta(\omega - \omega_0)] \end{aligned}$$

同理可得 $f(t) = \cos \omega_0 t$ 的傅氏变换为 $\pi[\delta(\omega + \omega_0) + \delta(\omega - \omega_0)]$.

7.3　傅里叶变换的性质

为了叙述方便，假定在以下性质中，所涉及函数的傅里叶变换均存在，且对一些运算（如求导、积分、求和等）的次序可交换，均不另做说明.

1. 线性性质

设 $\mathcal{F}[f(t)] = F(\omega)$，$\mathcal{F}[g(t)] = G(\omega)$，$\alpha$，$\beta$ 为常数，则

$$\mathcal{F}[\alpha f(t) + \beta g(t)] = \alpha F(\omega) + \beta G(\omega)$$

即函数的线性组合的傅里叶变换等于函数的傅里叶变换的相应线性组合. 这显然是由广义积分运算的线性性质所决定的，无须再做证明.

同理，傅氏逆变换也具有类似的线性性质，即

$$\mathcal{F}^{-1}[\alpha F(\omega) + \beta G(\omega)] = \alpha f(t) + \beta g(t).$$

例 7.8　求函数 $f(t) = A + B\sin \omega_0 t$ 的傅里叶变换（A，B 均为常数）.

解　利用线性性质及例 7.5、例 7.7 的结论有

$$\begin{aligned} \mathcal{F}[A + B\sin \omega_0 t] &= A\mathcal{F}[1] + B\mathcal{F}[\sin \omega_0 t] \\ &= 2A\pi\delta(\omega) + B\mathrm{i}\pi[\delta(\omega + \omega_0) - \delta(\omega - \omega_0)]. \end{aligned}$$

2. 相似性质

若 $\mathcal{F}[f(t)] = F(\omega)$，则 $\mathcal{F}[f(at)] = \frac{1}{|a|}F\left(\frac{\omega}{a}\right)$，其中 a 为非零常数.

证明 $\mathcal{F}[f(at)] = \int_{-\infty}^{+\infty} f(at) e^{-i\omega t} dt$，令 $x = at$，则有：

当 $a > 0$ 时，$\mathcal{F}[f(at)] = \int_{-\infty}^{+\infty} f(at) e^{-i\omega t} dt = \frac{1}{a} \int_{-\infty}^{+\infty} f(x) e^{-i\frac{\omega}{a}x} dx = \frac{1}{a} F\left(\frac{\omega}{a}\right)$，

当 $a < 0$ 时，$\mathcal{F}[f(at)] = \int_{-\infty}^{+\infty} f(at) e^{-i\omega t} dt = \frac{1}{a} \int_{+\infty}^{-\infty} f(x) e^{-i\frac{\omega}{a}x} dx = -\frac{1}{a} F\left(\frac{\omega}{a}\right)$，

综合上述情况，得 $\mathcal{F}[f(at)] = \frac{1}{|a|} F\left(\frac{\omega}{a}\right)$.

3. 位移性质

若 $\mathcal{F}[f(t)] = F(\omega)$，则 $\mathcal{F}[f(t \pm t_0)] = e^{\pm i\omega t_0} F(\omega)$，其中 t_0 为实常数.

若 $\mathcal{F}[f(t)] = F(\omega)$，则 $\mathcal{F}[e^{\pm i\omega_0 t} f(t)] = F(\omega \mp \omega_0)$，其中 ω_0 为实常数.

证明 $\mathcal{F}[f(t \pm t_0)] = \int_{-\infty}^{+\infty} f(t \pm t_0) e^{-i\omega t} dt \xrightarrow{\ \diamondsuit u = t \pm t_0\ } \int_{-\infty}^{+\infty} f(u) e^{-i\omega(u \mp t_0)} du$

$$= e^{\pm i\omega t_0} \int_{-\infty}^{+\infty} f(u) e^{-i\omega u} du = e^{\pm i\omega t_0} F(\omega),$$

$$\mathcal{F}[e^{\pm i\omega_0 t} f(t)] = \int_{-\infty}^{+\infty} e^{\pm i\omega_0 t} f(t) e^{-i\omega t} dt = \int_{-\infty}^{+\infty} f(t) e^{-i(\omega \mp \omega_0)t} dt = F(\omega \mp \omega_0).$$

它表明：时间函数 $f(t)$ 沿 t 轴向左或向右位移 t_0 的傅里叶变换等于 $f(t)$ 的傅里叶变换 $F(\omega)$ 乘以因子 $e^{i\omega t_0}$ 或 $e^{-i\omega t_0}$，该性质称为时域上的位移性质；时间函数 $f(t)$ 乘以因子 $e^{i\omega_0 t}$ 或 $e^{-i\omega_0 t}$ 的傅里叶变换就等于 $f(t)$ 的傅里叶变换 $F(\omega)$ 沿 ω 轴向右或向左位移 ω_0，该性质称为频域上的位移性质.

例 7.9 求函数 $e^{-\beta(t-t_0)^2}$ 及 $e^{-\beta t^2} \sin at$ 的傅里叶变换.

解 根据例 7.4，即矩形脉冲函数的傅里叶变换，有

$$\mathcal{F}[e^{-\beta t^2}] = \sqrt{\frac{\pi}{\beta}} e^{-\frac{\omega^2}{4\beta}}.$$

利用频域上的位移性质可得

$$\mathcal{F}[e^{-\beta(t-t_0)^2}] = \sqrt{\frac{\pi}{\beta}} e^{-\left(i\omega t_0 + \frac{\omega^2}{4\beta}\right)}.$$

利用频移特性可得

$$\mathcal{F}[e^{-\beta t^2} \sin at] = \mathcal{F}\left[e^{-\beta t^2} \frac{e^{iat} - e^{-iat}}{2i}\right]$$

$$= \frac{1}{2i} \mathcal{F}[e^{-\beta t^2} e^{iat} - e^{-\beta t^2} e^{-iat}]$$

$$= \frac{1}{2i} \sqrt{\frac{\pi}{\beta}} \left[e^{-\frac{(\omega-a)^2}{4\beta}} - e^{-\frac{(\omega+a)^2}{4\beta}}\right].$$

4. 微分性质

（1）时域的微分：

若 $\mathcal{F}[f(t)] = F(\omega)$，且 $\lim\limits_{|t| \to +\infty} f(t) = 0$，则 $\mathcal{F}[f'(t)] = i\omega F(\omega)$. 一般地，若

$$\lim\limits_{|t| \to +\infty} f^{(k)}(t) = 0 \qquad (k = 0, 1, \cdots, n-1),$$

则 $\mathcal{F}[f^{(n)}(t)] = (i\omega)^n F(\omega)$.

证明 当$|t| \to +\infty$时，$|f(t)\mathrm{e}^{-\mathrm{i}\omega t}| = |f(t)| \to 0$，可得$f(t)\mathrm{e}^{-\mathrm{i}\omega t} \to 0$. 因此，

$$\mathcal{F}[f'(t)] = \int_{-\infty}^{+\infty} f'(t)\mathrm{e}^{-\mathrm{i}\omega t}\mathrm{d}t = [f(t)\mathrm{e}^{-\mathrm{i}\omega t}]\Big|_{-\infty}^{+\infty} + \mathrm{i}\omega\int_{-\infty}^{+\infty} f(t)\mathrm{e}^{-\mathrm{i}\omega t}\mathrm{d}t = \mathrm{i}\omega F(\omega)$$

反复运用分部积分公式，可得

$$\mathcal{F}[f^{(n)}(t)] = (\mathrm{i}\omega)^n F(\omega).$$

（2）频域的微分：

若$\mathcal{F}[f(t)] = F(\omega)$，则$\mathcal{F}[-\mathrm{i}tf(t)] = F'(\omega)$. 一般地，有

$$\mathcal{F}[(-\mathrm{i})^n t^n f(t)] = F^{(n)}(\omega).$$

证明 $F'(\omega) = \dfrac{\mathrm{d}}{\mathrm{d}\omega}\displaystyle\int_{-\infty}^{+\infty} f(t)\mathrm{e}^{-\mathrm{i}\omega t}\mathrm{d}t = \int_{-\infty}^{+\infty} -\mathrm{i}tf(t)\mathrm{e}^{-\mathrm{i}\omega t}\mathrm{d}t = \mathcal{F}[-\mathrm{i}tf(t)]$，反复求导$n$次可得$F^{(n)}(\omega) = \mathcal{F}[(-\mathrm{i})^n t^n f(t)]$.

例 7.10 已知函数$f(t) = \begin{cases} 0, & t < 0, \\ \mathrm{e}^{-\beta t}, & t \geq 0 \end{cases}$（$\beta > 0$），试求$\mathcal{F}[tf(t)]$及$\mathcal{F}[t^3 f(t)]$.

解 根据例7.3知

$$F(\omega) = \mathcal{F}[f(t)] = \frac{1}{\beta + \mathrm{i}\omega},$$

利用频域的微分性质有

$$\mathcal{F}[tf(t)] = \mathrm{i}\frac{\mathrm{d}}{\mathrm{d}\omega}F(\omega) = \frac{1}{(\beta + \mathrm{i}\omega)^2},$$

$$\mathcal{F}[t^3 f(t)] = \mathrm{i}^3\frac{\mathrm{d}^3}{\mathrm{d}\omega^3}F(\omega) = \frac{6}{(\beta + \mathrm{i}\omega)^4},$$

5. 积分性质

若$\displaystyle\lim_{t \to +\infty}\int_{-\infty}^{t} f(t)\mathrm{d}t = 0$，则$\mathcal{F}\Big[\displaystyle\int_{-\infty}^{t} f(t)\mathrm{d}t\Big] = \dfrac{1}{\mathrm{i}\omega}F(\omega)$.

证明 因为$\dfrac{\mathrm{d}}{\mathrm{d}t}\displaystyle\int_{-\infty}^{t} f(t)\mathrm{d}t = f(t)$，所以$\mathcal{F}\Big[\dfrac{\mathrm{d}}{\mathrm{d}t}\displaystyle\int_{-\infty}^{t} f(t)\mathrm{d}t\Big] = \mathcal{F}[f(t)]$. 由微分性质得

$$\mathcal{F}[f(t)] = \mathcal{F}\Big[\frac{\mathrm{d}}{\mathrm{d}t}\int_{-\infty}^{t} f(t)\mathrm{d}t\Big] = \mathrm{i}\omega\mathcal{F}\Big[\int_{-\infty}^{t} f(t)\mathrm{d}t\Big],$$

故$\mathcal{F}\Big[\displaystyle\int_{-\infty}^{t} f(t)\mathrm{d}t\Big] = \dfrac{1}{\mathrm{i}\omega}\mathcal{F}[f(t)] = \dfrac{1}{\mathrm{i}\omega}F(\omega)$.

例 7.11 求微分积分方程

$$ax'(t) + bx(t) + c\int_{-\infty}^{t} x(t)\mathrm{d}t = h(t)$$

的解，其中$-\infty < t < +\infty$，a, b, c均为常数，$h(t)$为已知函数.

解 根据傅里叶变换的线性性质、微分性质和积分性质，且记

$$\mathcal{F}[x(t)] = X(\omega), \quad \mathcal{F}[h(t)] = H(\omega),$$

对上述方程两边取傅里叶变换，可得

$$a\mathrm{i}\omega X(\omega) + bX(\omega) + \frac{c}{\mathrm{i}\omega}X(\omega) = H(\omega),$$

7.3 例7.11 讲解

$$X(\omega) = \frac{H(\omega)}{b + i\left(a\omega - \dfrac{c}{\omega}\right)},\qquad(7.8)$$

而式(7.8)的傅里叶逆变换为

$$x(t) = \frac{1}{2\pi}\int_{-\infty}^{+\infty} X(\omega)e^{i\omega t}d\omega = \frac{1}{2\pi}\int_{-\infty}^{+\infty}\frac{H(\omega)e^{i\omega t}}{b + i\left(a\omega - \dfrac{c}{\omega}\right)}d\omega.$$

6. 帕塞瓦尔(Parseval)等式

设 $\mathcal{F}[f(t)] = F(\omega)$，则有 $\int_{-\infty}^{+\infty}[f(t)]^2 dt = \dfrac{1}{2\pi}\int_{-\infty}^{+\infty}|F(\omega)|^2 d\omega$.

证 由 $F(\omega) = \mathcal{F}[f(t)] = \int_{-\infty}^{+\infty}f(t)e^{-i\omega t}dt$，有 $\overline{F(\omega)} = \int_{-\infty}^{+\infty}f(t)e^{i\omega t}dt$. 所以

$$\frac{1}{2\pi}\int_{-\infty}^{+\infty}|F(\omega)|^2 d\omega = \frac{1}{2\pi}\int_{-\infty}^{+\infty}F(\omega)\,\overline{F(\omega)}d\omega$$

$$= \frac{1}{2\pi}\int_{-\infty}^{+\infty}F(\omega)\left[\int_{-\infty}^{+\infty}f(t)e^{i\omega t}dt\right]d\omega$$

$$= \int_{-\infty}^{+\infty}f(t)\left[\frac{1}{2\pi}\int_{-\infty}^{+\infty}F(\omega)e^{i\omega t}d\omega\right]dt$$

$$= \int_{-\infty}^{+\infty}f^2(t)dt$$

例 7.12 求积分 $\int_0^{+\infty}\dfrac{\sin^2\omega}{\omega^2}d\omega$ 的值.

解 矩形脉冲函数 $f(t) = \begin{cases} 1, & |t|\leqslant 1 \\ 0, & |t| > 1 \end{cases}$，所对应的傅里叶变换为

$$F(\omega) = \mathcal{F}[f(t)] = \int_{-\infty}^{+\infty}f(t)e^{-i\omega t}dt = \int_{-1}^{1}e^{-i\omega t}dt = -\frac{1}{i\omega}e^{-i\omega t}\Big|_{-1}^{1} = -\frac{1}{i\omega}(e^{-i\omega} - e^{i\omega}) = \frac{2\sin\omega}{\omega}$$

由帕塞瓦尔等式得

$$\int_{-\infty}^{+\infty}\left(\frac{2\sin\omega}{\omega}\right)^2 d\omega = 2\pi\int_{-1}^{1}1^2 dt = 4\pi$$

由于被积函数是偶函数，故

$$\int_0^{+\infty}\frac{\sin^2\omega}{\omega^2}d\omega = \frac{\pi}{2}$$

7.4 卷积

卷积是由含参变量的广义积分定义的函数，与傅里叶变换有着密切联系. 它的运算性质使得傅里叶变换得到更广泛的应用. 在这一节，我们将引入卷积的概念，讨论卷积的性质及一些简单应用.

7.4.1 卷积的定义

定义 7.3 设 $f_1(t)$, $f_2(t)$ 在 $(-\infty, +\infty)$ 内有定义，若反常积分 $\int_{-\infty}^{+\infty}f_1(\tau)f_2(t-\tau)d\tau$ 对

任何实数 t 收敛，则它定义了一个自变量为 t 的函数，称此函数为 $f_1(t)$ 与 $f_2(t)$ 的**卷积**，记为

$$f_1(t) * f_2(t) = \int_{-\infty}^{+\infty} f_1(\tau) f_2(t - \tau) \mathrm{d}\tau.$$

例 7.13 求证：$f(t) * \delta(t) = f(t)$.

证明 根据 δ-函数的定义，有

$$f(t) * \delta(t) = \int_{-\infty}^{+\infty} f(\tau)\delta(t - \tau)\mathrm{d}\tau = \int_{-\infty}^{+\infty} f(\tau)\delta[-(\tau - t)]\mathrm{d}\tau$$

$$= \int_{-\infty}^{+\infty} f(\tau)\delta(\tau - t)\mathrm{d}\tau = f(t)$$

一般地，$f(t) * \delta(t - t_0) = f(t - t_0)$. （证明见二维码）也就意味着，任一函数 $f(t)$ 与 $\delta(t - t_0)$ 的卷积相当于把函数 $f(t)$ 本身延迟 t_0.

7.4.1　例 7.13 拓展

7.4.2　卷积的性质

根据卷积的定义我们很容易验证，卷积运算满足：

（1）交换律：$f_1(t) * f_2(t) = f_2(t) * f_1(t)$.

（2）结合律：$f_1(t) * [f_2(t) * f_3(t)] = [f_1(t) * f_2(t)] * f_3(t)$.

（3）分配律：$f_1(t) * [f_2(t) + f_3(t)] = f_1(t) * f_2(t) + f_1(t) * f_3(t)$.

卷积还具有下列基本性质（请读者自行完成证明）.

（1）卷积的数乘

$$a[f_1(t) * f_2(t)] = [af_1(t)] * f_2(t) = f_1(t) * [af_2(t)] \quad (a \text{ 为常数}).$$

（2）卷积的微分

$$\frac{\mathrm{d}}{\mathrm{d}t}[f_1(t) * f_2(t)] = \frac{\mathrm{d}}{\mathrm{d}t}f_1(t) * f_2(t) = f_1(t) * \frac{\mathrm{d}}{\mathrm{d}t}f_2(t).$$

（3）卷积的积分

$$\int_{-\infty}^{t} [f_1(\xi) * f_2(\xi)]\mathrm{d}\xi = f_1(t) * \int_{-\infty}^{t} f_2(\xi)\mathrm{d}\xi = \int_{-\infty}^{t} f_1(\xi)\mathrm{d}\xi * f_2(t).$$

（4）卷积不等式

$$|f_1(t) * f_2(t)| \leqslant |f_2(t)| * |f_1(t)|.$$

例 7.14 求下列函数的卷积.

$$f_1(t) = \begin{cases} 0, & t < 0, \\ 1, & t \geqslant 0, \end{cases} \quad f_2(t) = \begin{cases} 0, & t < 0, \\ \mathrm{e}^{-t}, & t \geqslant 0. \end{cases}$$

解 根据卷积的定义，有 $f_1(t) * f_2(t) = \int_{-\infty}^{+\infty} f_1(\tau)f_2(t - \tau)\mathrm{d}\tau$.

当 $t < 0$ 时，$f_1(t) * f_2(t) = 0$；

当 $t \geqslant 0$ 时，$f_1(t) * f_2(t) = \int_{0}^{t} f_1(\tau)f_2(t - \tau)\mathrm{d}\tau = \int_{0}^{t} \mathrm{e}^{-(t - \tau)}\mathrm{d}\tau$

$$= \mathrm{e}^{-t} \int_{0}^{t} \mathrm{e}^{\tau}\mathrm{d}\tau = 1 - \mathrm{e}^{-t}.$$

综合得

$$f_1(t) * f_2(t) = \begin{cases} 0, & t < 0, \\ 1 - \mathrm{e}^{-t}, & t \geqslant 0. \end{cases}$$

7.4.3 卷积定理

定理 7.3 设 $\mathcal{F}[f_1(t)] = F_1(\omega)$，$\mathcal{F}[f_2(t)] = F_2(\omega)$，则有
$$\mathcal{F}[f_1(t) * f_2(t)] = F_1(\omega)F_2(\omega),$$
$$\mathcal{F}[f_1(t)f_2(t)] = \frac{1}{2\pi}F_1(\omega) * F_2(\omega).$$

证明 （1）由卷积的定义有

$$
\begin{aligned}
\mathcal{F}[f_1(t) * f_2(t)] &= \int_{-\infty}^{+\infty}[f_1(t) * f_2(t)]e^{-i\omega t}dt = \int_{-\infty}^{+\infty}\Big[\int_{-\infty}^{+\infty}f_1(\tau)f_2(t-\tau)d\tau\Big]e^{-i\omega t}dt \\
&= \int_{-\infty}^{+\infty}f_1(\tau)\Big(\int_{-\infty}^{+\infty}f_2(t-\tau)e^{-i\omega t}dt\Big)d\tau = \int_{-\infty}^{+\infty}f_1(\tau)\mathcal{F}[f_2(t-\tau)]d\tau \\
&= \int_{-\infty}^{+\infty}f_1(\tau)e^{-i\omega\tau}\mathcal{F}[f_2(t)]d\tau = F_2(\omega)\int_{-\infty}^{+\infty}f_1(\tau)e^{-i\omega\tau}d\tau \\
&= F_2(\omega)F_1(\omega)
\end{aligned}
$$

同理可得
$$F_1(\omega) * F_2(\omega) = 2\pi\,\mathcal{F}[f_1(t)f_2(t)].$$
利用卷积定理可以简化卷积的计算及某些函数的傅氏变换.

例 7.15 设 $f(t) = e^{-\beta t}u(t)\cos\omega_0 t\,(\beta > 0)$，求 $\mathcal{F}[f(t)]$.

解 由卷积定理中第二个结论知，
$$\mathcal{F}[f(t)] = \frac{1}{2\pi}\mathcal{F}[e^{-\beta t}u(t)] * \mathcal{F}[\cos\omega_0 t].$$

又由例 7.3 和例 7.7 最后结论可知
$$\mathcal{F}[e^{-\beta t}u(t)] = \frac{1}{\beta + i\omega},\quad \mathcal{F}[\cos\omega_0 t] = \pi[\delta(\omega + \omega_0) + \delta(\omega - \omega_0)]$$

因此有
$$
\begin{aligned}
\mathcal{F}[f(t)] &= \frac{1}{2\pi}\int_{-\infty}^{+\infty}\frac{\pi}{\beta + i\tau}[\delta(\omega + \omega_0 - \tau) + \delta(\omega - \omega_0 - \tau)]d\tau \\
&= \frac{1}{2}\Big[\frac{1}{\beta + i(\omega + \omega_0)} + \frac{1}{\beta + i(\omega - \omega_0)}\Big] \\
&= \frac{\beta + i\omega}{(\beta + i\omega)^2 + \omega_0^2}.
\end{aligned}
$$

7.5 MATLAB 程序

本节介绍求取傅里叶变换及逆变换的 MATLAB 命令.

1. 傅里叶变换

例 7.16 求函数 $f(x) = e^{-x^2}$ 的傅里叶变换.

解

```
syms x
fx = exp( - x^2);
Fw = fourier( fx)
```

输出

Fw =

$\quad$ pi^(1/2) * exp(- w^2/4)

2. 傅里叶逆变换

例 7.17 求函数 $f(w) = \sqrt{\pi}e^{-\frac{w^2}{4}}$ 的傅里叶逆变换.

解

```
syms w;
Fw = pi^(1/2) * exp( - w^2/4) ;
Fx = ifourier( Fw)
```

输出

fx =

$\quad$ exp(- x^2)

习题 7

1. 试证：若 $f(t)$ 满足傅里叶积分定理的条件，则有
$$f(t) = \int_0^{+\infty} A(\omega)\cos \omega t d\omega + \int_0^{+\infty} B(\omega)\sin \omega t d\omega$$
其中，
$$A(\omega) = \frac{1}{\pi}\int_{-\infty}^{+\infty} f(\tau)\cos \omega\tau d\tau,$$
$$B(\omega) = \frac{1}{\pi}\int_{-\infty}^{+\infty} f(\tau)\sin \omega\tau d\tau$$

2. 求下列函数的傅里叶变换.

(1) $f(t) = \begin{cases} -1, & -1 < t < 0, \\ 1, & 0 < t < 1, \\ 0, & 其他; \end{cases}$

(2) $f(t) = \begin{cases} e^t, & t \leq 0, \\ 0, & t > 0; \end{cases}$

(3) $f(t) = \begin{cases} 1 - t^2, & |t| \leq 1, \\ 0, & |t| > 1; \end{cases}$

(4) $f(t) = \begin{cases} e^{-t}\sin 2t, & t \geq 0, \\ 0, & t < 0. \end{cases}$

3. 求下列函数的傅里叶变换，并证明所列的积分等式.

(1) $f(t) = \begin{cases} 1, & |t| \leq 1, \\ 0, & |t| > 1, \end{cases}$ 证明：$\int_0^{+\infty} \frac{\sin \omega}{\omega}\cos$

$\omega t d\omega = \begin{cases} \frac{\pi}{2}, & |t| < 1, \\ \frac{\pi}{4}, & |t| = 1, \\ 0, & |t| > 1; \end{cases}$

(2) $f(t) = e^{-|t|}\cos t$. 证明：
$$\int_0^{+\infty} \frac{(\omega^2 + 2)}{\omega^4 + 4}\cos \omega t d\omega = \frac{\pi}{2}e^{-|t|}\cos t.$$

4.
$$f_1(t) = \begin{cases} 0, & t < 0, \\ e^{-\alpha t}, & t \geq 0, \end{cases} \quad f_2(t) = \begin{cases} 0, & t < 0, \\ e^{-\beta t}, & t > 0. \end{cases}$$
其中 $\alpha > 0$, $\beta > 0$ 且 $\alpha \neq \beta$, 求 $f_1(t) * f_2(t)$.

5. 证明下列各式.

(1) $f_1(t) * f_2(t) = f_2(t) * f_1(t)$;

(2) $a[f_1(t) * f_2(t)] = [af_1(t)] * f_2(t)$ (a 为常数);

(3) $\frac{d}{dt}[f_1(t) * f_2(t)] = \frac{d}{dt}f_1(t) * f_2(t) = f_1(t) * \frac{d}{dt}f_2(t)$.

6. 已知 $F(\omega) = \pi[\delta(\omega + \omega_0) + \delta(\omega - \omega_0)]$ 为函数 $f(t)$ 的傅里叶变换，求 $f(t)$.

7. 求下列函数的傅里叶变换.

(1) $f(t) = \cos t\sin t$;

(2) $f(t) = e^{i\omega_0 t}tu(t)$.

8. 若 $F(\omega) = \mathcal{F}[f(t)]$, 证明：$F(-\omega) = F[f(-t)]$ (翻转性质).

9. 求下列函数的傅里叶变换.

(1) $f(t) = u(t)\sin \omega_0 t$;

(2) $f(t) = e^{-at}u(t)\sin \omega_0 t (a > 0)$;

(3) $f(t) = e^{i\omega_0 t}tu(t)$.

第 **8** 章

拉普拉斯变换

拉普拉斯变换理论(也称为算子微积分)是在 19 世纪末发展起来的. 首先是英国工程师海维赛德发明了用运算法解决当时电工计算中出现的一些问题,但是缺乏严密的数学论证. 后来由法国数学家拉普拉斯(Laplace)给出严密的数学定义,称为拉普拉斯变换(简称拉氏变换)方法. 此后,拉氏变换的方法在电学、力学等众多的工程技术与科学研究领域中得到广泛的应用.

本章首先介绍拉氏变换的定义、存在定理及一些重要性质;然后,讨论逆变换的求法. 作为拉氏变换的应用,我们讨论了在解方程中的拉氏变换法.

8.1 拉普拉斯变换的概念

第 7 章已经指出,古典意义下傅里叶变换存在的条件是函数除了满足狄利克雷条件以外,还应在 $(-\infty, +\infty)$ 内满足绝对可积. 但绝对可积的条件是比较强的,即使许多常见的初等函数,如常数函数、三角函数、线性函数等都不满足这个要求. 另外,在线性控制、无线电技术等实际应用中,许多以时间 t 为自变量的函数,往往在 $t < 0$ 时是没有意义或者不需要考虑的. 因此,傅里叶变换的实际应用范围受到相当大的限制.

能否找到一种变换或对任一函数 $\varphi(t)$ 进行适当的改造,既能克服上述两个方面的缺点,又可以尽可能保留傅里叶变换的优点呢? 这就使我们想到前面提到的单位阶跃函数 $u(t)$ 和指数衰减函数 $e^{-\alpha t}(\alpha > 0)$ 所具有的特点. 用前者乘 $\varphi(t)$ 可以使积分区间由 $(-\infty, +\infty)$ 换成 $(0, +\infty)$,用后者乘 $\varphi(t)$ 就有可能使其满足绝对可积,因此,为了克服傅里叶变换的两个缺点,我们自然想到用 $u(t)e^{-\alpha t}(\alpha > 0)$ 来乘 $\varphi(t)$,即

$$\varphi(t)u(t)e^{-\alpha t} \qquad (\alpha > 0)$$

结果发现,只要 α 选择适当,一般来说,这个函数的傅里叶变换总是存在的,这样就产生了拉普拉斯变换.

8.1.1 拉普拉斯变换的定义

定义 8.1 设函数 $f(t)$ 是定义在 $[0, +\infty)$ 上的实值函数,如果对于复参数 $s = \alpha + i\omega$,积分

8.1.1 拉普拉斯变换的定义

$$F(s) = \int_0^{+\infty} f(t)e^{-st}dt \qquad (8.1)$$

在复数 s 的某一个区域内收敛,则称 $F(s)$ 为函数 $f(t)$ 的**拉普拉斯变换**,记为 $F(s) = \mathscr{L}[f(t)]$;相应地,称 $f(t)$ 为 $F(s)$ 的**拉普拉斯逆变换**,记为 $f(t) = \mathscr{L}^{-1}[F(s)]$,有时也称 $f(t)$ 与 $F(s)$ 分

别为**像原函数**和**像函数**.

注：函数 $f(t)(t \geq 0)$ 的拉普拉斯变换，即函数 $f(t)u(t)e^{-\alpha t}$ 的傅里叶变换.

事实上，由式(8.1)有

$$\mathcal{L}[f(t)] = \int_0^{+\infty} f(t)e^{-st}dt$$

$$= \int_0^{+\infty} f(t)e^{-\alpha t}e^{-i\omega t}dt$$

$$= \int_{-\infty}^{+\infty} f(t)u(t)e^{-\alpha t}e^{-i\omega t}dt$$

$$= \mathcal{F}[f(t)u(t)e^{-\alpha t}].$$

例 8.1 求单位阶跃函数 $u(t) = \begin{cases} 0, & t < 0, \\ 1, & t > 0 \end{cases}$ 的拉普拉斯变换.

解 根据拉普拉斯变换的定义，有

$$\mathcal{L}[u(t)] = \int_0^{+\infty} u(t)e^{-st}dt = \int_0^{+\infty} e^{-st}dt,$$

这个积分在 $\mathrm{Re}(s) > 0$ 时收敛，而且有

$$\int_0^{+\infty} e^{-st}dt = -\frac{1}{s}e^{-st}\Big|_0^{+\infty} = \frac{1}{s},$$

8.1.1　例 8.1 讲解

所以

$$\mathcal{L}[u(t)] = \frac{1}{s} \qquad (\mathrm{Re}(s) > 0).$$

例 8.2 求函数 e^{kt}，e^{-kt}，$e^{i\omega t}$ 的拉普拉斯变换（k，ω 为实常数，并要求 $k > 0$）.

解 由式(8.1)有

$$\mathcal{L}[e^{kt}] = \int_0^{+\infty} e^{kt}e^{-st}dt = \int_0^{+\infty} e^{-(s-k)t}dt.$$

这个积分在 $\mathrm{Re}(s) > k$ 时收敛，而且有

$$\int_0^{+\infty} e^{-(s-k)t}dt = \frac{1}{s-k},$$

所以

$$\mathcal{L}[e^{kt}] = \frac{1}{s-k} \qquad (\mathrm{Re}(s) > k).$$

利用同样的计算技巧有

$$\mathcal{L}[e^{-kt}] = \frac{1}{s+k} \qquad (\mathrm{Re}(s) > -k),$$

$$\mathcal{L}[e^{i\omega t}] = \frac{1}{s-i\omega} \qquad (\mathrm{Re}(s) > 0).$$

8.1.2　拉普拉斯变换存在定理

从上面的例子可以明显地看出，拉普拉斯变换的确扩大了傅里叶变换的使用范围，但是对一个函数做拉普拉斯变换也还是要具备一定条件的. 到底什么类型的函数存在拉普拉斯变换呢？这些条件就如下述定理所述.

定理 8.1 设函数 $f(t)$ 满足：

（1）在 $t \geq 0$ 的任何有限区间上分段连续.

（2）当 $t \to +\infty$ 时，$f(t)$ 具有有限的增长性，即存在常数 $M > 0$ 及 $c_0 \geq 0$，使得

$$|f(t)| \leq M e^{c_0 t} \quad (0 \leq t < +\infty)$$

（其中 c_0 称为 $f(t)$ 的增长指数），则函数 $f(t)$ 的拉普拉斯变换

$$F(s) = \mathscr{L}[f(t)] = \int_0^{+\infty} f(t) e^{-st} dt \tag{8.2}$$

在半平面 $\text{Re}(s) > c_0$ 上一定存在，右端的积分在闭区域 $\text{Re}(s) > c_0$ 上绝对收敛且一致收敛，并且在半平面 $\text{Re}(s) > c_0$ 内，$F(s)$ 是解析函数.

证明 设 $c = \text{Re}(s)$，$c - c_0 \geq \delta > 0$，则由条件（2）有

$$|f(t) e^{-st}| = |f(t)| e^{-ct} \leq M e^{-(c-c_0)t} \leq M e^{-\delta t},$$

所以

$$\int_0^{+\infty} |f(t) e^{-st}| dt \leq M \int_0^{+\infty} e^{-\delta t} dt = \frac{M}{\delta}.$$

根据含参变量积分的性质知，积分式(8.2)在 $\text{Re}(s) \geq c_0 + \delta$ 上绝对收敛且一致收敛，因此

$$F(s) = \int_0^{+\infty} f(t) e^{-st} dt$$

在 $\text{Re}(s) \geq c_0 + \delta$ 上存在.

若在式(8.2)积分号下对 s 求导数，有

$$\int_0^{+\infty} \frac{d}{ds}(f(t) e^{-st}) dt = -\int_0^{+\infty} t f(t) e^{-st} dt$$

右端积分在 $\text{Re}(s) \geq c_0 + \delta$ 上绝对收敛且一致收敛. 事实上，

$$\int_0^{+\infty} |t f(t) e^{-st}| dt \leq M \int_0^{+\infty} t e^{-(c-c_0)t} dt$$

$$\leq M \int_0^{+\infty} t e^{-\delta t} dt$$

$$= \frac{M}{\delta^2}.$$

因此在式(8.2)中积分与微分的次序可以交换，于是有

$$\frac{d}{ds} F(s) = \frac{d}{ds} \int_0^{+\infty} f(t) e^{-st} dt$$

$$= \int_0^{+\infty} \frac{d}{ds}(f(t) e^{-st}) dt$$

$$= \int_0^{+\infty} (-t) f(t) e^{-st} dt.$$

由拉普拉斯变换的定义得

$$F'(s) = \mathscr{L}[(-t)f(t)]$$

所以 $F(s)$ 在 $\text{Re}(s) \geq c_0 + \delta$ 上可导. 由 δ 的任意性知，$F(s)$ 在 $\text{Re}(s) > c_0$ 上存在，且为解析函数.

由定理 8.1 可以看出，拉普拉斯变换存在的条件比傅里叶变换存在的条件要弱得多. 大多数常见的函数，如三角函数、阶跃函数、幂函数等都不满足绝对可积的条件，但它们都能满足拉普拉斯变换存在定理中的指数增长条件. 另外，必须注意的是，定理 8.1 的条件是充

分非必要的，读者可以自行推证$\mathscr{L}[t^{-\frac{1}{2}}]$是存在的，但是$f(t) = t^{-\frac{1}{2}}$在$t = 0$点不是第一类间断点，因而在$t \geqslant 0$上不是分段连续的.

例 8.3　求函数$f(t) = \mathrm{e}^{at}$的拉普拉斯变换(a为复常数).

解　由$|\mathrm{e}^{at}| = \mathrm{e}^{\mathrm{Re}(at)}$，可知$\mathrm{e}^{at}$的增长指数为$\mathrm{Re}(a)$，因此$\mathscr{L}[\mathrm{e}^{at}]$在$\mathrm{Re}(s) > \mathrm{Re}(a)$内解析. 由定义有

$$\mathscr{L}[\mathrm{e}^{at}] = \int_0^{+\infty} \mathrm{e}^{at} \mathrm{e}^{-st} \mathrm{d}t = \int_0^{+\infty} \mathrm{e}^{-(s-a)t} \mathrm{d}t = \frac{1}{s-a}$$

例 8.4　求正弦函数$\sin at$的拉普拉斯变换，其中a为实数.

解　由定义，当$\mathrm{Re}(s) > 0$时，有

$$\mathscr{L}[\sin at] = \int_0^{+\infty} \sin at \mathrm{e}^{-st} \mathrm{d}t$$

$$= \frac{\mathrm{e}^{-st}}{s^2 + a^2}(-s \cdot \sin at - a\cos at) \bigg|_0^{+\infty}$$

$$= \frac{a}{s^2 + a^2}.$$

同样可得余弦函数$\cos at$的拉普拉斯变换为

$$\mathscr{L}[\cos at] = \frac{s}{s^2 + a^2} \qquad (\mathrm{Re}(s) > 0).$$

另外，我们还要指出，满足拉普拉斯变换存在定理条件的函数$f(t)$在$t = 0$处为有界时，积分

$$\mathscr{L}[f(t)] = \int_0^{+\infty} f(t) \mathrm{e}^{-st} \mathrm{d}t$$

中的下限取0^+或0^-不会影响其结果. 但当$f(t)$在$t = 0$处包含了脉冲函数时，拉普拉斯变换的积分下限必须明确指出是0^+还是0^-，因为

$$\mathscr{L}_+[f(t)] = \int_{0^+}^{+\infty} f(t) \mathrm{e}^{-st} \mathrm{d}t,$$

$$\mathscr{L}_-[f(t)] = \int_{0^-}^{+\infty} f(t) \mathrm{e}^{-st} \mathrm{d}t = \int_{0^-}^{0^+} f(t) \mathrm{e}^{-st} \mathrm{d}t + \mathscr{L}_+[f(t)].$$

而当$f(t)$在$t = 0$附近有界时，$\int_{0^-}^{0^+} f(t) \mathrm{e}^{-st} \mathrm{d}t = 0$，即$\mathscr{L}_-[f(t)] = \mathscr{L}_+[f(t)]$；当$f(t)$在$t = 0$处包含了脉冲函数时，$\int_{0^-}^{0^+} f(t) \mathrm{e}^{-st} \mathrm{d}t \neq 0$，即$\mathscr{L}_-[f(t)] \neq \mathscr{L}_+[f(t)]$. 为了考虑这一情况，我们需要将进行拉普拉斯变换的函数$f(t)$，当$t \geqslant 0$时有定义扩大为当$t > 0$有定义及$t = 0$的任意一个邻域内有定义. 这样拉普拉斯变换的定义

$$\mathscr{L}[f(t)] = \int_0^{+\infty} f(t) \mathrm{e}^{-st} \mathrm{d}t$$

应为

$$\mathscr{L}_-[f(t)] = \int_{0^-}^{+\infty} f(t) \mathrm{e}^{-st} \mathrm{d}t,$$

但为了书写方便，仍写成式(8.1)的形式.

例 8.5　求单位脉冲函数 $\delta(t)$ 的拉普拉斯变换.

解　由上面的讨论, 按式(8.1), 并利用性质 $\int_{-\infty}^{+\infty} f(t)\delta(t)\mathrm{d}t = f(0)$, 有

$$\mathscr{L}[\delta(t)] = \int_{0}^{+\infty} \delta(t)\mathrm{e}^{-st}\mathrm{d}t$$

$$= \int_{0^-}^{+\infty} \delta(t)\mathrm{e}^{-st}\mathrm{d}t$$

$$= \int_{-\infty}^{+\infty} \delta(t)\mathrm{e}^{-st}\mathrm{d}t = \mathrm{e}^{-st}\Big|_{t=0} = 1.$$

8.2　拉普拉斯变换的性质

8.2.1　基本性质

从上一节可以看到, 由拉普拉斯变换的定义可以求出一些常见函数的拉普拉斯变换, 但是, 在实际应用中通常不去进行这样的积分运算, 而是利用拉普拉斯变换的一些基本性质得到它们的变换式. 这样的方法在傅里叶变换中曾被采用. 本节讨论拉普拉斯变换的一些基本性质. 为了叙述方便, 在研究这些性质时, 我们假设所出现的函数均满足拉普拉斯变换存在定理中的条件.

1. 线性性质

设 α, β 是常数, 且 $\mathscr{L}[f(t)] = F(s)$, $\mathscr{L}[g(t)] = G(s)$, 则有

$$\mathscr{L}[\alpha f(t) + \beta g(t)] = \alpha F(s) + \beta G(s),$$

$$\mathscr{L}^{-1}[\alpha F(s) + \beta G(s)] = \alpha f(t) + \beta g(t).$$

这个性质表明函数线性组合的拉普拉斯变换等于各函数拉普拉斯变换的线性组合. 它的证明只需根据定义, 利用积分性质就可得出.

例 8.6　求函数 $f(t) = \cos 3t + 6\mathrm{e}^{-3t}$ 的拉普拉斯变换.

解　由线性性质知,

$$\mathscr{L}[f(t)] = \mathscr{L}[\cos 3t] + \mathscr{L}[6\mathrm{e}^{-3t}] = \frac{s}{s^2 + 3^2} + \frac{6}{s+3}.$$

例 8.7　已知 $F(s) = \dfrac{5s-1}{(s+1)(s-2)}$, 求 $\mathscr{L}^{-1}[F(s)]$.

解　由 $F(s) = \dfrac{5s-1}{(s+1)(s-2)} = 2\dfrac{1}{s+1} + 3\dfrac{1}{s-2}$ 及 $\mathscr{L}[\mathrm{e}^{kt}] = \dfrac{1}{s-k}$, 有

$$\mathscr{L}^{-1}[F(s)] = 2\mathscr{L}^{-1}\left[\frac{1}{s+1}\right] + 3\mathscr{L}^{-1}\left[\frac{1}{s-2}\right]$$

$$= 2\mathrm{e}^{-t} + 3\mathrm{e}^{2t}.$$

2. 微分性质

设 $\mathscr{L}[f(t)] = F(s)$, $f^{(n)}(t)$ 存在且连续, 则有

$$\mathscr{L}[f'(t)] = sF(s) - f(0)$$

一般地, 有

8.2.1　拉普拉斯变换
的微分性质

117

$$\mathscr{L}[f^{(n)}(t)] = s^n F(s) - s^{n-1}f(0) - s^{n-2}f'(0) - \cdots - f^{(n-1)}(0). \qquad (8.3)$$

特别地，当 $f(0) = f'(0) = \cdots = f^{(n-1)}(0) = 0$ 时，$\mathscr{L}[f^{(n)}(t)] = s^n F(s)$.

证明 根据拉普拉斯变换的定义，有

$$\mathscr{L}[f'(t)] = \int_0^{+\infty} f'(t)e^{-st}dt,$$

对上式右端利用分部积分法，可得

$$\int_0^{+\infty} f'(t)e^{-st}dt = f(t)e^{-st}\Big|_0^{+\infty} + s\int_0^{+\infty} f(t)e^{-st}dt$$
$$= s\mathscr{L}[f(t)] - f(0),$$

所以 $\mathscr{L}[f'(t)] = sF(s) - f(0)$. 再利用数学归纳法，则可得式(8.3).

例 8.8 求解微分方程
$$y''(t) + k^2 y(t) = 0, \ y(0) = 0, \ y'(0) = k.$$

解 对方程两边同时取拉普拉斯变换，并利用线性性质及式(8.3)，有
$$s^2 Y(s) - sy(0) - y'(0) + k^2 Y(s) = 0.$$

式中，$Y(s) = \mathscr{L}[y(t)]$，代入初值条件即得

$$Y(s) = \frac{k}{s^2 + k^2}.$$

根据例 8.4 结果，有 $y(t) = \mathscr{L}^{-1}[Y(s)] = \sin kt$.

例 8.9 求函数 $f(t) = t^m$ 的拉普拉斯变换，其中 m 为正整数.

解 由于 $f(0) = f'(0) = \cdots = f^{(m-1)}(0) = 0$，而 $f^{(m)}(t) = m!$，所以
$$\mathscr{L}[m!] = \mathscr{L}[f^{(m)}(t)]$$
$$= s^m \mathscr{L}[f(t)] - s^{m-1}f(0) - s^{m-2}f'(0) - \cdots - f^{(m-1)}(0).$$

即 $\mathscr{L}[m!] = s^m \mathscr{L}[t^m]$，而 $\mathscr{L}[m!] = m!\mathscr{L}[1] = \dfrac{m!}{s}$，所以 $\mathscr{L}[t^m] = \dfrac{m!}{s^{m+1}}$.

此外，由拉普拉斯存在定理还可得到像函数的微分性质.

若 $\mathscr{L}[f(t)] = F(s)$，则

$$F'(s) = -\mathscr{L}[tf(t)].$$

一般地，有 $F^{(n)}(s) = (-1)^n \mathscr{L}[t^n f(t)]$.

3. 积分性质

设 $\mathscr{L}[f(t)] = F(s)$，则有

$$\mathscr{L}\left[\int_0^t f(t)dt\right] = \frac{1}{s}F(s).$$

一般地，有

$$\mathscr{L}\left[\underbrace{\int_0^t dt \int_0^t dt \cdots \int_0^t f(t)dt}_{n \text{个}}\right] = \frac{1}{s^n}F(s). \qquad (8.4)$$

证明 设 $h(t) = \int_0^t f(t)dt$，则有

$$h'(t) = f(t), \ h(0) = 0,$$

由上述微分性质有

$$\mathscr{L}[h'(t)] = s\mathscr{L}[h(t)] - h(0) = s\mathscr{L}[h(t)],$$

即

$$\mathscr{L}\Big[\int_0^t f(t)\,\mathrm{d}t\Big] = \frac{1}{s}\,\mathscr{L}[f(t)] = \frac{1}{s}F(s).$$

反复进行这个过程就可以得到式(8.4).

此外，由拉普拉斯存在定理还可得到像函数的积分性质.

若 $\mathscr{L}[f(t)] = F(s)$，设 $\lim\limits_{t\to 0^+}\dfrac{f(t)}{t}$ 存在，且积分 $\int_s^{+\infty}F(u)\,\mathrm{d}u$ 收敛，则

$$\int_s^{+\infty}F(u)\,\mathrm{d}u = \mathscr{L}\Big[\frac{f(t)}{t}\Big].$$

因为 $\displaystyle\int_s^{+\infty}F(u)\,\mathrm{d}s = \int_s^{+\infty}\Big[\int_0^{+\infty}f(t)\mathrm{e}^{-st}\mathrm{d}t\Big]\mathrm{d}s$

$$= \int_0^{+\infty}f(t)\Big[\int_s^{+\infty}\mathrm{e}^{-st}\mathrm{d}s\Big]\mathrm{d}t$$

$$= \int_0^{+\infty}f(t)\Big[-\frac{1}{t}\mathrm{e}^{-st}\Big|_s^{+\infty}\Big]\mathrm{d}t$$

$$= \int_0^{+\infty}f(t)\cdot\frac{1}{t}\mathrm{e}^{-st}\mathrm{d}t$$

$$= \mathscr{L}\Big[\frac{f(t)}{t}\Big].$$

一般地，若 $\lim\limits_{t\to 0^+}\dfrac{f(t)}{t^n}$ 存在，有

$$\mathscr{L}\Big[\frac{f(t)}{t^n}\Big] = \underbrace{\int_s^{+\infty}\mathrm{d}s\int_s^{+\infty}\mathrm{d}s\cdots\int_s^{+\infty}F(s)\mathrm{d}s}_{n\text{次}},n = 1,2,\cdots$$

4. 位移性质

设 $\mathscr{L}[f(t)] = F(s)$，则有

$$\mathscr{L}[\mathrm{e}^{at}f(t)] = F(s-a).$$

证明　根据式(8.1)，有

$$\mathscr{L}[\mathrm{e}^{at}f(t)] = \int_0^{+\infty}\mathrm{e}^{at}f(t)\mathrm{e}^{-st}\mathrm{d}t = \int_0^{+\infty}f(t)\mathrm{e}^{-(s-a)t}\mathrm{d}t,$$

由此可以看出，上式右端只是在 $F(s)$ 中把 s 换成 $s-a$，所以有

$$\mathscr{L}[\mathrm{e}^{at}f(t)] = F(s-a).$$

这个性质表明一个像原函数乘函数 e^{at} 的拉普拉斯变换等于其像函数做位移 a.

例 8.10　求 $\mathscr{L}[\mathrm{e}^{-at}\sin kt]$.

解　已知 $\mathscr{L}[\sin kt] = \dfrac{k}{s^2+k^2}$，由位移性质可得

$$\mathscr{L}[\mathrm{e}^{-at}\sin kt] = \frac{k}{(s+a)^2+k^2}.$$

5. 延迟性质

设 $\mathscr{L}[f(t)] = F(s)$，当 $t<0$ 时，$f(t) = 0$，则对任一非负实数 τ，有

$$\mathscr{L}[f(t-\tau)] = \mathrm{e}^{-s\tau}F(s). \tag{8.5}$$

证明　由定义有

$$\mathscr{L}[f(t-\tau)] = \int_0^{+\infty}f(t-\tau)\mathrm{e}^{-st}\mathrm{d}t = \int_\tau^{+\infty}f(t-\tau)\mathrm{e}^{-st}\mathrm{d}t.$$

令 $t_1 = t - \tau$，则有

$$\mathscr{L}[f(t-\tau)] = \int_0^{+\infty} f(t_1) e^{-s(t_1+\tau)} dt_1 = e^{-s\tau} F(s).$$

必须注意的是，本性质中对 $f(t)$ 的要求，即当 $t < 0$ 时，$f(t) = 0$. 此时 $f(t-\tau)$ 在 $t < \tau$ 时为零，故 $f(t-\tau)$ 应理解为 $f(t-\tau)u(t-\tau)$，而不是 $f(t-\tau)u(t)$. 因此，式(8.5)完整的写法应为

$$\mathscr{L}[f(t-\tau)u(t-\tau)] = e^{-s\tau} F(s).$$

相应地，就有 $\mathscr{L}^{-1}[e^{-s\tau} F(s)] = f(t-\tau)u(t-\tau)$.

例 8.11 已知 $f(t) = \begin{cases} 1, & 0 < t < t_0, \\ 0, & \text{其他}, \end{cases}$ 求 $F(s)$.

解 因为 $f(t) = u(t) - u(t-t_0)$，所以由线性性质、延迟性质及例 8.1 结论有

$$F(s) = \mathscr{L}[f(t)] = \mathscr{L}[u(t)] - \mathscr{L}[u(t-t_0)]$$
$$= \frac{1}{s} - \frac{1}{s} e^{-st_0} = \frac{1}{s}(1 - e^{-st_0}).$$

6. 尺度变换

设 $\mathscr{L}[f(t)] = F(s)$，则对任一常数 $a > 0$，有

$$\mathscr{L}[f(at)] = \frac{1}{a} F\left(\frac{s}{a}\right)$$

证明

$$\mathscr{L}[f(at)] = \int_0^{+\infty} f(at) e^{-st} dt$$
$$= \frac{1}{a} \int_0^{+\infty} f(x) e^{-\frac{s}{a}x} dx$$
$$= \frac{1}{a} F\left(\frac{s}{a}\right).$$

8.2.2 卷积与卷积定理

1. 卷积

在傅里叶变换中我们已经讨论了卷积的定义，利用拉普拉斯变换的特点，函数在变量取值小于零时为零函数. 卷积定义式有新的表达式，当 $t \geq 0$ 时，有

$$f_1(t) * f_2(t) = \int_{-\infty}^{+\infty} f_1(\tau) f_2(t-\tau) d\tau$$
$$= \int_0^t f_1(\tau) f_2(t-\tau) d\tau \tag{8.6}$$

显然，由式(8.6)定义的卷积仍然满足交换律、结合律以及分配律等性质.

例 8.12 求函数 $f_1(t) = t$ 与 $f_2(t) = \sin t$ 的卷积.

解 由式(8.6)有

$$f_1(t) * f_2(t) = \int_0^t \tau \sin(t-\tau) d\tau$$
$$= \tau \cos(t-\tau) \Big|_0^t - \int_0^t \cos(t-\tau) d\tau$$
$$= t - \sin t.$$

2. 卷积定理

若 $\mathscr{L}[f_1(t)] = F_1(s)$，$\mathscr{L}[f_2(t)] = F_2(s)$，则有

$$\mathscr{L}[f_1(t) * f_2(t)] = F_1(s) F_2(s).$$

8.2.2 例 8.12 讲解

证明 由卷积的定义有

$$\mathscr{L}[f_1(t) * f_2(t)] = \int_0^{+\infty} [f_1(t) * f_2(t)] e^{-st} dt$$

$$= \int_0^{+\infty} \left[\int_0^t f_1(\tau) f_2(t - \tau) d\tau \right] e^{-st} dt.$$

上面的积分可以看成一个 t-τ 平面上区域 D 内(见图 8.1)的一个二次积分,交换积分次序即得

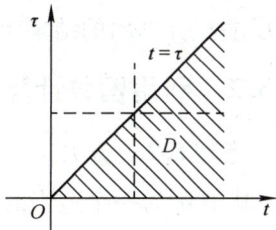

$$\mathscr{L}[f_1(t) * f_2(t)] = \int_0^{+\infty} f_1(\tau) \left[\int_\tau^{+\infty} f_2(t - \tau) e^{-st} dt \right] d\tau$$

对内层积分做变量代换 $t_1 = t - \tau$,有

$$\mathscr{L}[f_1(t) * f_2(t)] = \int_0^{+\infty} f_1(\tau) \left[\int_0^{+\infty} f_2(t_1) e^{-st_1} e^{-s\tau} dt_1 \right] d\tau$$

$$= F_2(s) \int_0^{+\infty} f_1(\tau) e^{-s\tau} d\tau = F_1(s) F_2(s).$$

图 8.1 区域 D

例 8.13 已知 $F(s) = \dfrac{1}{s^2(s^2 + 1)}$,求 $f(t)$.

解 由于 $F(s) = \dfrac{1}{s^2(s^2 + 1)} = \dfrac{1}{s^2} \dfrac{1}{s^2 + 1}$,且 $\mathscr{L}^{-1}\left[\dfrac{1}{s^2}\right] = t$,$\mathscr{L}^{-1}\left[\dfrac{1}{s^2 + 1}\right] = \sin t$,所以

$$f(t) = \mathscr{L}^{-1}[F(s)] = t * \sin t$$

$$= t - \sin t.$$

8.3 拉普拉斯逆变换

利用拉普拉斯变换求解具体问题时,常常需要由像函数 $F(s)$ 求像原函数 $f(t)$. 从前面的讨论中,我们已经知道了可以利用拉氏变换的性质并根据一些已知的变换来求像原函数,其中对像函数 $F(s)$ 进行合理的分解(或分离)是比较关键的一步,至于已知的变换则可以通过查表获得(见附录 B). 这种方法在许多情况下不失为一种有效而简单的方法,因而常常被使用,但其使用范围毕竟是有限的. 下面介绍一种更一般的方法,它直接用像函数表示出像原函数,即所谓的反演积分,再利用留数求出像原函数.

8.3.1 反演积分公式

由拉普拉斯变换与傅里叶变换的关系可知,函数 $f(t)$ 的拉普拉斯变换 $F(s) = F(\beta + i\omega)$ 就是 $f(t)u(t)e^{-\beta t}$ 的傅里叶变换,即

8.3.1 反演积分公式

$$F(\beta + i\omega) = \int_{-\infty}^{+\infty} f(t)u(t)e^{-\beta t}e^{-i\omega t} dt.$$

因此当 $f(t)u(t)e^{-\beta t}$ 满足傅里叶积分定理的条件时,按傅里叶逆变换,在 $f(t)$ 的连续点 t 处有

$$f(t)u(t)e^{-\beta t} = \frac{1}{2\pi} \int_{-\infty}^{+\infty} F(\beta + i\omega)e^{i\omega t} d\omega. \tag{8.7}$$

事实上,这里仅要求 β 在 $F(s)$ 的存在域内即可. 将式(8.7)两边同乘 $e^{\beta t}$,并令 $s = \beta + i\omega$,则有

$$f(t)u(t) = \frac{1}{2\pi i} \int_{\beta - i\infty}^{\beta + i\infty} F(s)e^{st} ds. \tag{8.8}$$

因此有

$$f(t) = \frac{1}{2\pi i}\int_{\beta-i\infty}^{\beta+i\infty}F(s)e^{st}ds, \ t > 0.$$

这就是由像函数 $f(s)$ 求像原函数的一般公式，称为**反演积分公式**. 其中右端的积分称为**反演积分**，其积分路径是 S 平面上的一条直线 $\mathrm{Re}(s)=\beta$，该直线处于 $F(s)$ 的存在域中. 由于 $F(s)$ 在存在域中解析，因而在此直线的右边不包含 $F(s)$ 的奇点. 另外从式(8.8)中可以看出，由反演积分算出的结果当 $t<0$ 时为零，这与我们的约定是一致的.

8.3.2 利用留数计算反演积分

定理8.2 设 $F(s) = \mathscr{L}[f(t)]$，如果 $F(s)$ 的全部奇点 $s_1,s_2,\cdots,s_n$ 都位于半平面 $\mathrm{Re}(s) < \sigma$，其中 σ 为一个适当的常数，且当 $\mathrm{Re}(s)<\sigma$，$s\to\infty$ 时，$F(s)\to 0$，则对 $t>0$，有

$$\frac{1}{2\pi i}\int_{\sigma-i\infty}^{\sigma+i\infty}F(s)e^{st}ds = \sum_{k=1}^{n}\mathrm{Res}[F(s)e^{st},s_k]$$

即

$$f(t) = \sum_{k=1}^{n}\mathrm{Res}[F(s)e^{st},s_k] \quad (t>0) \tag{8.9}$$

证明 画闭曲线 $\Gamma = L + \Gamma_R$（见图8.2），其中 Γ_R 是半圆周，位于区域 $\mathrm{Re}(s)<\sigma$ 内，L 为直线 $\overline{(\sigma-iR)(\sigma+iR)}$. 当 R 充分大时，闭曲线 Γ 所围的区域包含 $F(s)$ 的所有奇点. 因为函数 e^{st} 在整个复平面上解析，所以函数 $F(s)e^{st}$ 的奇点就是 $F(s)$ 的全部奇点. 根据留数定理，有

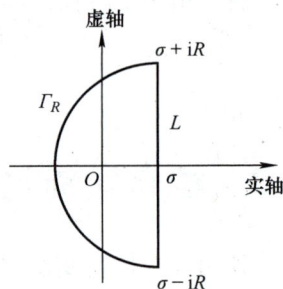

图8.2 闭曲线 Γ

$$\frac{1}{2\pi i}\oint_{\Gamma}F(s)e^{st}ds = \sum_{k=1}^{n}\mathrm{Res}[F(s)e^{st},s_k]$$

即是

$$\frac{1}{2\pi i}\int_{\sigma-iR}^{\sigma+iR}F(s)e^{st}ds + \frac{1}{2\pi i}\int_{\Gamma_R}F(s)e^{st}ds = \sum_{k=1}^{n}\mathrm{Res}[F(s)e^{st},s_k]$$

令 $R\to+\infty$，当 $t>0$ 时，由约当定理知，上式左端第二个积分的极限为零，即

$$\lim_{R\to+\infty}\frac{1}{2\pi i}\int_{\Gamma_R}F(s)e^{st}ds = 0$$

因此，

$$\frac{1}{2\pi i}\int_{\sigma-i\infty}^{\sigma+i\infty}F(s)e^{st}ds = \sum_{k=1}^{n}\mathrm{Res}[F(s)e^{st},s_k]$$

例8.14 已知 $F(s) = \dfrac{s}{(s-4)(s-2)^2}$，求 $f(t) = \mathscr{L}^{-1}[F(s)]$.

解法一 利用部分分式求解.
对 $F(s)$ 进行分解可得

$$F(s) = \frac{1}{s-4} - \frac{1}{s-2} - \frac{1}{(s-2)^2},$$

由于 $\mathscr{L}^{-1}\left[\dfrac{1}{s-a}\right] = e^{at}$，$\mathscr{L}^{-1}\left[\dfrac{1}{(s-2)^2}\right] = te^{2t}$（见附录B），因此

$$f(t) = e^{4t} - e^{2t} - te^{2t} = e^{4t} - (1+t)e^{2t}.$$

解法二 利用卷积求解.

设 $F_1(s) = \dfrac{s}{s-4} = 1 + \dfrac{4}{s-4}$，$F_2(s) = \dfrac{1}{(s-2)^2}$，则 $F(s) = F_1(s)F_2(s)$. 又因为 $f_1(t) = \mathscr{L}^{-1}[F_1(s)] = \delta(t) + 4e^{4t}$，$f_2(t) = \mathscr{L}^{-1}[F_2(s)] = te^{2t}$，根据卷积定理有

$$
\begin{aligned}
f(t) &= f_1(t) * f_2(t) = \int_0^t (\delta(\tau) + 4e^{4\tau})(t-\tau)e^{2(t-\tau)}\,\mathrm{d}\tau \\
&= \int_0^t \delta(\tau)(t-\tau)e^{2(t-\tau)}\,\mathrm{d}\tau + \int_0^t 4e^{4\tau}(t-\tau)e^{2(t-\tau)}\,\mathrm{d}\tau \\
&= te^{2t} + 4e^{2t}\left[\int_0^t te^{2\tau}\,\mathrm{d}\tau - \int_0^t \tau e^{2\tau}\,\mathrm{d}\tau\right] \\
&= te^{2t} + 4e^{2t}\left(-\frac{t}{2} + \frac{1}{4}e^{2t} - \frac{1}{4}\right) \\
&= e^{4t} - (1+t)e^{2t}.
\end{aligned}
$$

解法三 利用留数求解.

由于 $s_1 = 4$，$s_2 = 2$ 分别为像函数 $F(s)$ 的一阶极点和二阶极点，应用式(8.9)及留数计算法则有

$$
\begin{aligned}
f(t) &= \frac{s}{(s-2)^2}e^{st}\bigg|_{s=4} + \lim_{s\to 2}\frac{\mathrm{d}}{\mathrm{d}s}\left[(s-2)^2 \frac{s}{(s-4)(s-2)^2}e^{st}\right] \\
&= e^{4t} + \lim_{s\to 2}\frac{\mathrm{d}}{\mathrm{d}s}\left(\frac{s}{s-4}e^{st}\right) \\
&= e^{4t} + \lim_{s\to 2}\left[\frac{-4}{(s-4)^2}e^{st} + \frac{st}{s-4}e^{st}\right] \\
&= e^{4t} - e^{2t} - te^{2t} = e^{4t} - (1+t)e^{2t}.
\end{aligned}
$$

8.4 拉普拉斯变换在解方程(组)中的应用

由前面的讨论可知，拉普拉斯变换是在对傅里叶变换改进的基础上发展起来的. 它既继承了傅里叶变换很多好的性质，又克服了傅里叶变换的一些不足之处. 因此，拉普拉斯变换是比傅里叶变换应用更为广泛的一种积分变换.

8.4 拉普拉斯变换求解方程(组)的一般思路

和傅里叶变换类似，用拉普拉斯变换的方法求解微分方程(组)也是十分有效的. 由于在取拉普拉斯变换时，方程和初始条件同时用到，所求得的解就是满足初始条件的特解，避免了先求通解、再求特解的过程. 因此用拉普拉斯变换求解微分方程(组)的初值问题特别方便. 现将运用拉普拉斯变换求解常系数线性微分方程(组)问题的主要步骤总结如下.

(1) 对方程(组)两边同时取拉普拉斯变换，利用初值条件得到关于像函数 $F(s)$ 的代数方程(组).

(2) 求解关于 $F(s)$ 的代数方程(组)，得到 $F(s)$ 的表达式.

(3) 对 $F(s)$ 的表达式取拉普拉斯逆变换，求出像原函数 $f(t)$，最终得到原微分方程(组)的解.

例 8.15 求解微分方程 $\begin{cases} ty'' + (1-2t)y' - 2y = 0, \\ y(0) = 1, \ y'(0) = 2. \end{cases}$

解 设 $\mathscr{L}[y(t)] = Y(s)$，方程两边同时取拉普拉斯变换，得

$$\mathcal{L}[ty''] + \mathcal{L}[(1-2t)y'] - \mathcal{L}[2y] = 0,$$

利用拉氏变换的位移、微分及线性性质，则有

$$\mathcal{L}[ty''] = -\frac{\mathrm{d}}{\mathrm{d}s}\mathcal{L}[y''] = -\frac{\mathrm{d}}{\mathrm{d}s}[s^2Y(s) - sy(0) - y'(0)],$$

$$\mathcal{L}[(1-2t)y'] = \mathcal{L}[y'] + \mathcal{L}[-2ty'] = sY(s) - y(0) + 2\frac{\mathrm{d}}{\mathrm{d}s}[sY(s) - y(0)],$$

$$\mathcal{L}[2y] = 2\mathcal{L}[y] = 2Y(s).$$

把上述结论和初始条件代入化简，得

$$(2-s)Y'(s) - Y(s) = 0.$$

求解这个可分离变量的一阶微分方程，得

$$Y(s) = \frac{C}{s-2}.$$

求拉氏逆变换，得 $y(t) = Ce^{2t}$，代入初始条件可得方程的解为 $y(t) = e^{2t}$.

例 8.16 求解微分方程组

$$\begin{cases} x'(t) + x(t) - y(t) = e^t, \\ y'(t) + 3x(t) - 2y(t) = 2e^t, \end{cases}$$

满足初始条件

$$\begin{cases} x(0) = 1, \\ y(0) = 1, \end{cases}$$

的解.

解 设 $\mathcal{L}[x(t)] = X(s)$，$\mathcal{L}[y(t)] = Y(s)$，对方程组两个方程两边取拉普拉斯变换，同时考虑到初值条件得

$$\begin{cases} sX(s) - 1 + X(s) - Y(s) = \dfrac{1}{s-1}, \\ sY(s) - 1 + 3X(s) - 2Y(s) = \dfrac{2}{s-1}, \end{cases}$$

求解得

$$X(s) = Y(s) = \frac{1}{s-1}.$$

取拉氏逆变换得方程的解为

$$x(t) = y(t) = e^t.$$

8.5 MATLAB 程序

本节介绍求取拉普拉斯变换及逆变换的 MATLAB 命令.

1. 拉普拉斯变换

例 8.17 求函数 $f(t) = (t-1)e^t$ 的拉普拉斯变换.

解

```
syms t
ft = (t-1) * exp(t);
F = laplace(ft)
```

输出

F =

$-(s-2)/(s-1)^2$

2. 拉普拉斯逆变换

例 8.18 求函数 $F(s) = \dfrac{s^2}{(s^2+1)^2}$ 的拉普拉斯逆变换.

解

```
syms s
F = (s^2)/(s^2+1)^2;
Ft = ilaplace(F)
```

输出

Ft =

$\sin(t)/2 + (t*\cos(t))/2$

习题 8

1. 求下列函数的拉普拉斯变换.

(1) $f(t) = \sin t\cos t$;

(2) $f(t) = e^{-4t}$;

(3) $f(t) = t^2$;

(4) $f(t) = \sin^2 t$.

2. 求下列函数的拉普拉斯变换.

(1) $f(t) = \begin{cases} 2, & 0 \leqslant t < 1, \\ 1, & 1 \leqslant t < 2, \\ 0, & t \geqslant 2; \end{cases}$

(2) $f(t) = \begin{cases} \cos t, & 0 \leqslant t < \pi, \\ 0, & t \geqslant \pi. \end{cases}$

3. 计算下列函数的卷积.

(1) $1 * 1$;   (2) $t * t$;

(3) $t * e^t$;   (4) $\sin at * \sin at$;

(5) $\delta(t-\tau) * f(t)$;   (6) $\sin t * \cos t$.

4. 求下列函数的拉普拉斯变换.

(1) $f(t) = e^{at}\sin^2 t$;

(2) $f(t) = \cos^2 \dfrac{t}{5}$;

(3) $f(t) = 2\sin at - t\sin at$;

(4) $f(t) = e^{2t} + 3e^{5t}$;

(5) $f(t) = e^{2t} + 5\delta(t)$;

(6) $f(t) = e^{2t} + te^t$;

(7) $f(t) = \sin^2 2t$;

(8) $f(t) = t\cos at$;

(9) $f(t) = (t-2)^2 e^t$;

(10) $f(t) = \sin(t-2)$.

5. 求下列函数的拉普拉斯逆变换.

(1) $F(S) = \dfrac{1}{s(s+1)}$;

(2) $F(S) = \dfrac{e^{-5s}}{s^2+1}$;

(3) $F(S) = \dfrac{b}{(s-a)(s-b)}$;

(4) $F(S) = \dfrac{1}{s(s-1)}$;

(5) $F(S) = \dfrac{s+3}{(s+2)(s-3)}$;

(6) $F(S) = \dfrac{s^2}{s^2+1}$;

(7) $F(s) = \dfrac{2s+3}{s^2+9}$;

(8) $F(s) = \dfrac{4}{(s+4)(s+2)}$;

(9) $F(s) = \dfrac{s^2+2s-1}{s(s-1)^2}$;

(10) $F(s) = \dfrac{5s-1}{(s+1)(s-2)}$.

6. 用拉普拉斯变换求解下列微分方程.

(1) $y'' - 3y' + 2y = 6e^{-t}$, $y(0) = 0$, $y'(0) = 0$.

(2) $y' - y = e^{2t} - 1$, $y(0) = 0$.

(3) $y' + y = e^t$, $y(0) = 0$.

(4) $y''(t) - 2y(t) + 2y = 2e^t\cos t$ 满足初始条件 $y(0) = 0$, $y'(0) = 0$ 的特解.

(5) $y''(t) - 3y'(t) + 2y = 2e^{-t}$ 满足初始条件 $y(0) = 2$, $y'(0) = -1$ 的特解.

7. 求下列积分方程的解.

(1) $x(t) + \displaystyle\int_0^t x(t-w)e^w dw = 2t - 3$;

(2) $y(t) - \displaystyle\int_0^t (t-w)y(w) dw = t$.

第 9 章

解析函数在平面向量场的应用

在历史上，复变函数论的产生与发展与应用紧密相关. 例如，茹科夫斯基应用复变函数证明了关于飞机翼升力的公式，并且这一重要结果反过来推动了复变函数的研究. 复变函数的发展还和物理中的电磁学、流体力学以及数学中其他分支联系着. 在这里，我们只讲述解析函数在平面场的应用.

9.1 用复变函数表示平面向量场

设有向量场
$$A = A_x(x,y,z,t)i + A_y(x,y,z,t)j + A_z(x,y,z,t)k$$
式中，i，j，k 是沿坐标轴的单位向量，t 是时间. 如果这个向量场中的所有向量都与某个固定的平面 S 平行，而且在垂直于平面 S 的直线上的所有点处，于任一固定时刻 t，场向量都相等，我们称此向量场为平面平行向量场(见图9.1).

选定直角坐标系 Oxy 平行于平面 S，于是有 $A_z(x,y,z,t)=0$，并且
$$A = A_x(x,y,t)i + A_y(x,y,t)j$$
因此，对于平面平行向量场的研究，可简化为对 S 平面或与 S 平面平行的任一平面上的平面向量场的研究.

如果平面平行向量场不随时间变化，称为平面定常向量场. 所以平面向量场

图 9.1 平行向量场

$$A = A_x(x,y)i + A_y(x,y)j$$
可由复变函数 $A = A(z) = A_x(x,y) + iA_y(x,y)$ 来表示. 反之，给定 xOy 平面上的一个复变函数 $w = u(x,y) + iv(x,y)$，则相当于在 D 内给出了一个平面向量场
$$A = u(x,y)i + v(x,y)j.$$
例如，一个平面定常流速场(如河水的表面)$V = V_x(x,y)i + V_y(x,y)j$ 可用复变函数
$$V = V_x(x,y) + iV_y(x,y)$$
来表示. 又如，垂直于均匀带电的无限长直导线的所有平面上，电场强度的分布是相同的，因而可取其中某一平面为代表当作平面向量场来研究. 由于电场强度向量为
$$E = E_x(x,y)i + E_y(x,y)j,$$
所以该平面向量场也可用一个复变函数
$$E = E(z) = E_x(x,y) + iE_y(x,y)$$

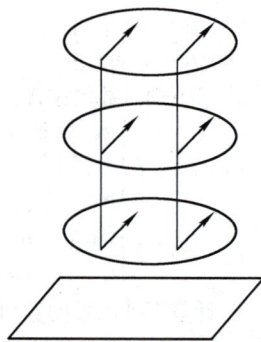

来示.

平面向量场与复变函数的这种密切关系，不仅说明了复变函数具有明确的物理意义，而且使我们可以利用复变函数的方法来研究向量场的有关问题.

9.2 复变函数在流体力学中的应用

假设流体是质量均匀的，并且不可压缩，即密度不因流体所处的位置以及受到的压力而改变. 我们假设流体的形式是定常的（即与时间无关）平面流动. 现在我们以江面上水的流动为例，从中就可看出解析函数是怎样应用于流体力学的.

9.2.1 流量与环量

设流体在 z 平面上某一区域 D 内流动，$v(z) = p(x, y) + q(x, y)\mathrm{i}$ 是在点 $z \in D$ 处的流速，且 $p(x, y), q(x, y)$ 都有连续偏导数.

现考查流体在单位时间内流过以 A 为起点，B 为终点的有向曲线 r（见图 9.2）一侧的流量（实际上是流体层的质量）. 为此取弧元 $\mathrm{d}s$，n 为其单位法向量，它指向曲线 r 的左边（顺着 A 到 B 的方向看）. 显然，在单位时间内流过 $\mathrm{d}s$ 的流量为 $v_n \mathrm{d}s$（v_n 是 v 在 n 上的投影），再乘上流体层的厚度以及流体的密度（取厚度为一个单位长，密度为 1）. 因此，这个流量的值就是 $v_n \mathrm{d}s$.

当 v 与 n 夹锐角时，流量 $v_n \mathrm{d}s$ 为正，夹钝角时为负. 令 $\tau = \dfrac{\mathrm{d}x}{\mathrm{d}s} + \mathrm{i}\dfrac{\mathrm{d}y}{\mathrm{d}s}$ 是顺 r 正向的单位切向量. 故 n 恰好可由 τ 旋转 $-\dfrac{\pi}{2}$ 得到，即

图 9.2　平面上流体流量示意图

$$n = \mathrm{e}^{-\frac{\pi}{2}\mathrm{i}}\tau = -\mathrm{i}\tau = \frac{\mathrm{d}y}{\mathrm{d}s} - \mathrm{i}\frac{\mathrm{d}x}{\mathrm{d}s}.$$

则 v 在 n 上的投影为 $v_n = v \cdot n = p\dfrac{\mathrm{d}y}{\mathrm{d}s} - q\dfrac{\mathrm{d}x}{\mathrm{d}s}$. 以 N_r 表示单位时间内流过 r 的流量，则

$$N_r = \int_r \left(p\frac{\mathrm{d}y}{\mathrm{d}s} - q\frac{\mathrm{d}x}{\mathrm{d}s} \right)\mathrm{d}s = \int_r -q\mathrm{d}x + p\mathrm{d}y.$$

若 $N_r > 0$，则表示流体经过曲线 r 流出的量多；若 $N_r < 0$，则表示流体经过曲线 r 流进的量多；若 $N_r = 0$，则表示流体经过曲线 r 流出的量和流进的量正好相等.

设 D 为单连通区域，如果在曲线 r 的内部区域 G 中，既没有喷出流体的泉源，也没有流入流体的泉汇，那么根据流体的不可压缩性，应有 $N_r = 0$. 由格林公式，当 $G \subset D$ 时，有

$$N_r = \int_r -q\mathrm{d}x + p\mathrm{d}y = \iint_G \left(\frac{\partial p}{\partial x} + \frac{\partial q}{\partial y} \right)\mathrm{d}x\mathrm{d}y = 0$$

由高等数学知识得

$$\mathrm{div}\, v = \frac{\partial p}{\partial x} + \frac{\partial q}{\partial y} = 0, \tag{9.1}$$

在流体力学中，还有一个重要的概念，即流速的环量. 它的定义是流速在曲线 r 上的切线

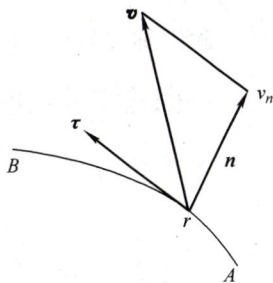

分速 $\tau = \dfrac{\mathrm{d}x}{\mathrm{d}s} + \mathrm{i}\dfrac{\mathrm{d}y}{\mathrm{d}s}$ 沿着该曲线的积分，以 Γ_r 表示．于是，有

$$\Gamma_r = \int_r \left(p\frac{\mathrm{d}x}{\mathrm{d}s} + q\frac{\mathrm{d}y}{\mathrm{d}s} \right)\mathrm{d}s = \int_r p\mathrm{d}x + q\mathrm{d}y$$

当曲线 r 的内部区域 G 完全含于区域 D 内时，由格林公式得

$$\Gamma_r = \int_r p\mathrm{d}x + q\mathrm{d}y = \iint_G \left(\frac{\partial q}{\partial x} - \frac{\partial p}{\partial y} \right)\mathrm{d}x\mathrm{d}y$$

记 $\mathrm{rot}\ \boldsymbol{v} = \dfrac{\partial q}{\partial x} - \dfrac{\partial p}{\partial y}$，称为**流体的旋度**或**旋转量**．若

$$\mathrm{rot}\ v = 0 \tag{9.2}$$

此时 $\Gamma_r = 0$，这个流体的流动是无旋的．

于是，对于无汇源、无旋的不可压缩流体的平面稳定流动而言，$\mathrm{div}\ \boldsymbol{v} = \mathrm{rot}\ \boldsymbol{v} = 0$，即 $\dfrac{\partial p}{\partial x} = -\dfrac{\partial q}{\partial y}$，$\dfrac{\partial p}{\partial y} = \dfrac{\partial q}{\partial x}$．因此 $\overline{v(z)} = p(x,y) - q(x,y)\mathrm{i}$ 的实部和虚部满足 C-R 方程，它就是 D 内的解析函数，我们称它为**复速度**.

9.2.2　平面稳定流动的复势及应用

设在区域 D 内有一无汇源、无旋流动，从 9.2.1 节讨论知其对应的复速度为解析函数 $\overline{v(z)}$．

对于式(9.1)，也即 $\dfrac{\partial p}{\partial x} = -\dfrac{\partial q}{\partial y}$．从而存在一个二元函数 $A(x,y)$ 满足

$$\mathrm{d}A(x,y) = -q\mathrm{d}x + p\mathrm{d}y \tag{9.3}$$

因为沿等值线 $A(x,y) = c_1$，有 $\mathrm{d}A(x,y) = -q\mathrm{d}x + p\mathrm{d}y = 0$，即 $\dfrac{\mathrm{d}y}{\mathrm{d}x} = \dfrac{q}{p}$．也就是说，$A(x,y) = c_1$ 上各点流体流动的方向正好与切线的方向一致，因而在流速场中 $A(x,y) = c_1$ 就是流线，$A(x,y)$ 称为向量场 $v(z)$ 的**流函数**.

类似地，对于式(9.2)，也即 $\dfrac{\partial q}{\partial x} = \dfrac{\partial p}{\partial y}$．从而存在一个二元函数 $B(x,y)$ 满足

$$\mathrm{d}B(x,y) = p\mathrm{d}x + q\mathrm{d}y \tag{9.4}$$

此时 $\dfrac{\mathrm{d}y}{\mathrm{d}x} = -\dfrac{p}{q}$．也就是说，$B(x,y) = c_2$ 上的法线方向与流体流动的方向一致，因而在流速场中 $B(x,y) = c_2$ 就是等势线(等位线)，$B(x,y)$ 称为向量场 $v(z)$ 的**等势函数**(**等位函数**).

由式(9.3)和式(9.4)可知流函数和等势函数满足方程组

$$\frac{\partial A}{\partial x} = -q = -\frac{\partial B}{\partial y},\ \frac{\partial A}{\partial y} = p = \frac{\partial B}{\partial x}.$$

这是函数 $A(x,y)$ 和 $B(x,y)$ 所满足的 C-R 方程．这样，在无汇源、无旋的速度场中，流函数 $A(x,y)$ 和等势函数 $B(x,y)$ 是一对共轭调和函数．令

$$f(z) = B(x,y) + \mathrm{i}A(x,y),$$

我们称函数 $f(z)$ 为对应此流动的**复势**.

而且，我们发现 $f'(z) = \dfrac{\partial B}{\partial x} + \mathrm{i}\dfrac{\partial A}{\partial x} = p - q\mathrm{i} = \overline{v(z)}$，也就是复势的导数为复速度．一方面，

用复势来刻画流动比复速度方便. 因为由复势求复速度只用到求导数, 反之则要用积分. 另一方面, 复势容易求流线和势线, 这样就可以了解流动的情况.

例 9.1 考查平面稳定流动的复势为 $f(z) = az(a > 0)$ 的流动情况. 求复速度、流函数、流线、等势函数及等势线.

解 由于 $f'(z) = a$, 因此在任一点的复速度为 a. 等势函数和流函数分别为

$$\varphi(x, y) = ax, \quad \psi(x, y) = ay.$$

故等势线是 $x = C_1$, 流线是 $y = C_2(C_1, C_2$ 均为实常数). 这种流动称为**均匀常流**(见图 9.3). 当 a 为复数时, 情况相仿, 势线和流线也是直线, 只是方向有了改变.

例 9.2 设复势 $f(z) = z^2$, 试确定其流线、势线和速度.

解 势函数和流函数分别为 $\varphi(x, y) = x^2 - y^2$, $\psi(x, y) = 2xy$, 势线及流线是互相正交的两族等轴双曲线(见图 9.4). 在 z 点处的速度 $v(z) = \overline{f'(z)} = 2\bar{z}$.

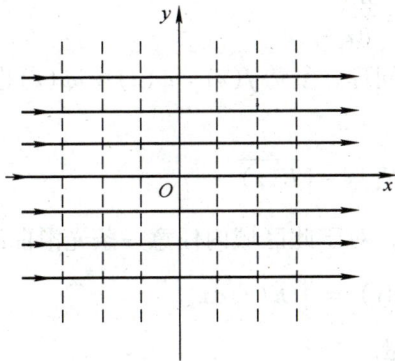

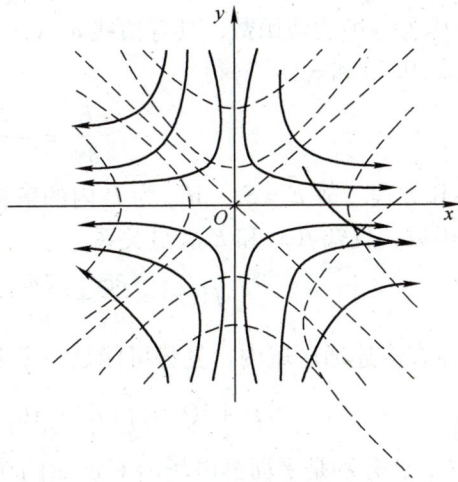

图 9.3 均匀常流　　　　图 9.4 等轴双曲线

9.3 复变函数在静电场的应用

我们知道, 电荷周围的空间有电子作用着, 并形成一个区域, 而区域内一点处单位电量的正点电荷所受到的力叫作**电场强度**, 把这样的区域称为**电场**. 如果表示电场强度的向量不随时间的变化而改变, 就称为**静电场**. 若在垂直于某一固定平面的每一条直线上, 各点电场强度的大小和方向都是相同的, 那么这样的静电场就称为**平面静电场**.

对于一般的平面静电场, 我们选取一个有代表性的平面作为 z 平面, 设 D 是电场中的单连通区域, 如果 D 内每一点电场强度 $E = E_x + iE_y$ 的散度为

$$\text{div } E = \frac{\partial E_x}{\partial x} + \frac{\partial E_y}{\partial y} = 0, \tag{9.5}$$

以 C 表示一光滑曲线, Ω 是 C 所围的有界区域, 且 $\Omega \subset D$, 则由格林公式

$$Q = \int_C -E_y \, dx + E_x \, dy = \iint_\Omega \left(\frac{\partial E_x}{\partial x} + \frac{\partial E_y}{\partial y} \right) dx dy = 0, \tag{9.6}$$

式(9.6)表示沿闭曲线 C 的电通量,确定单值函数

$$\varphi(x,y) = \int_{z_0}^{z} -E_y \mathrm{d}x + E_x \mathrm{d}y$$

$\varphi(x,y)$ 称为电场的力函数,等值线 $\varphi(x,y) = a$(常数)叫作电力线.

电场的旋度

$$\mathrm{rot}\, E = \frac{\partial E_y}{\partial x} - \frac{\partial E_x}{\partial y} = 0, \tag{9.7}$$

类似有

$$\varGamma = \int_C E_x \mathrm{d}x + E_y \mathrm{d}y = \iint_\Omega \left(\frac{\partial E_y}{\partial x} - \frac{\partial E_x}{\partial y} \right) \mathrm{d}x\mathrm{d}y = 0. \tag{9.8}$$

式(9.8)表示沿闭曲线 C 所做的功,确定单值函数

$$\phi(x,y) = -\int_{z_0}^{z} E_x \mathrm{d}x + E_y \mathrm{d}y$$

$\phi(x,y)$ 称为电场的势函数,其等值线 $\phi(x,y) = b$(常数)叫作电势线.

由式(9.5)和式(9.7)得

$$\frac{\partial E_x}{\partial x} = -\frac{\partial E_y}{\partial y}, \frac{\partial E_y}{\partial x} = \frac{\partial E_x}{\partial y}$$

满足 C-R 方程. 故 $\overline{E} = E_x - \mathrm{i}E_y$ 为 D 内的解析函数. 同理,复势 $f(z) = \varphi(z) + \mathrm{i}\phi(z)$ 也是 D 内的解析函数,且知 $f(z)$ 和 E 满足关系

$$f'(z) = \frac{\partial \varphi}{\partial x} + \mathrm{i}\frac{\partial \phi}{\partial x} = -E_y - \mathrm{i}E_x = -\mathrm{i}\overline{E(z)}. \tag{9.9}$$

注意在多连通区域内,复势可能是一个多值函数,对于此区域内任意一条光滑曲线 C,有

$$\varGamma + \mathrm{i}Q = \int_C (E_x - \mathrm{i}E_y)(\mathrm{d}x + \mathrm{i}\mathrm{d}y) = \int_C \overline{E(z)}\,\mathrm{d}z. \tag{9.10}$$

式中,$\varGamma$,Q 分别是平面静电场沿 C 所做的功与电通量.

例9.3 考虑一足够长(可以看成无限长)的均匀带电直线所产生的电场,以 λ 表示电荷的线密度,任取垂直于此带电直线的一个平面,且原点在平面上,现来求此平面静电场的电场强度和复势. 如图9.5所示.

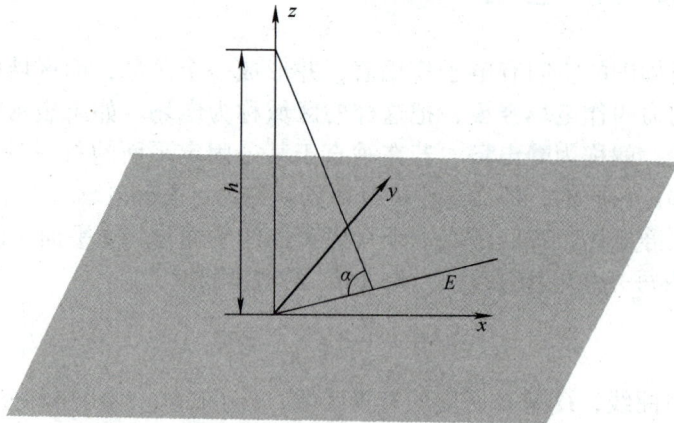

图9.5 平面静电场

解 由库仑定理知，点电荷 q 在相距其 r 处产生的电场 $E = \dfrac{1}{4\pi\varepsilon}\dfrac{q}{r^2}$. 则本题中

$$|\mathrm{d}E| = \frac{1}{4\pi\varepsilon}\frac{\lambda\,\mathrm{d}h}{(r^2+h^2)}.$$

式中，λ 是点电荷的线密度，$\mathrm{d}h$ 是直线上的长度微元，ε 是真空介电常数. 令 $k = \dfrac{1}{4\pi\varepsilon}$，所以 $|\mathrm{d}E|$ 在 z 平面的投影为 $k\cdot\cos\alpha\cdot\lambda\,\mathrm{d}h/(r^2+h^2)$，推出

$$|E| = \int_{-\infty}^{+\infty}\frac{k\cdot\cos\alpha\cdot\lambda}{(r^2+h^2)}\mathrm{d}h = \frac{2k\lambda}{r}.$$

由于 E 的方向与 z 相同，其单位向量为 $\dfrac{z}{|z|}$，所以电场强度 E 的复变函数的表示为

$$E = \frac{2k\lambda}{r}\frac{z}{|z|} = \frac{2k\lambda z}{|z|^2} = \frac{2k\lambda}{\bar{z}},$$

而根据式(9.9)，复势为

$$f(z) = -\mathrm{i}\int_{z_0}^{z}\overline{E(z)}\,\mathrm{d}z = -\mathrm{i}\int_{z_0}^{z}\frac{2k\lambda}{z}\mathrm{d}z = -2k\lambda\mathrm{i}\ln z + c.$$

为了方便，上式中取常数 $c = 0$，这不影响电场强度 E. 所以

$$\varphi(z) = \mathrm{Re}\,f(z) = 2k\lambda\arg z$$

为力函数. $\arg z = a$（常数）表示电力线（见图 9.6 中虚线）.

$$\phi(z) = \mathrm{Im}\,f(z) = -2k\lambda\ln|z|$$

为势函数. $|z| = b$ 表示等势线（见图 9.6 中实线）.

以 C 表示以原点为中心的一个圆周，则由式(9.10)得

$$\Gamma + \mathrm{i}Q = \int_c\overline{E(z)}\,\mathrm{d}z = \int_c\frac{2k\lambda}{z}\mathrm{d}z$$

令 $E = r\mathrm{e}^{\mathrm{i}\theta}$，则 $\Gamma + \mathrm{i}Q = \int_0^{2\pi}\dfrac{2k\lambda}{r\mathrm{e}^{\mathrm{i}\theta}}r\mathrm{e}^{\mathrm{i}\theta}\mathrm{i}\mathrm{d}\theta = 4k\pi\lambda\mathrm{i} = \dfrac{\lambda}{\varepsilon}\mathrm{i}$，即 $\Gamma +$

$\mathrm{i}Q = \dfrac{\lambda}{\varepsilon}\mathrm{i}$. 易知：$\Gamma = 0$，$Q = \dfrac{\lambda}{\varepsilon}$. 因此，该点电荷 C 的环量为

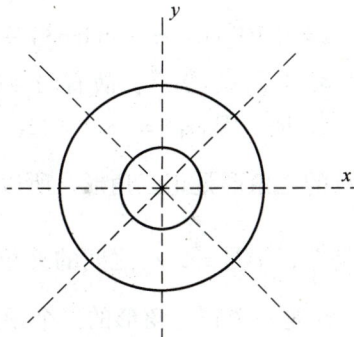

图 9.6 电力线和等势线

0，沿 C 的电通量为 $\dfrac{\lambda}{\varepsilon}$，这与电场的环路定理和高斯定理相吻合.

习题 9

1. 已知下列函数作为复势的平面稳定流动，求其复速度、流线和等势线.

   $(1)\,w = z^3$；　　　　$(2)\,w = \dfrac{1}{z^2+1}$.

2. 某流动的复势为 $w = f(z) = \dfrac{1}{z^2-1}$，试分别求出沿下列圆周的流量和环量.

   $(1)\,|z-1| = \dfrac{1}{2}$；　　$(2)\,|z| = 3$.

3. 设平面静电场的复势为 $f(z) = \mathrm{e}^z$，求该静电场的等势线、电力线及其电场强度.

参考答案

习题 1

1. (1) $\operatorname{Re} z = \dfrac{16}{25}$, $\operatorname{Im} z = \dfrac{8}{25}$, $|z| = \dfrac{8\sqrt{5}}{25}$, $\operatorname{Arg} z = \arctan \dfrac{1}{2} + 2k\pi$, $k \in \mathbf{Z}$;

(2) $\operatorname{Re} z = -1$, $\operatorname{Im} z = 0$, $|z| = 1$, $\operatorname{Arg} z = \pi + 2k\pi$, $k \in \mathbf{Z}$.

2. $z\bar{z} = \left(\dfrac{16}{25} + \dfrac{8}{25}\mathrm{i} \right)\left(\dfrac{16}{25} - \dfrac{8}{25}\mathrm{i} \right) = \dfrac{64}{125}$.

3. (1) $z = 2\left[\cos\left(-\dfrac{5\pi}{6} \right) + \mathrm{i}\sin\left(-\dfrac{5\pi}{6} \right) \right] = 2\mathrm{e}^{\mathrm{i}\left(-\frac{5\pi}{6} \right)}$;

(2) $\dfrac{1}{3+2\mathrm{i}} = \dfrac{3-2\mathrm{i}}{(3+2\mathrm{i})(3-2\mathrm{i})} = \dfrac{3}{13} + \left(\dfrac{-2}{13} \right)\mathrm{i}$,

$z = \dfrac{1}{\sqrt{13}}\left[\cos\left(-\arctan\dfrac{2}{3} \right) + \mathrm{i}\sin\left(-\arctan\dfrac{2}{3} \right) \right] = \dfrac{1}{\sqrt{13}}\mathrm{e}^{-\mathrm{i}\arctan\frac{2}{3}}$;

(3) $\mathrm{i}^{10} + 4\,\mathrm{i}^{25} - \mathrm{i} = \mathrm{i}^{10} + 4\mathrm{i} - \mathrm{i} = -1 + 3\mathrm{i}$,

$z = \sqrt{10}\left[\cos(\pi - \arctan 3) + \mathrm{i}\sin(\pi - \arctan 3) \right] = \sqrt{10}\,\mathrm{e}^{\mathrm{i}(\pi - \arctan 3)}$.

4. $1 + \mathrm{i} = \sqrt{2}\mathrm{e}^{\mathrm{i}\frac{\pi}{4}}$, 故有 $(1+\mathrm{i})^8 = (\sqrt{2}\mathrm{e}^{\mathrm{i}\frac{\pi}{4}})^8 = (\sqrt{2})^8\mathrm{e}^{\mathrm{i}8 \cdot \frac{\pi}{4}} = 16\,\mathrm{e}^{\mathrm{i}2\pi} = 16$.

5. 证: 因 $|z_1| = |z_2| = |z_3| = 1$, 所以 z_1, z_2, z_3 都在圆周 $|z| = 1$ 上. 以 0, z_1, $z_1 + z_2$ 为顶点的三角形是正三角形, 所以向量 z_1, $z_1 + z_2$ 之间的夹角是 $\dfrac{\pi}{3}$, 同理 z_2, $z_1 + z_3$ 之间的夹角也是 $\dfrac{\pi}{3}$, 于是 z_1, z_2 之间的夹角是 $\dfrac{2\pi}{3}$, 同理 z_1, z_3 之间和 z_2, z_3 之间的夹角都是 $\dfrac{2\pi}{3}$, 所以 z_1, z_2, z_3 是一个正三角形的三个顶点.

6. 因 $z = \sqrt{2}\mathrm{e}^{\mathrm{i}\frac{\pi}{4}}$, 故 $|z| = \sqrt{2}$, $\arg z = \dfrac{\pi}{4}$. 于是, z 的四个四次方根为

$$w_0 = \sqrt[8]{2}\mathrm{e}^{\mathrm{i}\frac{\pi}{16}}; \quad w_1 = \sqrt[8]{2}\mathrm{e}^{\mathrm{i}\frac{9\pi}{16}}; \quad w_2 = \sqrt[8]{2}\mathrm{e}^{\mathrm{i}\frac{17\pi}{16}}; \quad w_3 = \sqrt[8]{2}\mathrm{e}^{\mathrm{i}\frac{25\pi}{16}}$$

7. (1) 有界, 单连通区域; (2) 无界, 单连通区域.

8. (1) $\begin{cases} x > 0, \\ y - 1 > 0, \\ x = y - 1, \end{cases}$ 则 z 点的轨迹如右图所示.

(2) $|z + a|^2 = |a|^2 - b$.

若 $|a|^2 = b$, 则 z 的轨迹为一点 $-a$;

若 $|a|^2 > b$, 则 z 的轨迹为圆, 圆心在 $-a$, 半径为 $\sqrt{|a|^2 - b}$;

若 $|a|^2 < b$, 无意义.

9. (1) 因 $w = \dfrac{1}{z}$, 所以 $z = \dfrac{1}{w} = \dfrac{1}{u + \mathrm{i}v} = \dfrac{u - \mathrm{i}v}{u^2 + v^2}$, 又因为 $x^2 + y^2 = 9$, 故而

$\dfrac{u^2 + v^2}{(u^2 + v^2)^2} = 9$, 即 $u^2 + v^2 = \dfrac{1}{9}$ 是以原点为中心、$1/3$ 为半径的圆.

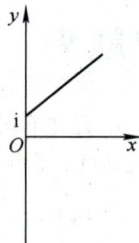

（2）因为 $w = \dfrac{1}{z}$，所以 $z = \dfrac{1}{w} = \dfrac{1}{u + iv} = \dfrac{u - iv}{u^2 + v^2}$，又因为 $x = 2$，故而 $\dfrac{u}{u^2 + v^2} = 2$，即 $\left(u - \dfrac{1}{4} \right)^2 +$

$v^2 = \dfrac{1}{16}$ 是以 $\dfrac{1}{4}$ 为圆心、$\dfrac{1}{4}$ 为半径的圆.

10.（1）0；（2）不存在.

<h2 style="text-align:center">习题 2</h2>

1. $u(x,y) = e^x(x\cos y - y\sin y)$，$v(x,y) = e^x(y\cos y - x\sin y)$，又因为

$$u_x = e^x(x\cos y - y\sin y + \cos y) = v_y,\quad u_y = e^x(-x\sin y - \sin y + y\cos y) = -v_x$$

故 $f(z)$ 在 z 平面上解析，且 $f'(z) = e^x[\cos y(x + 1) - y\sin y] + ie^x[\sin y(x + 1) - y\cos y]$ 或 $f(z) = ze^z$. 于是 $f'(z) = (z + 1)e^z$.

2.（1）在直线 $\sqrt{2}x \pm \sqrt{3}y = 0$ 上可导，但在复平面上处处不解析.

（2）在直线 $x - y = 1$ 上可导，但在复平面上处处不解析.

（3）在原点 $z = 0$ 处可导，但在复平面上处处不解析.

3. 设 $z = x + iy$，则 $\dfrac{1}{z} = \dfrac{1}{x - iy} = \dfrac{x}{x^2 + y^2} + i\dfrac{y}{x^2 + y^2}$，函数 $f(z)$ 在 $z \neq 0$ 处不满足 C-R 条件，

故处处不解析.

4.（1）假；（2）真；（3）假；（4）假；（5）假；（6）真.

5. $m = 1$，$p = 1$，$q = 3$.

6. $\left| e^{z^2} \right| = e^{x^2 - y^2}$，$\text{Arg } e^{z^2} = 2xy + 2k\pi$ （k 为任意整数）.

7. $\text{Ln}(z - 1) = \ln|z - 1| + i[\arg(z - 1) + 2k\pi i]$，因此

$$\text{Re}[\text{Ln}(z - 1)] = \ln|z - 1| = \ln\sqrt{(r\cos\theta - 1)^2 + (r\sin\theta)^2}$$
$$= \frac{1}{2}\ln(1 - 2r\cos\theta + r^2).$$

8.（1）$z = \text{Ln}(1 + \sqrt{3}i) = \ln 2 + \left(\dfrac{1}{3} + 2k \right)\pi i$（$k$ 为任意整数）.

（2）$z = e^{\frac{\pi}{2}i} = \cos\dfrac{\pi}{2} + i\sin\dfrac{\pi}{2} = i$.

（3）由双曲函数的定义得 $\sinh z = \dfrac{e^z - e^{-z}}{2} = i$，解得 $(e^z)^2 - 2ie^z - 1 = 0$，即 $e^z = i$，所以

$$z = \text{Ln } i = \left(\dfrac{\pi}{2} + 2k\pi \right)i \quad （k \text{ 为任意整数}）.$$

9. 由商的极限运算法则及导数定义知

$$\lim_{z \to z_0}\frac{f(z)}{g(z)} = \lim_{z \to z_0}\frac{\dfrac{f(z) - f(z_0)}{z - z_0}}{\dfrac{g(z) - g(z_0)}{z - z_0}} = \frac{\lim\limits_{z \to z_0}\dfrac{f(z) - f(z_0)}{z - z_0}}{\lim\limits_{z \to z_0}\dfrac{g(z) - g(z_0)}{z - z_0}} = \frac{f'(z_0)}{g'(z_0)}.$$

由此，$\lim\limits_{z \to 0}\dfrac{\sin z}{z} = \lim\limits_{z \to 0}\dfrac{\cos z}{1} = 1$，$\lim\limits_{z \to 0}\dfrac{e^z - 1}{z} = \lim\limits_{z \to 0}\dfrac{e^z}{1} = e^0 = 1$.

10.（1）$-\dfrac{\pi}{2}i + 2k\pi i (k = 0, \pm 1, \pm 2, \cdots)$，主值 $-\dfrac{\pi}{2}i$；

(2) $\frac{1}{2}\ln2 + \frac{\pi}{4}i + 2k\pi i(k=0,\pm1,\pm2,\cdots)$，主值为 $\frac{1}{2}\ln2 + \frac{\pi}{4}i$.

11. (1) $3^{\sqrt5}(\cos(2k+1)\pi\sqrt5 + i\sin(2k+1)\pi\sqrt5)$;

(2) $-ei$;

(3) $\sqrt2 e^{2k\pi+\frac{\pi}{4}}\left[\cos\left(\frac{\pi}{4}-\ln\sqrt2\right) + i\sin\left(\frac{\pi}{4}-\ln\sqrt2\right)\right]$.

12. (1) 不正确;   (2) 不正确.

13. (1) $-\text{ch}5$;   (2) $\frac{\sin6 - i\text{sh}2}{2(\text{ch}^21 - \sin^23)}$;

(3) $i\sin2$;   (4) $\frac{\pi}{3} + 2k\pi(k=0,\pm1,\pm2,\cdots)$.

14. 设 $f(z) = u(x,y) + iv(x,y)$，则左端 $= (\frac{\partial}{\partial x}\sqrt{u^2+v^2})^2 + (\frac{\partial}{\partial y}\sqrt{u^2+v^2})^2 =$

$(\frac{uu_x + vv_x}{\sqrt{u^2+v^2}})^2 + (\frac{uu_y + vv_y}{\sqrt{u^2+v^2}})^2 = \frac{(uu_x+vv_x)^2 + (uv_x - vu_x)^2}{u^2+v^2} = \frac{u^2(u_x^2+v_x^2) + v^2(u_x^2+v_x^2)}{u^2+v^2} = u_x^2 +$

$v_x^2 = |u_x + iv_x|^2 = |f'(z)|^2 = $ 右端，证毕.

习题 3

1. (1) $-\frac{1}{3} + \frac{i}{3}$;   (2) $-\frac{1}{2} + \frac{5}{6}i$;   (3) $-\frac{1}{2} - \frac{i}{6}$.

2. (1) $4\pi i$;   (2) $8\pi i$.

3. (1) $\int_0^{\pi i}\sin z dz = -\cos z\Big|_0^{\pi i} = 1 - \cos\pi i$;

(2) $\int_1^{1+i}ze^z dz = (ze^z - e^z)\Big|_1^{1+i} = ie^{1+i}$;

(3) $\int_0^i(3e^z + 2z)dz = (3e^z + z^2)\Big|_0^i = 3e^i - 4$.

4. $\oint_C \frac{e^z}{z}dz = \oint_{|z|=2}\frac{e^z}{z}dz - \oint_{|z|=1}\frac{e^z}{z}dz = 2\pi i - 2\pi i = 0$.

5. $\oint_C \frac{1}{z^2-z}dz = \oint_{c_2}\frac{1}{z-1}dz - \oint_{c_1}\frac{1}{z}dz = 2\pi i - 2\pi i = 0$.

6. (1) 0;   (2) 0;   (3) $2\pi i$;   (4) 0.

7. $\int_C \frac{1}{z^2}dz = -\frac{1}{z}\Big|_{-3i}^i = -\frac{1}{i} - \frac{1}{3i} = \frac{4}{3}i$.

8. $\oint_{|z|=2}\frac{1}{z^2-1}\sin\frac{\pi}{4}z dz = \oint_{c_1}\frac{\frac{1}{z+1}\sin\frac{\pi z}{4}}{z-1}dz + \oint_{c_2}\frac{\frac{1}{z-1}\sin\frac{\pi z}{4}}{z+1}dz$

$\qquad\qquad = 2\pi i\left[\frac{1}{z+1}\sin\frac{\pi z}{4}\Big|_{z=1} + \frac{1}{z-1}\sin\frac{\pi z}{4}\Big|_{z=-1}\right] = \sqrt2\pi i$.

9. (1) $\oint_{|z|=1}\frac{e^z}{z^{100}}dz = 2\pi i\frac{1}{99!}(e^z)^{(99)}\Big|_{z=0} = \frac{2\pi i}{99!}$;

(2) $\oint_{|z|=2} \dfrac{\sin z}{\left(z - \dfrac{\pi}{2}\right)^2} dz = 2\pi\mathrm{i}\cos z \Big|_{z=\frac{\pi}{2}} = 0$;

(3) $\oint_{C=C_1^- + C_2} \dfrac{\cos z}{z^3} dz = \oint_{C_1^-} \dfrac{\cos z}{z^3} dz + \oint_{C_2} \dfrac{\cos z}{z^3} dz$

$$= -2\pi\mathrm{i} \dfrac{1}{2!}(\cos z)'' \Big|_{z=0} + 2\pi\mathrm{i} \dfrac{1}{2!}(\cos z)'' \Big|_{z=0} = 0.$$

10. (1) $\dfrac{1}{2\pi\mathrm{i}} \oint_{|z|=\frac{1}{2}} \dfrac{\mathrm{e}^z}{z(z-1)^3} dz = \dfrac{1}{2\pi\mathrm{i}} \oint_{|z|=\frac{1}{2}} \dfrac{\dfrac{\mathrm{e}^z}{(z-1)^3}}{z} dz = \dfrac{\mathrm{e}^z}{(z-1)^3} \Big|_{z=0} = -1$;

(2) $\dfrac{1}{2\pi\mathrm{i}} \oint_{|z-1|=\frac{1}{2}} \dfrac{\mathrm{e}^z}{z(z-1)^3} dz = \dfrac{1}{2\pi\mathrm{i}} \oint_{|z-1|=\frac{1}{2}} \dfrac{\dfrac{\mathrm{e}^z}{z}}{(z-1)^3} dz = \dfrac{1}{2!}\left(\dfrac{\mathrm{e}^z}{z}\right)'' \Big|_{z=1}$

$$= \dfrac{1}{2} \dfrac{\mathrm{e}^z(z^2 - 2z + 2)}{z^3} \Big|_{z=1} = \dfrac{\mathrm{e}}{2};$$

(3) $\dfrac{1}{2\pi\mathrm{i}} \oint_{|z|=2} \dfrac{\mathrm{e}^z}{z(z-1)^3} dz = \dfrac{1}{2\pi\mathrm{i}} \oint_{c_1} \dfrac{\dfrac{\mathrm{e}^z}{(z-1)^3}}{z} dz + \dfrac{1}{2\pi\mathrm{i}} \oint_{c_2} \dfrac{\dfrac{\mathrm{e}^z}{z}}{(z-1)^3} dz$

$$= \dfrac{\mathrm{e}^z}{(z-1)^3} \Big|_{z=0} + \dfrac{1}{2!}\left(\dfrac{\mathrm{e}^z}{z}\right)'' \Big|_{z=1} = \dfrac{\mathrm{e}}{2} - 1$$

式中，c_1，c_2 为 $|z|=2$ 内分别围绕 0，1 且外离的小闭合曲线.

11. (1) 是； (2) 是； (3) 是； (4) 否.

12. (1) $f(z) = z^2 - \mathrm{i}\dfrac{z^2}{2} + \mathrm{i}C$； (2) $f(z) = \dfrac{1}{2} - \dfrac{1}{z}$.

13. f 是 D 内的解析函数.

14. $\dfrac{\partial^2 u}{\partial x^2} = -6y$，$\dfrac{\partial^2 v}{\partial y^2} = 6y$，所以 $\dfrac{\partial^2 u}{\partial x^2} + \dfrac{\partial^2 v}{\partial x^2} = 0$. 又因为

$$\dfrac{\partial u}{\partial x} = \dfrac{\partial v}{\partial y} = -6xy, \quad \dfrac{\partial u}{\partial y} = -\dfrac{\partial v}{\partial x} = 3y^2 - 3x^2$$

故 $v(x,y) = \int -6xy \, dy = -3xy^2 + g(x)$，又 $\dfrac{\partial v}{\partial x} = -3y^2 + g'(x) = -3y^2 + 3x^2$，即 $g(x) = x^3 + C$，所以 $v(x,y) = x^3 - 3xy^2 + C$.

习题 4

1. (1) 因为 $\lim\limits_{n\to\infty} \mathrm{i}^n$ 不存在，所以 $\lim\limits_{n\to\infty} z^n$ 不存在，故数列 $\{z_n\}$ 不收敛.

(2) $\left|\mathrm{e}^{-\frac{n\pi}{2}\mathrm{i}}\right| = 1$，$\lim\limits_{n\to\infty} \dfrac{1}{n} = 0$，所以 $\lim\limits_{n\to\infty} \dfrac{1}{n}\mathrm{e}^{-\frac{n\pi}{2}\mathrm{i}} = 0$，故数列 $\{z_n\}$ 收敛，极限为 0.

2. (1) $R = \dfrac{\sqrt{2}}{2}$； (2) $R = \mathrm{e}$； (3) $R = 1$； (4) $R = \sqrt{2}$.

3. (1) 不正确，因为幂级数在它的收敛圆周上可能收敛，也可能发散.

(2) 不正确，因为收敛的幂级数的和函数在收敛圆周内是解析的.

4. 收敛半径都是 $R=1$，在收敛圆周上的情况如下：

$\displaystyle\sum_{n=0}^{\infty} z^n$ 在 $|z|=1$ 上处处发散；

$\displaystyle\sum_{n=0}^{\infty} \frac{z^n}{n}$ 在 $|z|=1$ 上，当 $z=-1$ 时收敛，当 $z=1$ 时发散；

$\displaystyle\sum_{n=0}^{\infty} \frac{z^n}{n^2}$ 在 $|z|=1$ 上处处绝对收敛，因而也是处处收敛.

5. （1）函数 $\dfrac{1}{(1+z^2)^2}$ 的奇点为 $z=\pm\mathrm{i}$，因此它在 $|z|<1$ 内处处解析，可以在此圆内展开成 z 的幂级数.

$$\frac{1}{1+z^2} = 1 - z^2 + z^4 - \cdots + (-1)^n z^{2n} + \cdots,\quad |z|<1$$

将上式两边逐项求导，即得所求的展开式，为

$$\frac{1}{(1+z^2)^2} = \left(\frac{1}{1+z^2}\right)'\left(-\frac{1}{2z}\right) = 1 - 2z^2 + 3z^4 + \cdots + (-1)^{n+1} n z^{2n-2} + \cdots,\quad |z|<1$$

（2）由于函数 $\cos z^2$ 在复平面内处处解析，所以

$$\cos z^2 = 1 - \frac{z^4}{2!} + \frac{z^8}{4!} - \cdots + (-1)^n \frac{z^{2n}}{(2n)!} + \cdots,\quad |z|<+\infty$$

6. （1）$|z-\mathrm{i}|<1$；　　　　　　（2）$|z-1|<1$.

7. $\ln(1+\mathrm{e}^{-z}) = \ln 2 - \dfrac{1}{2}z + \dfrac{1}{2!\times 2^2}z^2 - \dfrac{1}{4!\times 2^3}z^4 + \cdots$，$R=\pi$.

8. （1）由

$$\frac{1}{z} = \frac{1}{z-1+1} = 1 - (z-1) + (z-1)^2 + \cdots + (-1)^n (z-1)^n + \cdots,\quad |z-1|<1$$

所以 $\dfrac{1}{z^2} = -\left(\dfrac{1}{z}\right)' = 1 - 2(z-1) + \cdots + (-1)^{n-1} n(z-1)^{n-1} + \cdots$，$|z-1|<1$.

（2）因为 $z=-2$ 是 $f(z)$ 的唯一有限奇点，所以，$f(z)$ 可在 $|z-1|<|1-(-2)|=3$ 内展成泰勒级数，从而有

$$\frac{z}{z+2} = \frac{z-1+1}{z-1+3} = \frac{z-1}{(z-1)+3} + \frac{1}{(z-1)+3} = \frac{z-1}{3\left(1+\dfrac{z-1}{3}\right)} + \frac{1}{3\left(1+\dfrac{z-1}{3}\right)}$$

$$= \sum_{n=0}^{\infty} \frac{(-1)^n (z-1)^{n+1}}{3^{n+1}} + \sum_{n=0}^{\infty} \frac{(-1)^n (z-1)^n}{3^{n+1}}$$

$$= \frac{1}{3} + 2\sum_{n=1}^{\infty} (-1)^{n+1} \frac{(z-1)^n}{3^{n+1}},\quad |z-1|<3.$$

9. （1）$f(z) = -\displaystyle\sum_{n=0}^{\infty}\left(\frac{z^{n+1}}{2^{n+1}} + \frac{1}{z^n}\right)$；

（2）$f(z) = \dfrac{1}{z-2} + \displaystyle\sum_{n=0}^{\infty}(-1)^n \frac{1}{(z-2)^{n+2}}$.

10. （1）$f(z) = \displaystyle\sum_{n=1}^{\infty} n z^{n-2}$，$|z|<1$；

（2）$f(z) = \sum_{n=0}^{\infty} (-1)^n (z-1)^{n-2}$，$|z-1| < 1$.

11. 不能. 函数 $f(z) = \ln z$ 的奇点为 $z \leqslant 0$，$z \in R$，所以对于 $\forall R$，$0 < R < +\infty$，$0 < |z| < R$ 内都有 $f(z)$ 的奇点，即 $f(z)$ 以 $z=0$ 为环心的处处解析的圆环域不存在，所以函数 $f(z) = \ln z$ 不能在圆环域 $0 < |z| < R(0 < R < +\infty)$ 内展开为洛朗级数.

习题 5

1. （1）$z=0$ 是一阶极点，$z = \pm i$ 均是二阶极点；

（2）$z=0$ 是二阶极点；

（3）$z=0$ 是可去奇点；

（4）函数的孤立奇点是 $z = 2k\pi i$.

① $k=0$，$z=0$ 是三阶极点.

② $z = 2k\pi i$，$k \neq 0$ 时，$z = 2k\pi i(k \neq 0)$ 是一阶极点.

（5）函数的孤立奇点是 $z = (2k+1)i$，$k \in \mathbf{Z}$.

① $z_0 = \pm i$ 是二阶极点.

② $z_1 = (2k+1)i$，$k = 1, \pm 2, \cdots$ 是 $\dfrac{z}{(1+z^2)(1+e^{\pi z})}$ 的一阶极点.

（6）函数的孤立奇点是 $z=0$，$z = \pm\sqrt{k\pi}$，$z = \pm i\sqrt{k\pi}$，$k = 1, 2, \cdots$.

① $z=0$ 是二阶极点.

② $z = \pm\sqrt{k\pi}$，$z = \pm i\sqrt{k\pi}$，$k = 1, 2, \cdots$ 是 $\dfrac{1}{\sin z^2}$ 的一阶极点.

（7）$z=0$ 是 $f(z)$ 的可去奇点，$z = \infty$ 是 $f(z)$ 的本性奇点.

（8）$z_k = (2k+1)\pi i$，$k = 0, \pm 1, \pm 2, \cdots$ 均为 $f(z)$ 的一阶极点.

（9）$z=0$ 是一阶极点；$z=1$ 是二阶极点；$z = -1$ 是三阶极点.

2. $\dfrac{1}{f(z)} = z^3(e^{z^3} - 1) = z^3\left(1 + z^3 + \dfrac{(z^3)^2}{2!} + \cdots - 1\right) = z^6 + \dfrac{z^9}{2!} + \dfrac{z^{12}}{3!} + \cdots$，因为 $z=0$ 是 $\dfrac{1}{f(z)} = $ $z^3(e^{z^3} - 1)$ 的六阶零点，所以 $z=0$ 是 $f(z) = \dfrac{1}{z^3(e^{z^3} - 1)}$ 的六阶极点.

3. （1）函数的零点是 $z = k\pi$，$k \in \mathbf{Z}$.

① $z=0$ 是二阶零点.

② $z = k\pi$，$k \neq 0$ 时，是一阶零点.

（2）$z=0$ 是二阶零点.

（3）函数的零点是 $z_0 = 0$，$z_1 = k\pi$，$z_2 = 2k\pi i$，$k \neq 0$，记

① 以 $z=0$ 是 $\sin z(e^z - 1)z^2$ 的四阶零点.

② $z_1 = k\pi$，$k \neq 0$ 是 $f(z)$ 的一阶零点.

③ $z_2 = 2k\pi i$，$k \neq 0$ 是 $f(z)$ 的一阶零点.

4. （1）$\operatorname{Res}\left(\dfrac{1}{\sin(z-1)}, 1\right) = c_{-1} = 1$；

（2）$\operatorname{Res}\left[z^2\sin\dfrac{1}{z}, 0\right] = c_{-1} = -1/6$；

（3）$z = n\pi(n = 0, \pm 1, \pm 2, \cdots)$ 为奇点，当 $n \neq 0$ 时，$n\pi$ 为一阶极点，因为

$$\lim_{z \to n\pi}(z - n\pi)\frac{1}{z\sin z} = \lim_{z \to n\pi}(-1)^n\frac{z - n\pi}{z\sin(z - n\pi)} = (-1)^n\frac{1}{n\pi}$$

所以 $\mathrm{Res}\left[\dfrac{1}{z\sin z}, n\pi\right] = (-1)^n\dfrac{1}{n\pi}$. 由 $\lim\limits_{z \to 0} z^2 f(z) = \lim\limits_{z \to 0}\dfrac{z}{\sin z} = 1$，知 $z = 0$ 是二阶极点.

$$\mathrm{Res}\left[\frac{1}{z\sin z}, 0\right] = \lim_{z \to 0}\frac{\mathrm{d}}{\mathrm{d}z}\left[z^2\frac{1}{z\sin z}\right] = \lim_{z \to 0}\frac{\sin z - z\cos z}{\sin^2 z} = 0.$$

5. （1）0; （2）0; （3）-2; （4）0; （5）$\dfrac{\mathrm{e}^{-1} - \mathrm{e}}{2}$.

6. （1）$4\pi\mathrm{e}^2\mathrm{i}$; （2）$\dfrac{\pi\mathrm{e}\mathrm{i}}{8}$; （3）0; （4）0; （5）$-2\pi\mathrm{i}$; （6）$-12\mathrm{i}$.

7. （1）$I = \dfrac{2\pi}{p^2 - 1}$; （2）$\dfrac{\sqrt{2}\pi}{4a^3}$; （3）$\dfrac{\pi}{2}\mathrm{e}^{-m}$; （4）$\dfrac{\pi^2}{\mathrm{e}}\cos 2$.

8*. 证明：设 $f(z) = a_t z^{n-t}$，$\varphi(z) = a_0 z^n + \cdots + a_{t-1} z^{n-t+1} + a_{t+1} z^{n-t-1} + \cdots + a_n$，易于验证在单位圆周 $|z| = 1$ 上，有 $|f(z)| > |\varphi(z)|$. 根据路西定理知，$p(z) = f(z) + \varphi(z)$ 在单位圆周 $|z| < 1$ 内的零点，与 $f(z)$ 在单位圆 $|z| < 1$ 内的零点一样多，即 $n - t$ 个.

<h3 style="text-align:center">习题 6</h3>

1. （1）$u = \dfrac{1}{a}$; （2）$v = -ku$.

2. 经过 i 点且平行于实轴正向的向量映成 w 平面上过点 -1 且方向垂直向上的向量.

3. （1）$\mathrm{Im}(w) > \mathrm{Re}(w)$;

（2）$\mathrm{Re}(w) > 0$，$\mathrm{Im}(w) > 0$，$\left|w - \dfrac{1}{2}\right| > \dfrac{1}{2}$.

4. $w = \dfrac{3z + (\sqrt{5} - 2\mathrm{i})}{(\sqrt{5} - 2\mathrm{i})z + 3}$.

5. （1）$w = \dfrac{2z - 1}{z - 2}$; （2）$w = \mathrm{i}\dfrac{2z - 1}{2 - z}$.

6. $w = \dfrac{(\mathrm{i} - 1)z + 1}{-z + (1 + \mathrm{i})}$.

<h3 style="text-align:center">习题 7</h3>

1. 略.

2. （1）$-\dfrac{2\mathrm{i}}{\omega}[1 - \cos \omega]$; （2）$\dfrac{1}{1 - \mathrm{i}\omega}$;

（3）$-\dfrac{4}{\omega^2}\left(\cos \omega - \dfrac{1}{\omega}\sin \omega\right)$; （4）$\dfrac{2}{4 + (1 + \mathrm{i}\omega)^2}$.

3. （1）$F(\omega) = \displaystyle\int_{-\infty}^{+\infty} f(t)\mathrm{e}^{-\mathrm{i}\omega t}\mathrm{d}t = \int_{-1}^{1}\mathrm{e}^{-\mathrm{i}\omega t}\mathrm{d}t = \dfrac{2\sin \omega}{\omega}$

由傅里叶积分公式，当 $t \neq 1$ 时，有
$$f(t) = \mathscr{F}^{-1}[F(\omega)]$$

$$= \frac{1}{2\pi}\int_{-\infty}^{+\infty} \frac{2\sin\omega}{\omega}\,\mathrm{e}^{\mathrm{i}\omega t}\mathrm{d}\omega = \frac{1}{\pi}\int_{-\infty}^{+\infty}\frac{\sin\omega}{\omega}(\cos\omega t + \mathrm{i}\sin\omega t)\mathrm{d}\omega$$

$$= \frac{2}{\pi}\int_{0}^{+\infty}\frac{\sin\omega}{\omega}\cos\omega t\mathrm{d}\omega \qquad （利用被积函数的奇偶性）$$

所以 $\displaystyle\int_{0}^{+\infty}\frac{\sin\omega}{\omega}\cos\omega t\mathrm{d}\omega = \begin{cases} \dfrac{\pi}{2}, & |t| < 1, \\[2mm] \dfrac{\pi}{4}, & |t| = 1, \\[2mm] 0, & |t| > 1. \end{cases}$

(2) $F(\omega) = \mathcal{F}[f(t)] = \displaystyle\int_{-\infty}^{+\infty}\mathrm{e}^{-|t|}\cos t\,\mathrm{e}^{-\mathrm{i}\omega t}\mathrm{d}t$

$$= \int_{-\infty}^{0}\mathrm{e}^{t}\frac{\mathrm{e}^{\mathrm{i}t}+\mathrm{e}^{-\mathrm{i}t}}{2}\mathrm{e}^{-\mathrm{i}\omega t}\mathrm{d}t + \int_{0}^{+\infty}\mathrm{e}^{-t}\frac{\mathrm{e}^{\mathrm{i}t}+\mathrm{e}^{-\mathrm{i}t}}{2}\mathrm{e}^{-\mathrm{i}\omega t}\mathrm{d}t$$

$$= \frac{2(\omega^2+2)}{\omega^4+4}.$$

由傅里叶积分公式，有

$$f(t) = \frac{1}{2\pi}\int_{-\infty}^{+\infty}F(\omega)\,\mathrm{e}^{\mathrm{i}\omega t}\mathrm{d}\omega$$

$$= \frac{1}{2\pi}\int_{-\infty}^{+\infty}\frac{2(\omega^2+2)}{\omega^4+4}\mathrm{e}^{\mathrm{i}\omega t}\mathrm{d}\omega = \frac{1}{\pi}\int_{-\infty}^{+\infty}\frac{(\omega^2+2)}{\omega^4+4}(\cos\omega t + \mathrm{i}\sin\omega t)\mathrm{d}\omega$$

$$= \frac{2}{\pi}\int_{0}^{+\infty}\frac{(\omega^2+2)}{\omega^4+4}\cos\omega t\mathrm{d}\omega \qquad （利用被积函数的奇偶性）$$

所以 $\displaystyle\int_{0}^{+\infty}\frac{(\omega^2+2)}{\omega^4+4}\cos\omega t\mathrm{d}\omega = \frac{\pi}{2}\mathrm{e}^{-|t|}\cos t.$

4. $f_1(t)*f_2(t) = \begin{cases} 0, & t < 0, \\[2mm] \dfrac{1}{\alpha-\beta}(\mathrm{e}^{-\beta t}-\mathrm{e}^{-\alpha t}), & t \geqslant 0. \end{cases}$

5. 略.

6. $f(t) = \cos\omega_0 t.$

7. (1) $F(\omega) = \dfrac{\pi\mathrm{i}}{2}[\delta(\omega+2)-\delta(\omega-2)];$

(2) $F(\omega) = \dfrac{-1}{(\omega-\omega_0)^2} + \pi\mathrm{i}\delta'(\omega-\omega_0).$

8. $F(-\omega) = \displaystyle\int_{-\infty}^{+\infty}f(t)\,\mathrm{e}^{\mathrm{i}\omega t}\mathrm{d}t$，做变换 $t = -\xi$，则

$$F(-\omega) = -\int_{+\infty}^{-\infty}f(-\xi)\,\mathrm{e}^{-\mathrm{i}\omega\xi}\mathrm{d}\xi = \int_{-\infty}^{+\infty}f(-t)\,\mathrm{e}^{-\mathrm{i}\omega t}\mathrm{d}t = \mathcal{F}[f(-t)]$$

9. (1) 由于 $\mathcal{F}[u(t)] = \dfrac{1}{\mathrm{i}\omega} + \pi\delta(\omega)$，根据位移性质

$$\mathcal{F}[u(t)\sin\omega_0 t] = \mathcal{F}\left[u(t)\frac{\mathrm{e}^{\mathrm{i}\omega_0 t}-\mathrm{e}^{-\mathrm{i}\omega_0 t}}{2\mathrm{i}}\right] = \frac{1}{2\mathrm{i}}\{\mathcal{F}[\mathrm{e}^{\mathrm{i}\omega_0 t}u(t)] - \mathcal{F}[\mathrm{e}^{-\mathrm{i}\omega_0 t}u(t)]\}$$

$$= \frac{1}{2\mathrm{i}}\left\{\left[\frac{1}{\mathrm{i}(\omega-\omega_0)} + \pi\delta(\omega-\omega_0)\right] - \left[\frac{1}{\mathrm{i}(\omega+\omega_0)} + \pi\delta(\omega+\omega_0)\right]\right\}$$

$$= \frac{\omega_0}{\omega_0^2 - \omega^2} + \frac{\pi}{2i}[\delta(\omega - \omega_0) - \delta(\omega + \omega_0)].$$

（2）$\mathcal{F}[e^{-at}u(t)\sin \omega_0 t] = \int_{-\infty}^{+\infty} e^{-at}u(t)\sin \omega_0 t \cdot e^{-i\omega t}dt$

$$= \int_0^{+\infty} e^{-at}\sin \omega_0 t \cdot e^{-i\omega t}dt = \int_0^{+\infty} e^{-at}\frac{e^{i\omega_0 t} - e^{-i\omega_0 t}}{2i}e^{-i\omega t}dt$$

$$= \frac{\omega_0}{(a + i\omega)^2 - \omega_0^2}.$$

（3）由于 $\mathcal{F}[u(t)] = \frac{1}{i\omega} + \pi\delta(\omega) = F(\omega)$，根据微分性质 $\mathcal{F}[tu(t)] = \frac{1}{-i}\frac{d}{d\omega}F(\omega) = -\frac{1}{\omega^2} + i\pi\delta'(\omega)$，再根据位移性质 $\mathcal{F}[e^{i\omega_0 t}tu(t)] = -\frac{1}{(\omega - \omega_0)^2} + i\pi\delta'(\omega - \omega_0)$.

习题 8

1. （1）$\frac{1}{s^2 + 4}$；　（2）$\frac{1}{s + 4}$；　（3）$\frac{2}{s^3}$；　（4）$\frac{2}{s(s^2 + 4)}$.

2. （1）$\frac{1}{s}(2 - e^{-s} - e^{-2s})$；　（2）$\frac{1}{s}(1 + e^{-\pi s}) + \frac{1}{1 + s^2}(1 + e^{-\pi s})$.

3. （1）t；　（2）$\frac{1}{6}t^3$；　（3）$e^t - t - 1$；　（4）$\frac{1}{2a}\sin at - \frac{t}{2}\cos at$；

（5）$\begin{cases} 0, & t < \tau, \\ f(t - \tau), & 0 \le \tau \le t; \end{cases}$　（6）$\frac{1}{2}t\sin t$.

4. （1）$\frac{1}{2}\left(\frac{1}{s - a} - \frac{s - a}{(s - a)^2 + 4}\right)$；　（2）$\frac{1}{2}\left(\frac{1}{s} + \frac{25s}{25s^2 + 4}\right)$；　（3）$\frac{2a}{s^2 + a^2} - \frac{2as}{(s^2 + a^2)^2}$；

（4）$\frac{1}{s - 2} + \frac{3}{s - 5}$；　（5）$\frac{1}{s - 2} + 5$；　（6）$\frac{1}{(s - 2)(s - 1)^2}$；　（7）$\frac{1}{2}\left(\frac{1}{s} - \frac{s}{s^2 + 16}\right)$；

（8）$\frac{s^2 - a^2}{(s^2 + a^2)^2}$；　（9）$\frac{2}{(s - 1)^3} - \frac{4}{(s - 1)^2} + \frac{4}{s - 1}$；　（10）$\frac{\cos 2 - S\sin 2}{s^2 + 1}$

5. （1）$1 - e^{-t}$；　（2）$\sin(t - 1)u(t - 1)$；　（3）$\frac{b}{a - b}(e^{at} - e^{bt})$；　（4）$e^t - 1$；

（5）$-\frac{1}{5}(e^{-2t} - 6e^{3t})$；　（6）$\delta(t) - \sin t$；　（7）$2\cos 3t + \sin 3t$；　（8）$2(e^{-2t} - e^{-4t})$；

（9）$4te^t - e^t + 2$；　（10）$L^{-1}\left[\frac{2}{s + 1} + \frac{3}{s - 2}\right] = 2e^{-t} + 3e^{2t}$.

6. （1）$e^{-t} - 3e^t + 2e^{2t}$；　（2）$1 - 2e^t + e^{2t}$；　（3）$\frac{1}{2}(e^t - e^{-t})$；

（4）$Y(s) = \frac{2(s - 1)}{(s^2 - 2s + 2)^2}$, $y(t) = te^t\sin t$；　（5）$y(t) = \frac{1}{3}e^{-t} + 4e^t - \frac{7}{3}e^{2t}$.

7. （1）$x(t) = -3 + 5t - t^2$；　（2）$y(t) = \text{sh } t$.

习题 9

1. （1）$v(z) = 3\bar{z}^2$，流线为 $(3x^2 - y^2)y = c_1$，等势线为 $x(x^2 - 3y^2) = c_2$；

（2）$v(z) = -\dfrac{2\bar{z}}{(\bar{z}^2+1)^2}$，流线为 $\dfrac{xy}{(x^2-y^2+1)^2+4x^2y^2} = c_1$，

等势线为 $\dfrac{x^2-y^2+1}{(x^2-y^2+1)^2+4x^2y^2} = c_2$

2．（1）0，0；　（2）0，0．

3．等势线为 $e^x \sin y = c_1$，电力线为 $e^x \cos y = c_2$，电场强度为 $E = -e^x \sin y - ie^x \cos y$.

附 录

附录 A 傅里叶变换简表

序号	$f(t)$	$F(\omega)$
1	$\cos \omega_0 t$	$\pi[\delta(\omega+\omega_0)+\delta(\omega-\omega_0)]$
2	$\sin \omega_0 t$	$i\pi[\delta(\omega+\omega_0)-\delta(\omega-\omega_0)]$
3	$\dfrac{\sin \omega_0 t}{\pi t}$	$\begin{cases} 1, & |\omega|\leqslant\omega_0, \\ 0, & |\omega|>\omega_0 \end{cases}$
4	$u(t)$	$\dfrac{1}{i\omega}+\pi\delta(\omega)$
5	$u(t-c)$	$\dfrac{1}{i\omega}e^{-i\omega c}+\pi\delta(\omega)$
6	$u(t)t$	$-\dfrac{1}{\omega^2}+\pi i\delta'(\omega)$
7	$u(t)t^n$	$\dfrac{n!}{(i\omega)^{n+1}}+\pi i^n\delta^{(n)}(\omega)$
8	$u(t)\sin at$	$\dfrac{a}{a^2-\omega^2}+\dfrac{\pi}{2i}[\delta(\omega-a)-\delta(\omega+a)]$
9	$u(t)\cos at$	$\dfrac{i\omega}{a^2-\omega^2}+\dfrac{\pi}{2}[\delta(\omega-a)+\delta(\omega+a)]$
10	$u(t)e^{-\beta t}\quad(\beta>0)$	$\dfrac{1}{\beta+i\omega}$
11	$u(t)e^{iat}$	$\dfrac{1}{i(\omega-a)}+\pi\delta(\omega-a)$
12	$u(t-c)e^{iat}$	$\dfrac{1}{i(\omega-a)}e^{-i(\omega-a)c}+\pi\delta(\omega-a)$
13	$u(t)e^{iat}t^n$	$\dfrac{1}{[i(\omega-a)]^{n+1}}+\pi i^n\delta^{(n)}(\omega-a)$
14	$e^{a|t|}\quad(\mathrm{Re}(a)<0)$	$\dfrac{-2a}{\omega^2+a^2}$
15	$\delta(t)$	1
16	$\delta(t-c)$	$e^{-i\omega c}$
17	$\delta'(t)$	$i\omega$
18	$\delta^{(n)}(t)$	$(i\omega)^n$
19	$\delta^{(n)}(t-c)$	$(i\omega)^n e^{-i\omega c}$
20	1	$2\pi\delta(\omega)$
21	t	$2\pi i\delta'(\omega)$

序号	$f(t)$	$F(\omega)$
22	t^n	$2\pi i^n \delta^{(n)}(\omega)$
23	e^{iat}	$2\pi\delta(\omega - a)$
24	$t^n e^{iat}$	$2\pi i^n \delta^{(n)}(\omega - a)$
25	$\dfrac{1}{a^2 + t^2}$　$(\operatorname{Re}(a) < 0)$	$-\dfrac{\pi}{a} e^{a\|\omega\|}$
26	$\dfrac{t}{(a^2 + t^2)^2}$　$(\operatorname{Re}(a) < 0)$	$\dfrac{i\omega\pi}{2a} e^{a\|\omega\|}$
27	$\dfrac{e^{ibt}}{a^2 + t^2}$　$(\operatorname{Re}(a) < 0,\ b\ 为实数)$	$-\dfrac{\pi}{a} e^{a\|\omega - b\|}$
28	$\dfrac{\cos bt}{a^2 + t^2}$　$(\operatorname{Re}(a) < 0,\ b\ 为实数)$	$-\dfrac{\pi}{2a}\left[e^{a\|\omega - b\|} + e^{a\|\omega + b\|} \right]$
29	$\dfrac{\sin bt}{a^2 + t^2}$　$(\operatorname{Re}(a) < 0,\ b\ 为实数)$	$-\dfrac{\pi}{2ai}\left[e^{a\|\omega - b\|} - e^{a\|\omega + b\|} \right]$
30	$\dfrac{\operatorname{sh} at}{\operatorname{sh} \pi t}$　$(-\pi < a < \pi)$	$\dfrac{\sin a}{\operatorname{ch}\omega + \cos a}$
31	$\dfrac{\operatorname{sh} at}{\operatorname{ch} \pi t}$　$(-\pi < a < \pi)$	$-2i\dfrac{\sin\dfrac{a}{2}\operatorname{sh}\dfrac{\omega}{2}}{\operatorname{ch}\omega + \cos a}$
32	$\dfrac{\operatorname{ch} at}{\operatorname{ch} \pi t}$　$(-\pi < a < \pi)$	$2\dfrac{\cos\dfrac{a}{2}\operatorname{ch}\dfrac{\omega}{2}}{\operatorname{ch}\omega + \cos a}$
33	$\dfrac{1}{\operatorname{ch} at}$	$\dfrac{\pi}{a}\dfrac{1}{\operatorname{ch}\dfrac{\pi\omega}{2a}}$
34	$\sin at^2$　$(a > 0)$	$\sqrt{\dfrac{\pi}{a}}\cos\left(\dfrac{\omega^2}{4a} + \dfrac{\pi}{4} \right)$
35	$\cos at^2$　$(a > 0)$	$\sqrt{\dfrac{\pi}{a}}\cos\left(\dfrac{\omega^2}{4a} - \dfrac{\pi}{4} \right)$
36	$\dfrac{1}{t}\sin at$　$(a > 0)$	$\begin{cases} \pi, & \|\omega\| \leqslant a \\ 0, & \|\omega\| > a \end{cases}$
37	$\dfrac{1}{t^2}\sin^2 at$　$(a > 0)$	$\begin{cases} \pi\left(a - \dfrac{\|\omega\|}{2} \right), & \|\omega\| \leqslant 2a, \\ 0, & \|\omega\| > 2a \end{cases}$
38	$\dfrac{\sin at}{\sqrt{\|t\|}}$	$i\sqrt{\dfrac{\pi}{2}}\left(\dfrac{1}{\sqrt{\|\omega + a\|}} - \dfrac{1}{\sqrt{\|\omega - a\|}} \right)$
39	$\dfrac{\cos at}{\sqrt{\|t\|}}$	$\sqrt{\dfrac{\pi}{2}}\left(\dfrac{1}{\sqrt{\|\omega + a\|}} + \dfrac{1}{\sqrt{\|\omega - a\|}} \right)$
40	$\dfrac{1}{\sqrt{\|t\|}}$	$\sqrt{\dfrac{2\pi}{\omega}}$
41	$\operatorname{sgn} t$	$\dfrac{2}{i\omega}$
42	e^{-at^2}　$(\operatorname{Re}(a) > 0)$	$\sqrt{\dfrac{\pi}{a}} e^{-\frac{\omega^2}{4a}}$
43	$\|t\|$	$-\dfrac{2}{\omega^2}$
44	$\dfrac{1}{\|t\|}$	$\dfrac{\sqrt{2\pi}}{\|\omega\|}$

附录 B 拉普拉斯变换简表

序号	$f(t)$	$F(s)$
1	1	$\dfrac{1}{s}$
2	e^{at}	$\dfrac{1}{s-a}$
3	$t^m(m>-1)$	$\dfrac{\Gamma(m+1)}{s^{m+1}}$
4	$t^m e^{at}(m>-1)$	$\dfrac{\Gamma(m+1)}{(s-a)^{m+1}}$
5	$\sin at$	$\dfrac{a}{s^2+a^2}$
6	$\cos at$	$\dfrac{s}{s^2+a^2}$
7	$\operatorname{sh} at$	$\dfrac{a}{s^2-a^2}$
8	$\operatorname{ch} at$	$\dfrac{s}{s^2-a^2}$
9	$t\sin at$	$\dfrac{2as}{(s^2+a^2)^2}$
10	$t\cos at$	$\dfrac{s^2-a^2}{(s^2+a^2)^2}$
11	$t\operatorname{sh} at$	$\dfrac{2as}{(s^2-a^2)^2}$
12	$t\operatorname{ch} at$	$\dfrac{s^2+a^2}{(s^2-a^2)^2}$
13	$t^m\sin at(m>-1)$	$\dfrac{\Gamma(m+1)}{2i(s^2+a^2)^{m-1}}\left[(s+ia)^{m+1}-(s-ia)^{m+1}\right]$
14	$t^m\cos at(m>-1)$	$\dfrac{\Gamma(m+1)}{2(s^2+a^2)^{m+1}}\left[(s+ia)^{m+1}+(s-ia)^{m+1}\right]$
15	$e^{-bt}\sin at$	$\dfrac{a}{(s+b)^2+a^2}$
16	$e^{-bt}\cos at$	$\dfrac{s+b}{(s+b)^2+a^2}$
17	$e^{-bt}\sin(at+c)$	$\dfrac{(s+b)\sin c+a\cos c}{(s+b)^2+a^2}$
18	$e^{-bt}\cos(at+c)$	$\dfrac{(s+b)\cos c-a\sin c}{(s+b)^2+a^2}$
19	$\sin^2 at$	$\dfrac{2a^2}{s(s^2+4a^2)}$
20	$\cos^2 at$	$\dfrac{s^2+2a}{s(s^2+4a^2)}$
21	$\sin at\sin bt$	$\dfrac{2abs}{[s^2+(a+b)^2][s^2+(a-b)^2]}$
22	$e^{at}-e^{bt}$	$\dfrac{a-b}{(s-a)(s-b)}$
23	$ae^{at}-be^{bt}$	$\dfrac{(a-b)s}{(s-a)(s-b)}$

序号	$f(t)$	$F(s)$
24	$\dfrac{1}{a}\sin at - \dfrac{1}{b}\sin bt$	$\dfrac{b^2 - a^2}{(s^2 + a^2)(s^2 + b^2)}$
25	$\cos at - \cos bt$	$\dfrac{(b^2 - a^2)s}{(s^2 + a^2)(s^2 + b^2)}$
26	$\dfrac{1}{a^3}(at - \sin at)$	$\dfrac{1}{s^2(s^2 + a^2)}$
27	$\dfrac{1}{a^4}(\cos at - 1) + \dfrac{1}{2a^2}t^2$	$\dfrac{1}{s^3(s^2 + a^2)}$
28	$\dfrac{1}{a^4}(\operatorname{ch} at - 1) - \dfrac{1}{2a^2}t^2$	$\dfrac{1}{s^3(s^2 - a^2)}$
29	$\dfrac{1}{2a^3}(\sin at - at\cos at)$	$\dfrac{1}{(s^2 + a^2)^2}$
30	$\dfrac{1}{2a}(\sin at + at\cos at)$	$\dfrac{s^2}{(s^2 + a^2)^2}$
31	$\dfrac{1}{a^4}(1 - \cos at) - \dfrac{t}{2a^3}\sin at$	$\dfrac{1}{s(s^2 + a^2)^2}$
32	$(1 - at)\mathrm{e}^{-at}$	$\dfrac{s}{(s + a)^2}$
33	$t\left(1 - \dfrac{a}{2}t\right)\mathrm{e}^{-at}$	$\dfrac{s}{(s + a)^3}$
34	$\dfrac{1}{a}(1 - \mathrm{e}^{-at})$	$\dfrac{1}{s(s + a)}$
35	$\dfrac{1}{ab} + \dfrac{1}{b - a}\left(\dfrac{\mathrm{e}^{-bt}}{b} - \dfrac{\mathrm{e}^{-at}}{a}\right)$	$\dfrac{1}{s(s + a)(s + b)}$
36	$\dfrac{\mathrm{e}^{-at}}{(b - a)(c - a)} + \dfrac{\mathrm{e}^{-bt}}{(a - b)(c - b)} +$ $\dfrac{\mathrm{e}^{-ct}}{(a - c)(b - c)}$	$\dfrac{1}{(s + a)(s + b)(s + c)}$
37	$\dfrac{a\mathrm{e}^{-at}}{(c - a)(a - b)} + \dfrac{b\mathrm{e}^{-bt}}{(a - b)(b - c)} +$ $\dfrac{c\mathrm{e}^{-ct}}{(b - c)(c - a)}$	$\dfrac{s}{(s + a)(s + b)(s + c)}$
38	$\dfrac{a^2\mathrm{e}^{-at}}{(c - a)(b - a)} + \dfrac{b^2\mathrm{e}^{-bt}}{(a - b)(c - b)} + \dfrac{c^2\mathrm{e}^{-ct}}{(b - c)(a - c)}$	$\dfrac{s^2}{(s + a)(s + b)(s + c)}$
39	$\dfrac{\mathrm{e}^{-at} - \mathrm{e}^{-bt}[1 - (a - b)t]}{(a - b)^2}$	$\dfrac{1}{(s + a)(s + b)^2}$
40	$\dfrac{-[a - b(a - b)t]\mathrm{e}^{-bt} - a\mathrm{e}^{-at}}{(a - b)^2}$	$\dfrac{s}{(s + a)(s + b)^2}$
41	$\mathrm{e}^{-at} - \mathrm{e}^{\frac{at}{2}}\left(\cos\dfrac{\sqrt{3}at}{2} - \sqrt{3}\sin\dfrac{\sqrt{3}at}{2}\right)$	$\dfrac{3a^2}{s^3 + a^3}$
42	$\sin at\operatorname{ch} at - \cos at\operatorname{sh} at$	$\dfrac{4a^3}{s^4 + 4a^4}$
43	$\dfrac{1}{2a^2}(\sin at\operatorname{sh} at)$	$\dfrac{s}{s^4 + 4a^4}$
44	$\dfrac{1}{2a^3}(\operatorname{sh} at - \sin at)$	$\dfrac{1}{s^4 - a^4}$

（续）

序号	$f(t)$	$F(s)$
45	$\dfrac{1}{2a^2}(\operatorname{ch} at - \cos at)$	$\dfrac{s}{s^4 - a^4}$
46	$\dfrac{1}{\sqrt{\pi t}}$	$\dfrac{1}{\sqrt{s}}$
47	$2\sqrt{\dfrac{t}{\pi}}$	$\dfrac{1}{s\sqrt{s}}$
48	$\dfrac{1}{\sqrt{\pi t}}e^{at}(1 + 2at)$	$\dfrac{s}{(s-a)\sqrt{(s-a)}}$
49	$\dfrac{1}{2\sqrt{\pi t^3}}(e^{bt} - e^{at})$	$\sqrt{(s-a)} - \sqrt{(s-b)}$
50	$\dfrac{1}{\sqrt{\pi t}}\cos 2\sqrt{at}$	$\dfrac{1}{\sqrt{s}}e^{-\frac{a}{s}}$
51	$\dfrac{1}{\sqrt{\pi t}}\operatorname{ch} 2\sqrt{at}$	$\dfrac{1}{\sqrt{s}}e^{\frac{a}{s}}$
52	$\dfrac{1}{\sqrt{\pi t}}\sin 2\sqrt{at}$	$\dfrac{1}{s\sqrt{s}}e^{-\frac{a}{s}}$
53	$\dfrac{1}{\sqrt{\pi t}}\operatorname{sh} 2\sqrt{at}$	$\dfrac{1}{s\sqrt{s}}e^{\frac{a}{s}}$
54	$\dfrac{1}{t}(e^{bt} - e^{at})$	$\ln\dfrac{s-a}{s-b}$
55	$\dfrac{2}{t}\operatorname{sh} at$	$\ln\dfrac{s+a}{s-a}$
56	$\dfrac{2}{t}(1 - \cos at)$	$\ln\dfrac{s^2 + a^2}{s^2}$
57	$\dfrac{2}{t}(1 - \operatorname{ch} at)$	$\ln\dfrac{s^2 - a^2}{s^2}$
58	$\dfrac{1}{t}\sin at$	$\arctan\dfrac{a}{s}$
59	$\dfrac{1}{t}(\operatorname{ch} at - \cos bt)$	$\ln\sqrt{\dfrac{s^2 + b^2}{s^2 - a^2}}$
60	$\dfrac{1}{\pi t}\sin(2a\sqrt{t})$	$\operatorname{erf}\left(\dfrac{a}{\sqrt{s}}\right)$
61	$\dfrac{1}{\sqrt{\pi t}}e^{-2a\sqrt{t}}\ (a>0)$	$\dfrac{1}{\sqrt{s}}e^{\frac{a^2}{s}}\operatorname{erfc}\left(\dfrac{a}{\sqrt{s}}\right)$
62	$\operatorname{erfc}\left(\dfrac{a}{2\sqrt{t}}\right)$	$\dfrac{1}{s}e^{-a\sqrt{s}}$
63	$\dfrac{1}{\sqrt{t}}e^{-\frac{a^2}{4t}}\ (a\geqslant 0)$	$\sqrt{\dfrac{\pi}{s}}e^{-a\sqrt{s}}$
64	$\operatorname{erf}\left(\dfrac{t}{2a}\right)(a>0)$	$\dfrac{1}{s}e^{a^2 s^2}\operatorname{erfc}(as)$
65	$\dfrac{1}{\sqrt{\pi(t+a)}}(a>0)$	$\dfrac{1}{\sqrt{s}}e^{as}\operatorname{erfc}(\sqrt{as})$
66	$\dfrac{1}{\sqrt{a}}\operatorname{erf}(\sqrt{at})$	$\dfrac{1}{s\sqrt{s+a}}$
67	$\dfrac{1}{\sqrt{a}}e^{at}\operatorname{erf}(\sqrt{at})$	$\dfrac{1}{\sqrt{s}(s-a)}$

序号	$f(t)$	$F(s)$
68	$u(t)$	$\dfrac{1}{s}$
69	$tu(t)$	$\dfrac{1}{s^2}$
70	$t^m u(t)\,(m > -1)$	$\dfrac{1}{s^{m+1}}\Gamma(m+1)$
71	$\delta(t)$	1
72	$\delta^{(n)}(t)$	s^n
73	$\operatorname{sgn} t$	$\dfrac{1}{s}$
74	$J_0(at)$	$\dfrac{1}{\sqrt{s^2+a^2}}$
75	$I_0(at)$	$\dfrac{1}{\sqrt{s^2-a^2}}$
76	$J_0(2\sqrt{at})$	$\dfrac{1}{s}\mathrm{e}^{-\frac{a}{s}}$
77	$\mathrm{e}^{-bt}I_0(at)$	$\dfrac{1}{\sqrt{(s+b)^2-a^2}}$
78	$tJ_0(at)$	$\dfrac{s}{(s^2+a^2)^{\frac{3}{2}}}$
79	$tI_0(at)$	$\dfrac{s}{(s^2-a^2)^{\frac{3}{2}}}$
80	$J_0(a\sqrt{t(t+2b)})$	$\dfrac{1}{\sqrt{s^2+a^2}}\mathrm{e}^{b(s-\sqrt{s^2+a^2})}$

① $\operatorname{erf}(x) = \dfrac{2}{\sqrt{\pi}}\displaystyle\int_0^x \mathrm{e}^{-t^2}\mathrm{d}t$，称为误差函数；$\operatorname{erfc}(x) = 1 - \operatorname{erf}(x) = \dfrac{2}{\sqrt{\pi}}\displaystyle\int_x^{+\infty}\mathrm{e}^{-t^2}\mathrm{d}t$，称为余误差函数.

② $I_n(x) = \mathrm{i}^{-n}J_n(\mathrm{i}x)$. J_n 称为第一类贝塞尔(Bessel)函数；I_n 称为第一类 n 阶变形的贝塞尔函数，或称为虚宗量的贝塞尔函数.

参 考 文 献

[1] 西安交通大学高等数学教研室. 复变函数[M]. 4 版. 北京：高等教育出版社，2015.

[2] 张元林. 积分变换[M]. 6 版. 北京：高等教育出版社，2019.

[3] 高宗升，滕岩梅. 复变函数与积分变换[M]. 2 版. 北京：北京航空航天大学出版社，2018.

[4] 华中科技大学数学与统计学院，李红，谢松法. 复变函数与积分变换[M]. 5 版. 北京：高等教育出版社，2018.

[5] 北京大学数学分析与函数论教研室. 复变函数论[M]. 北京：人民教育出版社，1961.

[6] 包革军，邢宇明，盖云英，等. 复变函数与积分变换[M]. 3 版. 北京：科学出版社，2017.

[7] 马柏林，李丹衡，晏华辉. 复变函数与积分变换[M]. 3 版. 上海：复旦大学出版社，2015.

[8] 钟玉泉. 复变函数论[M]. 4 版. 北京：高等教育出版社，2013.

[9] 李红，谢松法. 复变函数与积分变换[M]. 5 版. 北京：高等教育出版社，2018.